DEEP WATER SOLO EN PROVENCE

Topo escalade

Éditions du

Chemin des Crêtes

www.chemindescretes.fr

Graphisme et mise en page : Agathe Chabaud
Textes : Nicholas Armstrong et Olivier du Chastel
Couverture : Jan Novak
Imprimé à Péronnas par Sepec en mai 2021 - 07984210252
Dépôt légal 1er semestre 2021 - ISBN : 9791095743262

SOMMAIRE

Introduction

6 à 37

Côte Bleue

38 à 49

Massif des Calanques

50 à 205

© Jan Novak

La Ciotat

206 à 229

Port d'Alon

230 à 245

Toulon - Hyères

246 à 289

Massif de l'Estérel

290 à 308

Fonds de cartes : France Topo (libres de droits), Open Street Maps (sous licence ODbL et CC BY-SA), Google Earth (copyrigth fair use).

INTRODUCTION

Ce topoguide présente une sélection de secteurs de psicobloc maritime en Provence, incluant la Côte Bleue à l'ouest de Marseille, le massif des Calanques à proximité de Marseille et Cassis, les alentours du Bec de l'Aigle à la Ciotat, Port d'Alon, les secteurs proches de La Garde (Toulon), la Presqu'île de Giens, l'île de Porquerolles et le massif de l'Estérel. Les spots sont présentés dans ce guide d'Ouest en Est en longeant la côte. Ils permettent de découvrir un éventail de calanques, criques et anses, le long des falaises formées de différents types de rochers (grès, conglomérats, schistes, rhyolite et calcaires).

Ces secteurs davantage connus pour la variété et la diversité des voies d'escalade équipées qu'ils proposent, de par leur proximité directe avec la mer, possèdent un vaste potentiel de parois pouvant être grimpées sans baudrier ni corde au-dessus de l'eau, à condition d'en avoir l'envie et les compétences... Si cette pratique existe depuis plus de cinquante ans, elle était relativement peu pratiquée en France. À mi-chemin entre les disciplines du bloc et de l'escalade sportive, le psicobloc présente plusieurs avantages, parmi lesquels la possibilité de grimper avec le strict minimum : une paire de chaussons et un maillot de bain. Pouvoir allier grimpe et baignade (lorsque la saison le permet). Et également la possibilité d'ouvrir ses propres lignes en choisissant un itinéraire non imposé. La liberté que le psicobloc procure ne doit pas en faire oublier les dangers et l'engagement de cette discipline. Les doses d'adrénaline que cette pratique peut procurer n'ont que peu d'équivalents dans le monde du sport. Dans le délicat contexte concernant le conventionnement, l'équipement et l'entretien des falaises d'escalade, le solo en bord de mer offre sûrement une alternative moins contraignante pour notre pratique. N'oublions pas cependant que cette activité peut avoir des impacts sur l'environnement et qu'elle doit être responsable et respectueuse des règles en vigueur.

Mais le psicobloc en Provence qu'es aco ? D'après les locaux, voilà une explication : Mèfi, degun ne tchatche ici, pas de galéjade, depuis l'an pèbre les pescadous, cacous et cagoles boulèguent au-dessus des gòbis et sùpis ! Parfois y'a engatse sur le rocher et souvent ça marronne. Oh fan, pas besoin d'aller à dache, y'a un moulon de baous ici, t'inquiète ! Et le rocher il pegue trop, tè vé ! Après la mauresque, pas de cagagne ni de momo qui tienne, ça bastonne fort dans le coin. Ils sont comac en Provence, un peu jobastres, au risque de se néguer ! Et si le cagnard plombe trop, allez zou le pénéquet planplan est bien mérité...

CARTE DE FRANCE

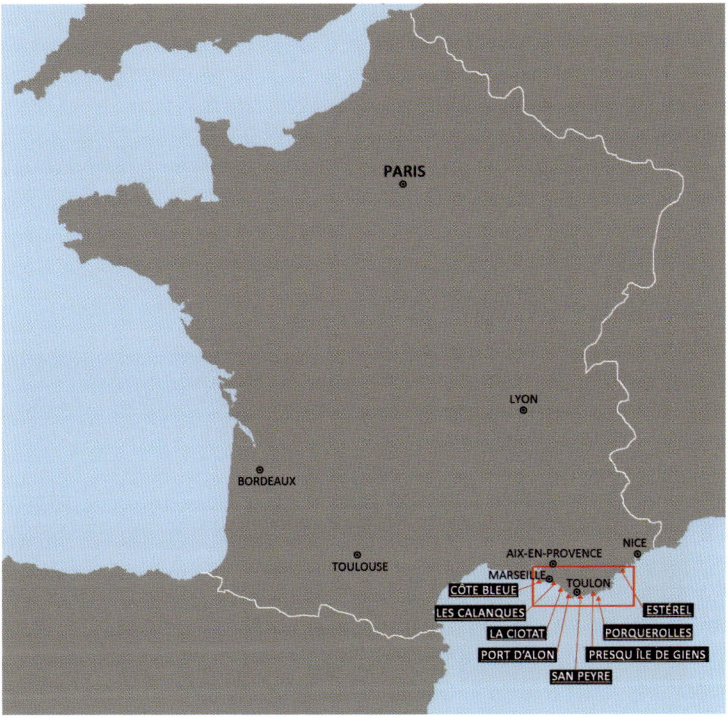

CARTE DES MASSIFS

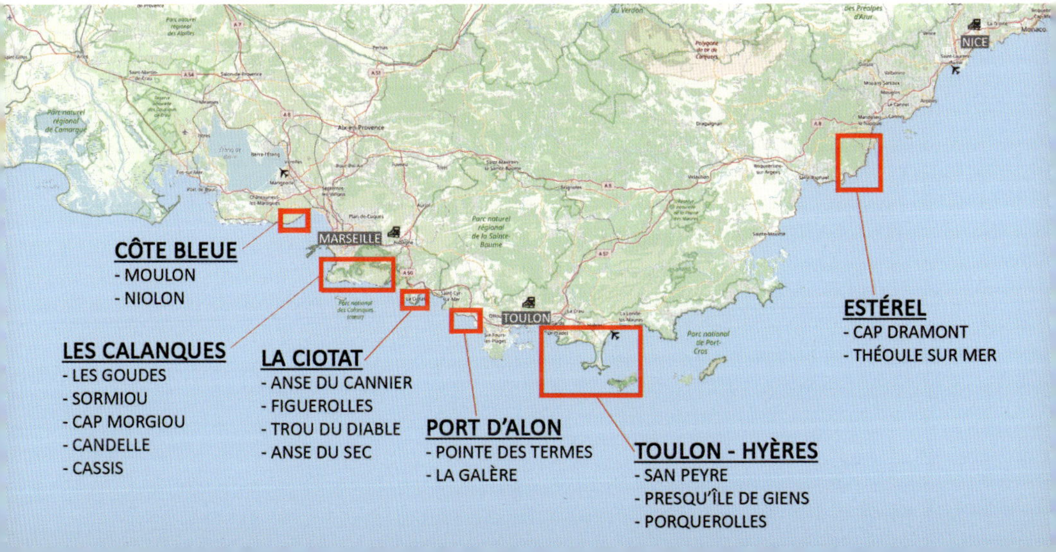

MISE EN GARDE

Ce topoguide présente des itinéraires à titre indicatif qui peuvent évoluer rapidement (rochers ou fonds marins). Il est donc très important de repérer les itinéraires avant de les escalader. Les croquis indiquent les zones de danger connues ainsi que les voies dangereuses. Les auteurs et l'éditeur ne sont pas responsables des accidents qui pourraient survenir sur ces itinéraires proposés seulement à titre indicatif. Leur parcours relève entièrement de la responsabilité et du jugement du grimpeur ainsi que du repérage des lieux. N'oubliez pas que l'escalade est un sport dangereux. De plus, les informations présentes dans ce guide ne sont pas un gage d'autorisation d'accès sur les terrains concernés. Il est indispensable que les pratiquants se renseignent sur les réglementations et restrictions en vigueur.

Disclaimer

This guidebook presents a selection of deep water soloing (DWS) areas between the Cote Bleue coast to the west of Marseille and the Esterel mountain range at the extreme east of the Provence region. Also included are the well-known coastline of the Calanques and the areas around La Ciotat, Port d'Alon, Toulon, Giens and Porquerolles. These climbing spots offer a variety of rock formations (limestone, conglomerate, sandstone, schist and rhyolite). The practice of solo climbing above water is more than 50 years old but was not that popular in France until recently. The only equipment required is a swimsuit and some climbing shoes. The routes are easily accessible by foot, water or kayak and provide great pleasure with genuine adrenaline rushes! However, the liberty encountered during solo climbs should not conceal the dangers and the commitment required by DWS.

This guidebook presents climbing routes for information purposes only. Conditions of the rock and the sea can evolve rapidly. The photo-topos indicate the known hazardous zones and dangerous lines. The authors cannot be held for responsible for any accidents. The lines are presented here for information purposes only. Climbers must check the routes and make responsible decisions before any attempt at climbing them. Don't forget that climbing is a dangerous activity. Please note that the information presented in this guidebook does not guarantee free access to the cliffs and the surrounding areas. It is important to check the current rules and regulations before setting out to climb these routes.

A. DEEP WATER SOLOING, PSICOBLOC OU RAZO : HISTORIQUE DES ANNÉES 60 À NOS JOURS

Date	Évènements clefs
1943	John Menlove Edwards pratique le solo en bord de mer en Cornouailles au Royaume-Uni
1964-65	Traversée Gary Hemming, En Vau, Massif des Calanques
1967-68	Exploration en solo des falaises de l'Anse de San Peyre, La Garde
Années 1970	Exploration en solo des falaises de Majorque et des Calanques
1982	Sortie du film « La Vie au Bout des doigts » de Jean-Paul Janssen, avec Patrick Edlinger
1996	Premier topo papier britannique « Into the Blue : A guide to Deep Water Soloing in Dorset »
1998	Traversée intégrale en escalade de la côte des Calanques par Henri Michel Vincens
2001	Topo papier « La Ciotat » qui présente les premières traversées DWS dans la région
2004	Topo web DWS à Marseille à la Calanque du Mauvais Pas
2006	• Premier topo papier de Majorque « Mallorcan Psicobloc », par les Britanniques • Chris Sharma escalade « Es Pontas » à Majorque • Topo web l'Anse de San Peyre (La Piade) vers Toulon
2007	Topo papier « Deep Water » qui présente l'activité à travers le globe
2009	Topo papier « Psicobloc Mallorca » par les grimpeurs espagnols
2012	• Topo papier du Trou du Diable à la Ciotat • Topo web de la Calanque de Port-Miou à Cassis
2017	Chris Sharma escalade le Pont d'Arc en Ardèche
2019	Topo papier « Escalades au-dessus de l'eau » en France (Éditions du Chemin des Crêtes)

Benjamin à la baie d'Halong au Vietnam © Olivier du Chastel

Le Psicobloc ou Deep Water Soloing (DWS) se définit de nos jours par la pratique de l'escalade en solo intégral au-dessus de l'eau, douce ou salée. L'un des pionniers et même visionnaire de cette activité pourrait bien être John Menlove Edwards, un talentueux grimpeur et excellent nageur britannique gallois. Il pratiquait le solo au-dessus de la mer déchaînée, lors de vacances en 1943 en Cornouailles au Royaume-Uni. Cependant, cette pratique dangereuse n'avait pas vraiment suscité d'intérêt, sauf de trois commandos britanniques qui trouvèrent la mort en imitant Menlove. Ce grimpeur en avance sur son temps se suicida et il faudra attendre l'invention des chaussons souples pour voir resurgir cette pratique. Le terme psicobloc (parfois écrit psychobloc en France) a été inventé bien plus tard par l'espagnol Miquel Riera à la fin des années 1970, qui avec ses amis commencent à explorer les parois maritimes de l'île de Majorque, précisément à Porto Pi.

Au début des années 1980, les Britanniques de leur côté pratiquent aussi ce type d'escalade sous le nom de Deep Water Soloing (DWS). Le British Climbers' Club publie en 1996 le premier topoguide mondial présentant cette activité nouvelle. En 2001, les Britanniques découvrent Majorque accompagnés de Miquel Riera, tandis que Chris Sharma, célèbre grimpeur américain, découvre lui aussi l'île en 2003. Dès lors, une course à l'ouverture se met en place et les meilleurs grimpeurs proposent des lignes jusqu'à 8a-8b. C'est en 2006 qu'est édité le premier topo de psicobloc à Majorque et cette même année Chris Sharma escalade devant les caméras la voie psicobloc alors considérée comme la plus difficile au monde : Es Pontas (9a+, 20 m) qui donnera naissance au film *King Lines*. En 2007, les Britanniques publient le topo référence « Deep Water » qui présente de nombreux spots à travers la planète entière.

Dix ans plus tard, en 2017, Chris Sharma est toujours au plus haut niveau et escalade l'une des plus hautes lignes (au-dessus de la rivière l'Ardèche) jamais réalisée, sous l'arche du Pont d'Arc en Ardèche (8b+, 30 m) ! De nos jours, de nombreuses compétitions ont lieu à travers la planète et l'activité se popularise avec l'avènement des salles d'escalade.

En France, l'escalade « au bord de l'eau » se pratique essentiellement sur la côte méditerranéenne mais aussi le long de certains cours d'eau et quelques lacs (Verdon, Tarn, Annecy). Les Marseillais découvrent cette activité dès les années 1964-1965 le long de la célèbre « Traversée Gary Hemming » à la calanque d'En Vau. Cette voie est l'invention du californien Gary Hemming, le « beatnik des cimes », et de son compagnon d'escalade Lothar Möch. Ces deux alpinistes résidant à Chamonix étaient accompagnés, après une grande voie ou lors de journées de repos, de leurs amis marseillais François Guillot et Jean-Marc Bourgeois, forts grimpeurs de l'époque. Par la suite, tous les jeunes hommes de l'époque grimpaient le long du rivage en maillot de bain, principalement pour impressionner les filles sur la plage. Le premier qui tombait à l'eau avait perdu ! Voilà à peu près comment a débuté le psicobloc dans les Calanques.

Sa Calobra, Mallorca © Nicholas Armstrong

Cala Mitjana, Mallorca © Nicholas Armstrong

Plus tard, la bande des grimpeurs marseillais, incluant Barney Vaucher, Philippe et Jacques Kelle, explore alors la côte des Calanques durant les années 1970 et ouvre des itinéraires encordés devenus classiques.

Certains apprécient tout particulièrement cette aventure au fil de l'eau, et continuent à explorer activement le littoral des Calanques en « trav' » au « raz de l'eau » et sans matériel jusqu'aux années 1980. À cette époque, les grimpeurs solo les plus actifs sont Barney Vaucher principalement au Cap Morgiou, Jean-Louis Fenouil

Gary Hemming lors du sauvetage des Drus en 1967 © Paris Match

Ambiance conviviale sur la plage d'En Vau en 1967 de gauche à droite : Robert Lankester debout, François Guillot, Serge Gousseault à la guitare, Marc Chabert, Claude Cassin debout, Bernard Domenech © Jacques Ratti

Henri Vincens durant la traversée intégrale des Calanques en 1998 © Daniel Gorgeon

Michel Bonnon teste ses chaussures rigides « RD calcaire » sur les grattons de la Dalle du Chat à En Vau (1966) © Jacques Ratti

préférentiellement au Devenson ou au Cap Morgiou, Martine Broche et ses amis notamment à la Lèque ou sur les îles, et Norbert Apicella souvent accompagné de Patrick Edlinger ou Jean-Paul Arracheloff sur l'ensemble de la côte des Calanques.

En 1987, le massif des Calanques reçoit une visite historique de l'équipe Beal incluant François Legrand, Nanette Raybaud, Patrick Edlinger, Lynn Hill, Yuri Hirayama réunis sur un voilier à l'initiative de Michel Beal et Michel Drapier. Ils en profitent pour grimper en solo notamment sur le Torpilleur à Sugiton.

Les grimpeurs de la Ciotat eux aussi s'intéressent à cette activité à partir des années soixante-dix. Christophe Gaillard est le premier à explorer le littoral autour du Bec de l'Aigle, puis Pierre Coquillon et son frère découvrent les traversées depuis l'Anse du Cannier suivant les anciens accès des pêcheurs. Dans les années quatre-vingt, Christophe Gaillard explore ensuite les abords de la calanque de Port d'Alon entre Saint-Cyr-sur-Mer et Bandol.

Concernant les Toulonnais, Jean-Louis Bonin et Pierre « petit » Louis furent sûrement les premiers à s'être aventurés au raz de

Barney Vaucher en solo dans la Face au Large au Cap Morgiou en 2004 © Collection Barney Vaucher

l'eau dans les années 1967-1968 sur le site de San Peyre (La Piade). Par la suite, Jean-Marc de Robert, Robert Nicod et Christian « kiki » Crespo découvrent durant leur jeunesse cette activité ludique dès 1970 sur les traces de leurs amis. Puis en 1982, Patrick Edlinger met en avant cette pratique sur ce spot qu'il aura découvert avec ses aînés. San Peyre se fait alors connaître à travers le film « La vie au bout des doigts » de Jean-Paul Janssen. Les premières images du film montrent Patrick Edlinger grimpant là-bas au-dessus de l'eau.

À la même époque, Patrick Berhault perfectionnait sa gestuelle lui aussi sur le littoral de la Côte d'Azur et au bord de l'eau notamment dans la grotte de la Mala au Cap d'Ail à l'est de Nice.

Les Calanques et la Piade sont de véritables laboratoires pour les grimpeurs locaux mais l'activité est finalement délaissée au profit des nombreuses falaises spor-

Grimpeurs de l'équipe Béal sur le Torpilleur durant les années 80 (de gauche à droite : François Legrand, Nanette Raybaud, Patrick Edlinger, Lynn Hill, Yuri Hirayama) © Pascal Tournaire

tives et grandes voies dans la région. Le solo au-dessus de l'eau reste alors une activité ludique pratiquée en période estivale.

Dans les années 1990, quelques Aixois et Toulonnais, dont Nicolas de Barbarin et Martine Broche déjà actifs depuis les années quatre-vingt, continuent l'exploration de la côte et nomment cette activité le « razo » (rase' eau). Le principe est de traverser au bord de l'eau sans se mouiller les pieds ! Durant la période estivale, la bande explore les abords de Niolon (Côte Bleue), les îles des Calanques (Maïre et son Tiboulen, Frioul, Riou), le Bec de l'Aigle...

À cette même époque, des grimpeurs britanniques explorent eux aussi la côte durant leurs vacances et notamment Neil Gresham qui grimpe autour de Cassis dès 1990 ! En 1998, Henri Michel Vincens est le premier à effectuer la traversée intégrale de la côte des Calanques en partie en solo (les passages trop difficiles étaient équipés de plaquettes pour passer en artif). Il effectue ce parcours après un scrupuleux repérage des falaises maritimes de ce massif. Il réalisera une série de croquis retraçant une majorité des nouveaux itinéraires empruntés. En 2001, Pierre Coquillon, Christophe Gaillard et leurs amis ciotadens publient un topo d'escalade autour de la Ciotat qui recense les traversées « bord de mer » en solo au-dessus de l'eau.

Patrick Edlinger en 1982 © Robert Exertier

Patrick Berhault © Robert Exertier

Patrick Edlinger à San Peyre au secteur du Cube en 1977 © Robert Exertier

Patrick Edlinger à San Peyre au secteur des Siphons en 1977 © Robert Exertier

En 2004, le premier topo de psicobloc à Marseille est publié sur le web (Calanque du Mauvais Pas), suivi en 2006 par le topo web de la Piade à l'est de Toulon par des amateurs passionnés.

Dès 2007, Sébastien Batel et ses amis forts grimpeurs découvrent et exploitent le superbe secteur du Trou du Diable qui est de nos jours un haut lieu de pratique en France. Le topo de ce site est publié en 2011 par les grimpeurs locaux.

En 2012, le topo de la Calanque de Port-Miou est publié sur internet, un spot qui devient aussi un incontournable de la côte.

Le Deep Water Soloing provençal fait donc incontestablement partie de l'histoire locale de l'escalade et propose à présent plusieurs spots réputés :

Port-Miou près de Cassis, le Trou du Diable à la Ciotat, la Piade (San Peyre) proche de Toulon et les rochers de Théoule-sur-Mer, plus à l'Est.

En 2019 est édité le premier livre topo concernant l'escalade exclusivement en solo au-dessus de l'eau en France (Éditions du Chemin des Crêtes), regroupant plus de 10 secteurs majoritairement dans le sud de la France.

De nos jours, le Psicobloc est de mieux en mieux documenté à travers le monde. Les grimpeurs britanniques ont joué un rôle capital pour la promotion de cette activité sous la forme de topoguides. Les nombreux ouvrages disponibles permettent de découvrir notamment Majorque en Espagne (le site le plus réputé), le littoral de l'Angleterre et de l'Écosse, la Baie d'Halong au Vietnam, la Thaïlande, les Philippines, l'île de Kalymnos en Grèce, le Portugal, la Dalmatie en Croatie, l'Italie autour de Rome, les Bermudes, les USA, l'Australie et finalement la Corse ainsi que la Provence concernant la France.

Yuji Hirayama dans une ligne soutenue du Trou du Diable près de la Ciotat © FotoVertical

One of the pioneers of Deep Water Soloing is considered to be John Menlove Edwards, a talented british climber. He practiced solo climbing above rough sea 1943 in Cornwall. This dangerous activity did not really become popular after the death of several British soldiers who tried to imitate him. Renewed interest for this novel climbing practice came with the availability of soft climbing shoes. The word Psicibloc was invented by Miquel Riera who first explored the sea cliffs of Mallorca with his friends in the 70s. During the 80s, British climbers named this activity Deep Water Soloing, and the British Climber's Club published the first paper guidebook about UK DWS in 1996.

In 2001, British climbers discovered the vast potential for this type of climbing in Mallorca. In 2003 Chris Sharma also discovered the island. In 2006, a group of British climbers published the first DWS guidebook for cliffs in Mallorca, and Chris Sharma climbed Es Pontas, one of the most difficult DWS line at that time. The following year, the first worldwide DWS guidebook was written by British climbers. Ten years later, Chris Sharma climbed the highest DWS line in the world (8b+, 30 m), at the Vallon Pont d'Arc natural arch along the Ardèche river, France.

In France, solo climbing above water is mostly practiced along the Mediterranean coast, river banks and a few lakes. Climbers from Marseille, in the south of France, discovered this activity in the 60s along the famous « Traversée Gary Hemming » in the calanque of En Vau. This route was discovered by Gary Hemming, an American climber from California and his friend Lothar Möch. They used to climb in Chamonix at the time and drove down to Marseille seeking sunny climbs when the weather was bad in the Alps. They climbed along this deep water soloing line with their local friends until they fell into the water. That's how this activity really started in the Calanques. Later during the 70s, some other climbers from Marseille explored the coast and created some of the most classic rope traverses in the area. During the 80s, a group of DWS fans continued to explore the coast and the surrounding islands. In 1987, the Beal climbing team members (François Legrand, Nanette Raybaud, Patrick Edlinger, Lynn Hill, Yuri Hirayama) met in the Calanques and climbed along the Torpilleur islet in the calanque of Sugiton for a photo shoot.

Local climbers from La Ciotat started deep water soloing during the 70s. They also explored the surroundings of Port d'Alon during the 80s. Around Toulon, the adventure began at the end of the 60s along the Piade traverse, invented by Jean-Louis Bonin and Pierre Louis. During the 70s many local climbers enjoyed this interesting solo traverse until Patrick Edlinger was initiated by his friends. In 1982, he shared his passion for climbing in the well-known film « La vie au bout des doigts » from Jean-Paul Janssen. The first images show him deep water soloing along the Piade traverse near Toulon.

The Calanques and the Piade traverses were the first laboratories for deep water soloing in France, but this activity remained marginal compared to land climbing on the numerous crags in the area. During the 90s some climbers from Aix-en-Provence and Toulon continued the exploration of the coast from the Cote Bleue to Toulon. Interestingly, at the same period, some British climbers, including Neil Gresham, were also exploring the surroundings of Cassis! In 1998, Henri Michel Vincens traversed the entire coast of the Calanques, either soloing or using a rope. In 2004, the first DWS guidebook about a calanque was published on the web, followed by La Piade close to Toulon in 2006. The next year, Sébastien Batel and his talented climbing friends created DWS lines on the well-known Trou du Diable cliff near La Ciotat. Since then, DWS in Provence has become more and more popular and part of local climbing history. In 2019, the first French DWS guidebook was published, and presented a selection of spots in France.

Jean à la baie d'Halong au Vietnam © Olivier du Chastel

B. PRATIQUE DU PSICOBLOC EN PROVENCE

PRÉREQUIS INDISPENSABLES

Savoir nager en mer (houle, clapot) et être à l'aise en escalade avec un niveau de pratique 5a minimum. Il est important de toujours grimper à plusieurs pour pouvoir se porter assistance en cas de besoin ou d'accident.

SAISONS ET MÉTÉO

Cette activité se pratique par mer calme et préférablement en période estivale de mai à octobre. Le psicobloc peut se pratiquer durant les périodes les plus froides de l'année avec utilisation d'une combinaison néoprène (de type surf 4/3 mm).

Il est fréquent en Provence que les vents du Nord (Mistral et Tramontane) et de l'Est (Levant et Marin) soufflent fort sur le littoral. Dans les deux cas, la mer n'est plus praticable pour l'escalade proche de l'eau à cause des vagues et de la houle.
Certains pratiquent le psicobloc par mer forte mais cela n'est absolument pas recommandé étant donné l'agressivité du rocher au bord de l'eau (roche acérée) et le ressac puissant par endroits (impossibilité de sortir de l'eau, risque de noyade ou de projection violente contre le rocher). Noter que le mistral, qui provient de la vallée du Rhône au Nord, a tendance à refroidir l'eau rapidement. Généralement le mistral balaye le littoral depuis le secteur Nord à Ouest. Quant à lui, le vent d'Est a tendance à annoncer la pluie et à humidifier les falaises bien avant les précipitations. Vérifiez la force des vents avant d'aller grimper sur les sites de prévision météo (site et application mobile Windy par exemple).

PIQÛRES DE MÉDUSES

Les eaux côtières méditerranéennes sont parfois visitées par des méduses.
En cas de contact avec la peau nue, la méduse entraîne une lésion urticante la plus souvent bénigne (grave dans le cas d'allergies).

En cas de piqûre, voilà quelques points à suivre :

- Ne pas frotter la zone piquée, traiter à l'alcool ou rincer à l'eau douce.
- Rincer à l'eau de mer sans frotter et appliquer du sable si possible (ensuite retirer le sable sec avec un carton pour éliminer les cellules urticantes).
- Retirer à l'aide d'une pince à épiler les fragments qui restent sur la peau.

- En cas de piqûre sévère, neutraliser le venin avec du vinaigre ou de l'eau de mer chaude.
- Contre la douleur, il est recommandé d'utiliser un antalgique.
- Consulter un médecin ou aller aux urgences en cas d'aggravation.

Pour vérifier la présence de méduses sur la côte, ou les signaler, un site collaboratif est disponible sur http://meduse.acri.fr ou sur l'application mobile Simplex.

VOLS ET CAMBRIOLAGES

La côte provençale étant très fréquentée en période estivale, il est recommandé de ne pas laisser d'affaires en vue et de valeur dans sa voiture. De plus, il est recommandé de bien surveiller ses affaires une fois sur le bord de mer. Si vous circulez à vélo, pensez à garer votre vélo dans une zone de passage à la vue de tous.

PROTECTION DE LA NATURE

La plupart des sites présentés ici sont situés dans des espaces protégés, sensibles et généralement réglementés (parcs nationaux des Calanques et de Port-Cros, sites Natura 2000, Conservatoire du Littoral, Office National des Forêts...).

Il est évident que vous devez laisser les secteurs plus propres que lorsque vous y arrivez. Pensez à ramener tous vos déchets et même ceux des autres si vous en rencontrez (grimpeurs, pêcheurs, randonneurs, touristes... peu importe) !

Voici quelques recommandations à suivre pour limiter notre impact sur l'environnement :

- Respecter les arrêtés temporaires de nidification d'oiseaux.
- Suivre les sentiers balisés (ne pas couper à travers la garrigue ou parcourir les pierriers)
- Éviter la magnésie (MgO) sur les falaises maritimes. Au contact de l'eau, un cristal lisse se forme à la surface des prises, mélange de sel marin (NaCl) et de brucite (Mg(OH)2).
- Ne pas marcher le long des encorbellements à Lythophyllum lichenoïdes. Ces structures (aussi appelées corniches ou bourrelets) sont formées d'algues vivantes sur les falaises au niveau de l'eau qui en mourant se calcifient. Ces bioconstructions sont protégées et sensibles à la pollution des eaux (détergents, hydrocarbures). De plus, avec la mort de ces algues, ces édifices deviennent fragiles et sensibles au piétinement.
- Ne pas arracher ou s'agripper à la végétation sur les falaises.

Encorbellement d'algues à protéger à la Ciotat © Nicholas Armstrong

RÉGLEMENTATIONS GÉNÉRALES

• INCENDIE :

L'ensemble des massifs de Provence (Bouches du Rhône et Var) sont sensibles aux feux de forêts. Leur accès est réglementé lors des périodes estivales de juin à septembre en périodes sèches et par fort vent. Il est donc important de consulter les autorisations d'accès à ces massifs, disponibles sur les sites internet des préfectures des Bouches du Rhône et du Var. Le site internet www.myprovence.fr/enviedebalade permet un accès direct à cette information pour les Bouches du Rhône, qui est publiée tous les soirs pour la journée du lendemain. Les applications « Prévention Incendie » (actualisation au jour le jour) et « Mes Calanques » (actualisation la veille à 19 h) proposent cette information respectivement sur les massifs de la région PACA et du Parc national des Calanques.

• LOI « LITTORAL » ET LIBRE ACCÈS AU PUBLIC SUR LES SENTIERS LITTORAUX :

La loi « Littoral » n° 86-2 du 3 janvier 1986, relative à l'aménagement, la protection et la mise en valeur du littoral, autorise la libre circulation des personnes le long du littoral et permet l'accès au littoral depuis la voie publique.

Le libre accès au littoral repose sur un principe napoléonien du Code civil français qui instaure une servitude de passage des piétons de 3 m minimum en bordure de l'intégralité de la côte maritime publique. La fréquentation par le public des espaces naturels peut néanmoins être régulée ou interdite pour différentes raisons : protection de l'environnement, sécurité des personnes ou défense nationale. Pensez à vous renseigner auprès des autorités, notamment dans le cas de zones naturelles sensibles. Le Loi rappelle aussi la préservation de l'état naturel du rivage. Une bande de 100 m est définie afin d'interdire toutes constructions en dehors des espaces urbanisés (sauf pour des besoins de services publics ou activité économique maritime nécessitant la proximité immédiate de l'eau).

• CONVENTIONS FÉDÉRALES ET JURISPRUDENCE :

Il est bon de rappeler qu'à ce jour aucune des falaises présentées dans ce guide n'est associée à une convention entre le propriétaire du terrain et une fédération sportive. De ce fait, ces parois sont considérées comme des sites d'escalade de type « terrain d'aventure » par la Fédération Française de la Montagne et de l'Escalade. À ce titre, aucune directive ne régit ces sites et à ce jour, aucune jurisprudence n'existe sur la responsabilité en cas d'accident. De plus, l'ensemble des terrains sont privés et leurs propriétaires peuvent interdire la pratique de l'escalade à tout moment. Dans ce cas, il est important de respecter la réglementation en vigueur.

The practice of DWS in Provence :

First of all, you need to know how to swim in the sea and climb at least 5a French grade routes. It is also very important to climb with other people in case of an accident.

Season and weather : DWS is practiced above calm sea and preferably during summer from May to October. It can nevertheless be practiced during the colder months.

In Provence, it is not unusual to experience cold wind from the north (called mistral) or humid wind from the east (called Levant). Mistral cools the water and blows from the North to the West. The east wind brings rain and moistens the rock. In both cases the sea becomes rough with a strong swell and big waves along the shoreline. The practice of DWS during rough seas is absolutely not recommended because of the resulting powerful backwash against sharp rocks (danger of drowning).

Jellyfish : the mediterranean sea is sometimes visited by jellyfish, and you can check their presence on http://meduse.acri.fr or the mobile application called Simplex. If you are stung : do not rub or rinse with alcohol/water; rinse with sea water and cover with sand; remove the small fragments with tweezers; in the case of severe stings, wash out with vinegar or sea water; take a painkiller (beware of allergies).

Robberies: a lot of tourists visit Provence during summer time and it is therefore recommended to keep your valuable belongings close to you. Do not leave any valuables in your car and keep an eye on your belongings close to the shore nearby the cliffs. If you ride a bike, don't forget to lock it correctly in a busy place.

Nature Protection: Almost all the DWS spots presented in this guidebook are protected spaces, usually regulated.

It is obvious that you have to keep the surroundings you visit cleaner than when you arrived. Why not bring back a few things left over by others? Here are a few recommendation you should follow to protect your environment:

- respect any temporary decree concerning birds nesting,
- follow the marked paths to access the cliffs (do not walk through the forests or screes),
- avoid using chalk on sea cliffs, because it creates a smooth surface on the holds,
- do not walk on the algae edges at sea level because of their fragility,
- do not hang on or extract vegetation from the cliffs.

Wildfire: all the mountains in the Provence area are vulnerable to wildfires especially during hot periods with strong winds. The local Prefectures regulate access to the forests from June to September. It is mandatory to check the access authorisations available on the website of the Prefectures (Bouches du Rhône and Var) or from www.myprovence.fr/enviedebalade. Two mobile applications « Mes Calanques » and « Prévention Incendie » are also available respectively for the forests in the Calanques national park and Provence.

Coastlines act: in France, access to the coast is free according to the law, except for the protection of nature, security or national defense.

Climbing federation and jurisprudence: none of the climbing spots presented in this guidebook are part of an agreement with landowners or the french climbing federation. The practice of climbing is therefore considered as traditional climbing with no fixed equipment. Moreover, no jurisprudence exists in the case of an accident. Landowners can also ban climbing on their land, so be aware of any current local regulations.

C. MATÉRIEL

La pratique du Psicobloc requiert peu d'équipement, cependant la liste qui suit peut vous aider à préparer au mieux vos escalades aquatiques.

Indispensable
• Une paire de chaussons d'escalade • Un maillot de bain et une serviette microfibres (légère) • Une bouteille d'eau (1 litre) et de la nourriture • Masque ou lunettes de plongée pour repérer les rochers sous l'eau ! • Un mental à toutes épreuves !
Très utile
• Un t-shirt anti UV, voire une combinaison néoprène (en été si l'eau est fraîche, un shorty de surf de 1,5 mm d'épaisseur suffit ; au printemps et à l'automne, une combinaison intégrale de 2 mm d'épaisseur est tout à fait adaptée ; en hiver, préférez une combinaison de surf de type 4/3 mm. Attention aux risques de déchirure de la combinaison sur le rocher (en particulier calcaire), souvent tranchant et acéré. • Bouée de secours (de type autogonflante à cartouche de gaz par exemple) • Crème solaire • Cartes IGN en papier ou numérique • Cordon de maintien pour lunettes (prévoyez une vieille paire si possible) • Veste de type coupe-vent • Sac-poubelle pour rapporter les déchets ! • Trousse à pharmacie
Facultatif
• Embarcation (kayak, stand up paddle) • Appareil photo étanche • Corde 10 m (à placer sur certains secteurs pour ressortir de l'eau ou accéder à la falaise) • Lampe frontale
Équipements supplémentaires pour longues traversées maritimes isolées
• Baudrier, casque, crochets fifi et goutte d'eau • Corde 30-50 m, descendeur, 3 mousquetons à vis • GPS, sac/pochette étanche, trousse de secours

MAGNÉSIE ?

L'utilisation de la magnésie n'est pas recommandée, notamment sur le calcaire, car en présence d'eau de mer, elle crée un cristal lisse sur le rocher. De plus, les falaises maritimes sont naturellement nettoyées par la pluie et surtout l'eau de mer (vagues, embruns) plus de 6 mois par an et sont généralement rugueuses. De rares secteurs proposent des zones de rocher glissant notamment dans les faces ombragées humides, et la magnésie n'y changera malheureusement rien !

APRÈS L'ESCALADE !

Bien rincer vos affaires à l'eau claire, notamment le lycra, la combinaison néoprène et les chaussons dont la semelle risque de se décoller très rapidement dans le cas contraire. Astuce : si vos chaussons se décollent, lavez-les à l'eau douce, séchez-les puis collez la gomme avec du mastic-colle Sikaflex 11FC.

LOCATION DE KAYAK OU STAND UP PADDLE (SUP)

Il est possible de louer des embarcations au Port de la Pointe Rouge (Marseille), à Cassis, La Ciotat, Saint-Cyr-sur-Mer, à la Madrague sur la presqu'île de Giens, à la plage du Débarquement au Cap Dramont et à Théoule-sur-Mer. Renseignez-vous concernant la réglementation de mise à l'eau dans chaque commune.

Equipment :

DWS requires very little equipment but here is a list of ideas. The essentials consist of climbing shoes, a swimsuit, a light microfiber towel, water (1 litre), food, a diving mask, goggles and a positive mental attitude! The following items can also be very useful: an anti-UV t-shirt or a neoprene suit, an auto inflatable buoy, solar cream, paper or numeric maps, strings for glasses, a windproof jacket and a plastic bag to collect your trash. Optional equipment includes a watercraft (kayak or stand-up paddle), a waterproof camera, a 10 m rope (helpful to access some cliffs), headlight and a first-aid kit. In the case of long isolated traverses, the following additional equipment is useful: harness, helmet, sky and fifi hooks, 30-50 m climbing rope, 3 carabiners, belay device, GPS system, waterproof bag. What about chalk? We do not recommend using chalk on sea cliffs because it mixes with salty water to form a smooth and slippery surface on holds. Moreover, sea cliffs are washed by sea water and sea spray for more than 6 months per year. And the most slippery rock zones (mostly humid north faces) won't become sticky if you use chalk!

After your DWS session: don't forget to rinse your climbing shoes (and equipment) with fresh water. This will prevent your rubber sole from drying and peeling off.
Kayak and stand-up paddle rental: you can rent these in Marseille (Pointe Rouge), Cassis, La Ciotat, Saint-Cyr-sur-Mer, Presqu'île de Giens (la Madrague), Cap Dramont (plage du Débarquement) and Théoule-sur-Mer. Do not forget to check the regulations concerning launching facilities within ports and from beaches.

D. COMMENT UTILISER CE TOPO ?

TOPOGRAPHIE DES SITES ET DES FALAISES

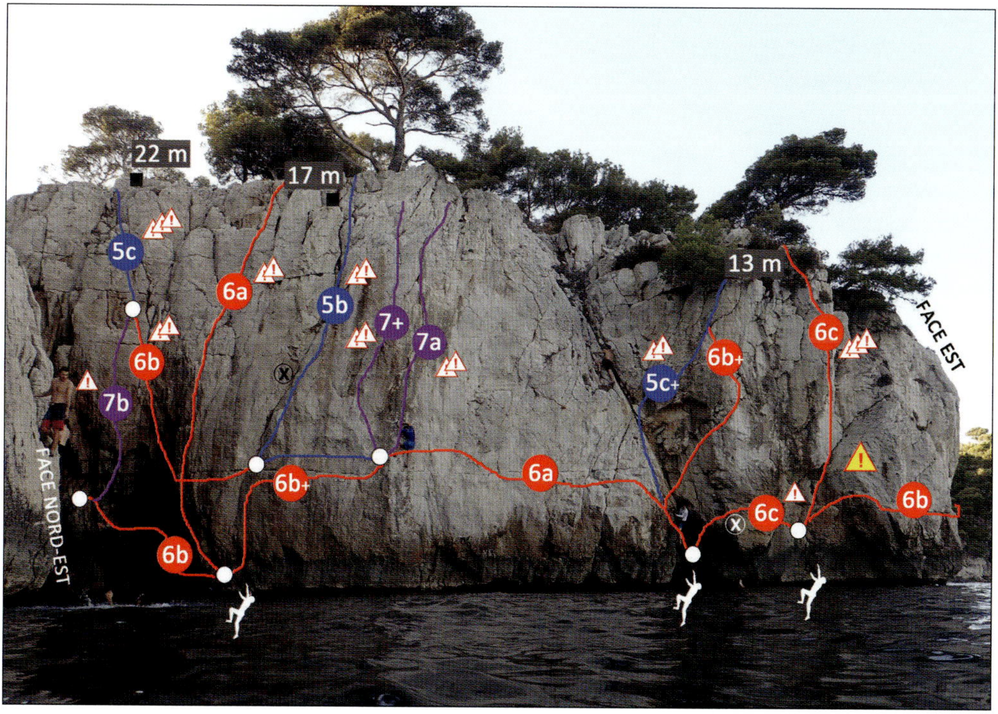

Les secteurs sont décrits de l'Ouest vers l'Est de Niolon jusqu'à Théoule-sur-Mer. Les voies sont tracées en trait plein. La couleur des itinéraires représente leur niveau de difficulté (jaune 3-4, bleu 5a-5c, rouge 6a-6c, violet 7a et +). Le trait plein passe au niveau du buste du grimpeur et la cotation est indiquée sur le tracé. Les tracés en pointillé représentent les accès pédestres (en rouge et gris) et en bleu les traversées d'escalade.
La hauteur indiquée en haut des falaises représente la hauteur verticale mesurée au double décamètre (+/- 0,3 m) et non le développé total de l'escalade.

Pictogrammes utilisés sur les croquis d'escalade :

- Les départs des itinéraires ou sections d'escalade (points blancs)
- Les sorties depuis l'eau après une chute ou un accès à la nage (logo grimpeur dans l'eau)
- Les départs depuis une embarcation (logo paddle)
- Les zones de dangers sur les falaises ou sous l'eau (logos « danger » en jaune)
- L'engagement de l'itinéraire (1-2-3 logos « danger »)
- Les amarrages d'escalade de type piton ou plaquettes (croix entourée sur le rocher)

PICTOGRAMMES UTILISÉS POUR PRÉSENTER LES SECTEURS

Orientation principale des falaises

Hauteur maximum de la falaise

Exposition au vent et à la houle

Position GPS du secteur

Niveau de difficultés

Parking et zone de stationnement

Transports en commun

Gare ferroviaire

Cotations et exposition des itinéraires

COTATIONS D'ESCALADE

Le niveau de difficulté des itinéraires présenté est basé sur l'échelle française de cotations en falaise. Ces cotations ne sont pas basées sur l'échelle de difficulté de la pratique du bloc (type Fontainebleau). Ce guide présente des itinéraires entre les niveaux 4a et 8b.

La majorité des cotations ont été confirmées par plusieurs grimpeurs mais restent subjectives (et variables selon les conditions). Les cotations sont données ici à titre indicatif et pourront bien sûr donner lieu à des débats lors de l'apéro !

ÉQUIVALENCE DES COTATIONS AVEC L'ÉTRANGER
INTERNATIONAL CLIMBING RATE CONVERSIONS

FRANCE	4a	4b	4c	5a	5b 5c	6a	6a+	6b	6b+	6c	6c+
USA	5.6	5.7	5.8	5.9	5.10a	5.10b	5.10c	5.10d	5.11a	5.11b	5.11c
UIAA	IV+	V	V+	VI-	VI	VI+	VII-	VII		VII+	VIII-

FRANCE	7a	7a+	7b	7b+	7c	7c+	8a	8a+	8b	8b+	8c	8c+
USA	5.11b	5.12a	5.12b	5.12c	5.12d	5.13a	5.13b	5.13c	5.13d	5.14a	5.14b	5.14c
UIAA	VIII	VIII+	IX-		IX	IX+	X-		X	X+	XI-	XI

ÉVALUATION DE LA SÉVÉRITÉ DE LA CHUTE

L'évaluation de la sévérité de la chute se base sur l'échelle britannique « S Grade » (S pour *seriousness* = sévérité).
Le niveau de danger des itinéraires en intégrant l'exposition de la chute est indiqué sur les croquis, accolé à la cotation. Il est représenté par 1, 2 ou 3 logos « danger » selon les éléments de la page suivante :

S0	Aucun logo « danger »	Solo sans danger avec exposition réduite. La difficulté se trouve à faible hauteur (< 5 mètres), bon rocher.
S1	⚠ 1 logo « danger »	**Danger négociable** La difficulté se situe en hauteur (5-10 mètres) et/ou chute éventuelle sur les rochers et/ou faible profondeur d'eau.
S2	⚠⚠ 2 logos « danger »	**Danger important** La difficulté se trouve à grande hauteur (> 10mètres) et/ou chute possible sur les rochers et/ou rocher fragile et/ou très faible profondeur d'eau. **Ces itinéraires doivent être entrepris à vos risques et périls seulement après un repérage.**
S3	⚠⚠⚠ 3 logos « danger »	**Itinéraires très dangereux, risque de blessures graves voire chute mortelle, danger inévitable en cas de chute.** Itinéraire de très grande hauteur (> 15 mètres) et/ou rocher très fragile et/ou chute sur rochers de la falaise ou affleurant dans l'eau ! **Ces itinéraires doivent être entrepris par des grimpeurs très expérimentés à leurs risques et périls seulement après un repérage strict.**

Merci de signaler à l'éditeur toute évolution des itinéraires ou des cotations.

ENGAGEMENT DES ITINÉRAIRES

Il ne faut pas oublier que les falaises maritimes sont souvent raides, hautes et sans échappatoires évidentes depuis l'eau ou vers la terre ferme. L'engagement sur certains itinéraires est donc parfois important voire total, notamment sur les longues traversées maritimes (Cap Morgiou, Sormiou, La Piade...).
Il est vivement recommandé de partir grimper à plusieurs, d'indiquer à ses proches la localisation de l'itinéraire (point GPS) et de prévoir un matériel adapté à cet engagement (voir section matériel). Il peut être judicieux d'être suivi par une embarcation le long des itinéraires les plus longs.

How to use this guidebook?

The DWS cliffs are presented in the book from the west towards the east. The climbing lines (routes) are displayed as solid lines. The color indicates the French climbing grade range (yellow 3-4, blue 5a-5c, red 6a-6c and purple 7a-8).
Each line follows the shoulders level of the climber and the corresponding climbing grades are indicated on the lines. The dotted lines in red and black represent the access paths and the climbing traverses in blue. The height corresponds to the vertical height of the cliff and does not represent the total length of the routes.

Climbing grades: routes are graded according to the French sports grading system. This guidebook presents grades from 4a to 8b, most of them have been confirmed by several climbers. Nevertheless, climbing grades are subjective and are indicated here for the purpose of information only.
Seriousness of the falls: dangerous falls are depicted on photo topos according to the British S-grade, used in almost all DWS guidebooks. In brief, S0 (no danger logos) routes are safe; S1-S3 (1 to 3 danger logo) lines are dangerous and the hazards can be prevented for S1 lines but are inevitable for S3 ones (fall into shallow water, onto the cliff, very high falls >10-15 meters, fragile rock). S2 and S3 routes are climbed at your own risk after careful evaluation of all the dangers. Please contact the editor if you notice dangers, or new lines that are not mentioned in this guidebook.

Commitment required for some of the climbs: don't forget that sea cliffs are often steep, high and sometimes do not provide an easy escape route from the sea. Some of the routes (especially traverses around Cap Morgiou, Sormiou or La Piade) require serious commitment. It is recommended to climb in a group. Always indicate your location (GPS coordinates) and prepare all equipment you may need before setting out (see the section above). It is sometimes wise to climb with someone following on a kayak or stand-up paddle.

E. BLESSURES ET TRAUMATISMES
(PAR COLIN ARMSTRONG, OSTÉOPATHE DO-MRO)

La pratique du psicobloc présente un fort risque de blessures qui peut parfois être grave, voire mortelle selon les itinéraires parcourus. Les auteurs recommandent aux grimpeurs de bien prendre connaissance de la météo, de la topographie des lieux, de la paroi et du fond marin avant de s'engager dans les itinéraires. Les auteurs ne pourront pas être tenus responsables pour tout accident survenu sur l'un des itinéraires, mentionnés dans ce guide à titre indicatif seulement.

CHUTES DANS L'EAU

Le Deep Water Soloing évolue parfois jusqu'à 20 mètres au-dessus de l'eau, voire au-delà pour quelques itinéraires d'exception. À cette hauteur, la chute peut s'avérer fatale. Elle dure environ 2 secondes et correspond à une vitesse d'impact d'environ 70 km/h. L'instant critique n'est pas l'impact à la surface de l'eau mais la décélération très rapide du plongeur dans l'eau, qui est un matériau beaucoup plus dense que l'air.

Le risque de blessures le plus important correspond généralement à des « mauvaises chutes » (hauteur trop élevée, peu de profondeur d'eau) ou des « plats » qui peuvent entraîner une compression de la moelle épinière, des fractures osseuses ou des commotions cérébrales. Il est fortement conseillé d'éviter les crochetages de talon ou d'orteils et de passer les pieds et jambes au-dessus du niveau la taille. Dans la majorité des cas les plus graves, ces types d'accidents peuvent conduire à la quadriplégie ou la tétraplégie. Si l'impact est trop important, le plongeur peut aussi perdre connaissance et potentiellement se noyer.

Pour limiter l'impact de la chute sur le plan d'eau, il est recommandé de pénétrer dans l'eau les pieds pointant vers le bas, avec le corps tendu, les bras le long du corps droit et perpendiculaire à la surface. Cela augmente la durée de décélération du corps dans l'eau et réduit les forces exercées sur le corps. N'oubliez pas de bien serrer les jambes sinon c'est le grand écart assuré ! Et ne penchez pas trop la tête en avant sinon c'est l'uppercut et parfois le KO ! En cas de faible profondeur du niveau de l'eau, pour limiter l'impact sur le fond, il est conseillé de rentrer droit dans l'eau et effectuer une flexion assise (comme sur une chaise) une fois dans l'eau.

TYPES DE BLESSURES

Une mauvaise chute de plusieurs mètres dans de l'eau est un véritable choc avec des lésions possibles des poignets, du rachis cervical et de la moelle épinière. La traumatologie du poignet est fréquente chez les plongeurs de haut vol. Par exemple, après un plongeon de dix mètres, le poignet subit un impact équivalent à une chute d'environ 1.2 mètres sur une dalle en béton. Si la personne entre dans l'eau les mains en premier, la force maximale s'exerce au niveau de son cou ou de ses épaules. La colonne cervicale ne peut pas endurer cette force, et le risque de blessure du rachis cervical et des bras est très important. Il est donc impératif de tomber les pieds en premier.

Une mauvaise position du corps à l'entrée dans le plan d'eau, une profondeur faible d'eau, ou une hauteur de chute trop élevée peuvent entraîner une compression de la moelle épinière, des os fracturés ou des traumatismes crâniens. Si l'entrée dans l'eau se fait avec les pieds à plat ou en position assise, la colonne vertébrale subit un choc vertical susceptible de provoquer la fracture d'une ou plusieurs vertèbres (tassement vertébral), même chez des sujets jeunes en bonne santé et sans ostéoporose.

<u>Tassement vertébral</u> : Toute douleur persistante forte ou modérée dans la région dorsale ou lombaire suite à une chute de plusieurs mètres avec atterrissage sur les fesses ou avec les pieds à plat pourrait indiquer la présence d'une fracture-tassement vertébrale. Avec ce type de fracture, la douleur peut être plus ou moins invalidante pendant quelques semaines.

En cas de persistance ou aggravation de la douleur, une radiographie voire une IRM de la colonne vertébrale s'impose, surtout si la douleur est aggravée par la marche, la position assise, et atténuée par la position couchée. Parfois la douleur irradie vers les côtes.

Deep water soloing presents a high risk of injuries that can sometimes be serious or lead to death depending on the lines you plan to climb. The authors recommend checking the weather forecast, the topography of the area, the cliff and the seabed before any climbing attempt. The authors will not be held responsible in case of an accident along any climbing lines indicated in this book. These are for the purpose of information only.

<u>Falls into water</u>: DWS lines can go up to 20 meters or more and at that height a fall can be serious. The fall lasts around 2 seconds and the impact onto the water surface occurs at around 44 mph (71 km/h). The critical moment is the rapid deceleration in water which is much more dense than air. Injuries usually occur after a bad fall or during flat landings, and can cause compression fractures of the spine, fractures of other bones, or concussion. Severe injuries can lead to tetra or quadriplegia. If the impact is too strong, the climber can also faint and drown. In order to reduce the impact, it is recommended to enter water with your feet pointing down, perpendicular to the surface, with your arms held to your sides along a straight and tense body. Don't forget to keep your legs together, otherwise you could experience "le grand écart" (the splits)! And do not lean forward otherwise the water can give you an uppercut and knock you out!

<u>Different types of injury</u>: A bad fall can injure your wrists, your spine, or the spinal cord. There is also a risk of head trauma and loss of consciousness, so don't climb alone! If you fall head first, your head, arms and spine are at risk because they may not be able to deal with the force or the angle of the impact. That is why it is recbest to fall feet first if possible. If you enter the water with your feet flat or in a sitting position, if the water is shallow or if the height is excessive, a fall can fracture one or more vertebrae and cause compression of the spinal cord even in young and healthy climbers. Persistent, severe or moderate pain in your lumbar or dorsal spine after a fall from several meters could indicate a vertebral compression fracture. If the pain is aggravated by standing, walking and sitting and relieved when lying down, you should seek urgent medical attention.

F. ACCIDENTS

En cas d'accident, 4 étapes pour porter secours :

1. Sécuriser le lieu et les personnes
2. Apprécier l'état de la victime
3. Demander de l'aide
4. Effectuer les gestes de premiers secours

Pour contacter les secours, composez le 18 ou le 112 depuis votre téléphone.

PREMIERS SECOURS

• Dans le cas de blessures suspectées à la colonne vertébrale ou à la tête, sortir le blessé de l'eau puis ne plus le manipuler sauf pour maintenir sa respiration.

• En cas de saignements : demander à la victime de comprimer sa blessure. Sinon appliquer une pression sur la plaie avec les mains protégées (gant, sac, linge). Appliquer la pression jusqu'à l'arrivée des secours.

• En cas d'inconscience : libérer les voies aériennes et vérifier que la personne respire. Tourner la victime sur le côté (position latérale de sécurité).

• En cas de noyade et d'arrêt cardiaque : vérifier que la victime est inconsciente et ne respire plus. Prévenir les secours et demander un défibrillateur. Procéder à la réanimation jusqu'à l'arrivée des secours : alternance de 30 compressions thoraciques et de 2 insufflations.

In case of an accident, execute the following steps in order to rescue the victim :

1. secure the area and the people,
2. evaluate the victim's condition,
3. ask for help,
4. carry out first aid measures.

If you need to contact the rescue team, dial 18 or 112 from your phone.

First aid measures :

• in the case of suspected spine or head injuries, get the victim out of the water and do not manipulate him any more than necessary except to help him breathe.

• in the case of bleeding, ask the victim to compress his wound or compress it with protected hands (gloves, bag, clothes). Compress until the rescue team arrives.

• in the case of an unconscious victim, release his airway and check the breathing. Place him or her in the recovery position.

• in the case of drowning or cardiac arrest, check if the victim is unconscious or has stopped breathing. Ask for help and for a defibrillator. Proceed with cardiopulmonary resuscitation until the rescue team arrives : alternate 30 chest compressions and two mouth-to-mouth ventilations.

CARTE DE LA ZONE OUEST

Traversée 6c, Moulon © Marion Saby

Le dévers du Moulon © Marion Saby

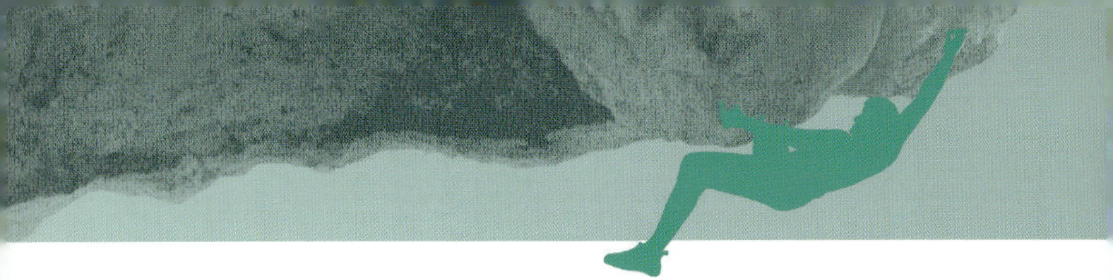

CÔTE BLEUE

La Côte Bleue est la continuité logique du Massif des Calanques vers l'Ouest de Marseille. Cette zone propose plusieurs calanques dont certaines sont habitées, le long du chemin de fer reliant Marseille à Miramas en passant par l'Estaque.

Cette côte escarpée est le terrain de jeu des randonneurs, VTTistes, surfeurs, baigneurs, plongeurs... et a la particularité d'être plus familiale et moins touristique que le Parc National des Calanques.

Notez cependant que le littoral de la Côte Bleue est un espace fragile et protégé notamment par une charte Natura 2000.

L'accès à la Côte Bleue est très facile en train et il est agréable de s'y rendre en toutes saisons au gré des envies.

Il est également possible de se déplacer avec les Bus de la Côte Bleue mais ceux-ci sont moins fréquents. Deux spots de psicobloc sont référencés au départ du port de Niolon et proposent des niveaux d'escalade variés.

D'autres zones se prêtent aussi à l'escalade en bord de mer mais présentent moins d'intérêt. L'exploration de ce morceau de côte a été entreprise dans les années 1990 entre autres par Nicolas De Barbarin et ses amis.

The "Blue Coast" is a pleasant area where you can practice all sorts of outdoor sports. People enjoy its easy access by train and the few regulations compared to the close Calanques national park.

Don't forget to check the fire risk in this mountain range between June and September. The prefecture of Bouches du Rhône regulates access to this area in case of high drought and strong wind (that promote fire). So stay alert! Check this out on www.myprovence.fr/enviedebalade.

Calanque de l'Erevine © Audrey Cohu

INFOS PRATIQUES

Rocher : Calcaire et conglomérat
Commodités : village de Niolon (supérette, restaurants).

RÉGLEMENTATION

- Mairie du Rove :

De début juin à fin août, l'accès véhiculé aux calanques de Niolon et de la Vesse est réglementé les week-ends et jours fériés de 8 h à 18 h.

- Préfecture des Bouches du Rhône :

Durant la saison estivale de juin à septembre, la Préfecture des Bouches du Rhône régule les accès aux massifs forestiers selon le risque incendie (périodes sèches et par fort vent).
Il est donc important de consulter les autorisations d'accès aux massifs, disponibles sur les sites internet des préfectures des Bouches du Rhône ou sur le site internet www.myprovence.fr/enviedebalade ou sur l'application smartphone Prévention Incendie.

PARKING

Zone de stationnement au-dessus du village de Niolon (accès et stationnement très difficile en période estivale). Position GPS : 43.342141, 5.256272 (Plus Code Google Maps = "87R4+RG Le Rove").

CARTE DE LA CÔTE BLEUE

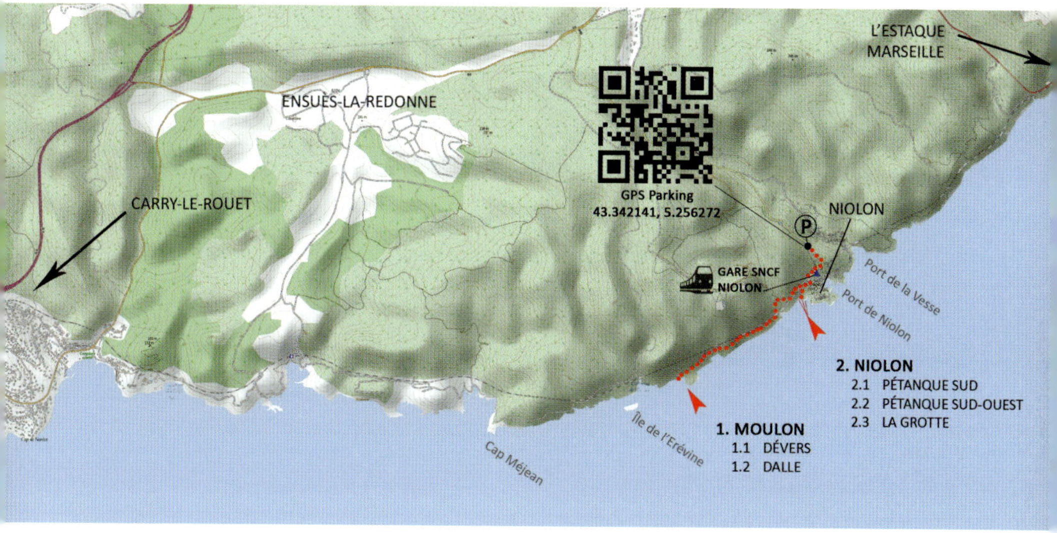

TRANSPORTS EN COMMUN

Ligne ferroviaire TER en provenance de Miramas ou Marseille, arrêt Niolon (vivement recommandé).

Car park and public transport: park your car at the entrance of Niolon (see GPS details above). Note that the access by car is not recommended beyond this car park and is regulated from June to the end of August.

It is therefore highly recommended to go to Niolon by train from Marseille or Miramas train stations.

VOIES RÉFÉRENCÉES

Secteur	4a-4c	5a-5c	6a-6c+	7a-8a	8b-8c	Exposition
Moulon	-	4	12	6	-	SO-S2
Niolon	1	10	11	2	-	SO-S2

1 Moulon

GPS : 43.331758, 5.242028

Orientation : Nord-Ouest

Hauteur maximum : 15 m

Niveau de difficultés : 5b-7

Vent et houle : sensible

PRÉSENTATION

La presqu'île du Moulon propose une large face déversante au-dessus d'une eau profonde. Le site est d'ailleurs pratiqué par les plongeurs amateurs, alors attention de ne pas leur tomber dessus ! La falaise ne prend le soleil qu'en fin de journée et sera idéale pour les chaudes journées estivales.

Le secteur est composé d'un conglomérat de galets parfois fragiles, d'où son nom Moulon tiré du provençal *mouloun* qui désigne un tas ou un amas !

Il existe un site d'escalade sportive, à la Calanque du Riflard à l'Est de cette presqu'île, qui porte le même nom et propose une vingtaine de voies allant du 6a au 8b.

This spot is characterised by a large overhanging face above some deep water. The cliff is made of conglomerate that can be fragile, and is sunny exclusively at the end of the day. It is therefore a perfect crag for very hot summer days. Access (35 minutes): from the train station in Niolon, walk west and cross a dead end car park. Follow the coastal path along the rails (blue marks) and go past two calanques. Reach the obvious and large peninsula. Access the spot either going round the peninsula from its left side, or from the coastal path 50 meters after going past the peninsula (a short swim brings you to the cliff). Do not access the overhangs going down the steep fault under the cliff.

ACCÈS PÉDESTRE (35 MINUTES)

De la gare SNCF (route de Niolon - D48), suivre la route vers l'Ouest (ne pas descendre vers Niolon sous le viaduc). Traverser un parking en terre et suivre le sentier du littoral (balisage bleu). Ce sentier suit la côte et passe successivement par les calanques du

Jonquier (grand viaduc) puis du Riflard (site d'escalade au-dessus du sentier à gauche du petit tunnel). Le sentier continue jusqu'à la presqu'île évidente du Moulon.

Accès à la dalle : accéder sur la presqu'île par l'Est (sentier le long d'une vire) puis se rendre à son extrémité Sud-Ouest (sentes).

Accès au dévers : dépasser la presqu'île puis descendre au bord de l'eau en face des dévers.

Accéder ensuite aux secteurs à la nage (la descente du couloir à gauche du dévers est déconseillée car raide et dangereuse).

ACCÈS PADDLE/KAYAK (1,5 KM)

Depuis Niolon, se mettre à l'eau dans le port (très difficile d'accès en voiture) puis naviguer vers l'ouest. Passer les criques du secteur DWS de Niolon puis les calanques du Jonquier et du Riflard avant d'arriver à la grande presqu'île évidente du Moulon.

Depuis le petit port de Méjean, passer le Cap Méjean vers l'Est puis passer entre la côte et l'île de l'Érevine avant d'arriver sur la presqu'île du Moulon.

© Thomas Gurviez

©Nicholas Armstrong

© Thomas Gurviez

CURIOSITÉS

Les plongées (en apnée ou avec bouteilles) autour du Moulon sont réputées pour la diversité des fonds marins. Le centre UCPA de plongée de Niolon est très apprécié et reconnu pour la qualité des balades sous-marines. Thomas Gurviez nous dévoile ci-dessous les secrets des fonds sous-marins du Moulon :

« Sous vos chaussons et sous les dévers de conglomérat du Moulon se trouve un des plus beaux tombants de la région, d'ailleurs souvent fréquenté par les plongeurs bouteille. C'est un dévers sous-marin, cette fois, couvert non pas de chips qui vous font jurer mais d'une forêt de gorgones qui vous mettront des étoiles dans les yeux (sous le masque !). Soyez rassuré(e)s de suite, vous ne verrez pas de plongeuse à la tête recouverte de serpents marins, on parle par gorgones de coraux méditerranéens qui ressemblent à des branches ramifiées ondoyant dans le courant, parfois couvertes de polypes déployés. Habituellement présentes à plus de 10 mètres de profondeur, les gorgones ont investi dès 2 mètres de profondeur ce dévers sous-marin parfaitement protégé du soleil, qui avec les anémones jaunes et le coralligène donnent de magnifiques compositions sous-marines.
N'oubliez donc pas de prendre en sus de vos chaussons masque et tuba, et attention à la forme du dévers qui implique de bien nager en arrière en remontant à la surface... »

© Thomas Gurviez

TOPOGRAPHIE DE MOULON DALLE

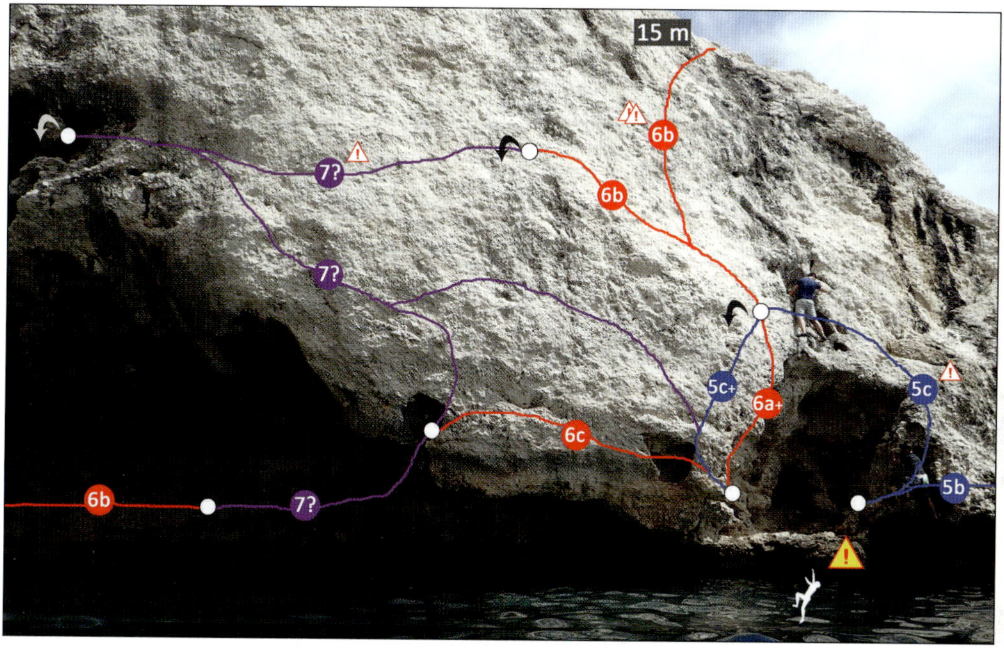

TOPOGRAPHIE DE MOULON DEVERS

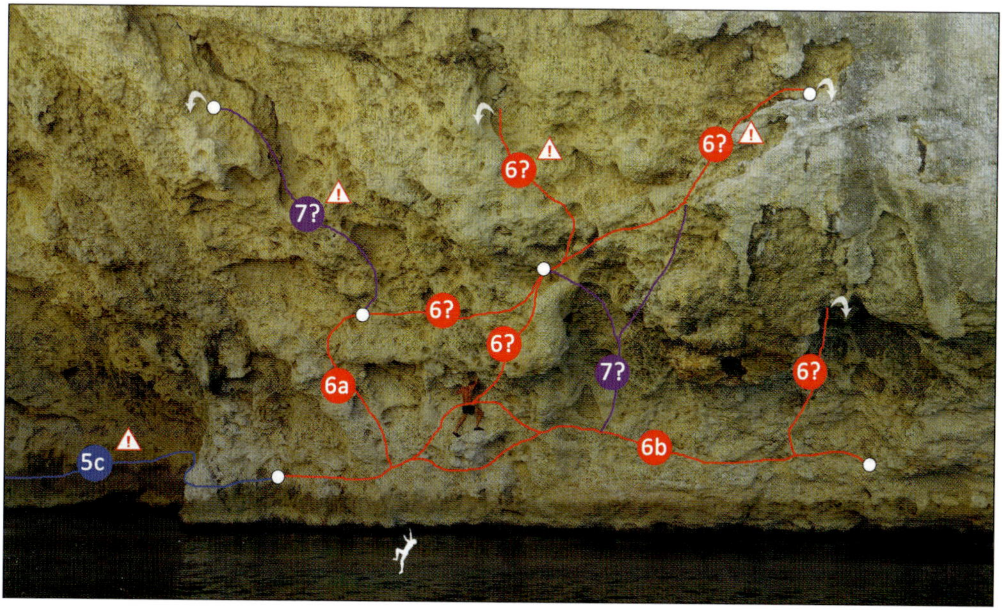

CÔTE BLEUE

2 Niolon

GPS : 43.338138, 5.255055

Orientation :
Sud-Ouest à Sud-Est

Hauteur maximum : 10 m

Niveau de difficultés : 4b-7a

Vent et houle : sensible

PRÉSENTATION

Le spot de Niolon est une belle découverte ! Ce secteur, aussi nommé la Pétanque, propose de nombreux itinéraires de niveaux modérés et d'accès très facile.

De plus, le site est idéalement situé à deux pas de la Calanque de Niolon, elle-même accessible en Train Express Régional (TER) depuis Marseille ou Miramas.

Les grimpeurs apprécient la proximité du village (qui est à l'abri du mistral) pour partager une pizza, l'apéro ou une partie de pétanque après la grimpe ! Le site de Niolon se décompose en trois secteurs : la Face Sud, la Face Sud-Ouest et la Grotte.

The Niolon DWS area is located below the "pétanque" ground. It is really close from the port of Niolon and is adapted to beginners. It also offers a few difficult lines for high level climbers. It is a pleasant place close to local restaurants and pubs.

Access (10 minutes) : from the Niolon train station, walk west and go through the short tunnel on the left. Turn right and follow a trail (private car park) towards the west. From the "pétanque" ground, go down to the sea along a steep path.

ACCÈS PÉDESTRE (10 MINUTES)

De la gare SNCF (route de Niolon - D48), descendre en direction du port de Niolon et passer sous le viaduc. Tourner directement à droite (parking en terre réservé aux résidents). Suivre le chemin en terre jusqu'au terrain de pétanque situé sous la voie ferrée.

Descendre alors vers la mer en suivant une sente escarpée à gauche sous le terrain. Depuis le parking, descendre le long de la route en direction du village de Niolon pour rejoindre la gare SNCF (+ 5 min). Le secteur de la Grotte est accessible

5c, face Sud © Nicholas Armstrong

à pied par une sente très escarpée (nombreux passages très exposés) sur la crête qui précède le terrain de pétanque.

CURIOSITÉS

Cette portion de la Côte Bleue est très appréciée des locaux pour ses superbes paysages maritimes, ses calanques et villages typiques. Profitez-en pour visiter le port de Niolon et les calanques de la Vesse à l'Est ou du Jonquier à l'Ouest.

Le sentier du littoral de la Côte Bleue (ancien sentier des Douaniers) propose une superbe randonnée entre la Redonne et le Resquiadou (Corbières).

La randonnée est modulable à souhait (aller-retour, arrêts ou pause repas à Niolon ou à la Vesse ou à Méjean, visite des forts de Niolon ou de Figuerolles...).

Cette balade propose la visite de nombreuses calanques notamment celle de l'Erevine à l'Ouest du Moulon.

POLLUTION CONNUE

Station d'épuration de Niolon à l'Est du secteur Grotte.

TOPOGRAPHIE DE NIOLON FACE SUD

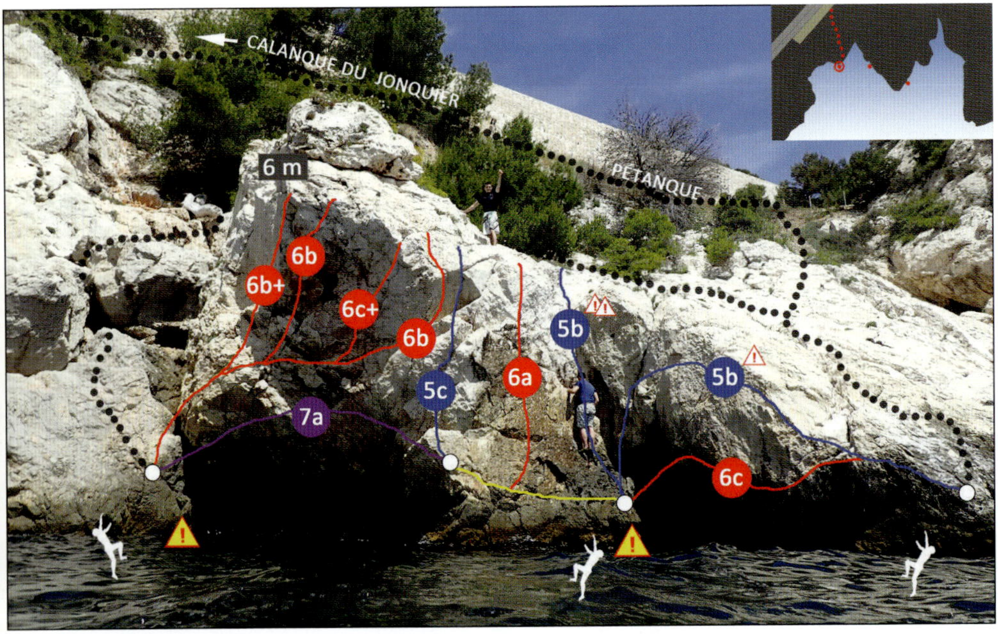

TOPOGRAPHIE DE NIOLON FACE SUD-OUEST

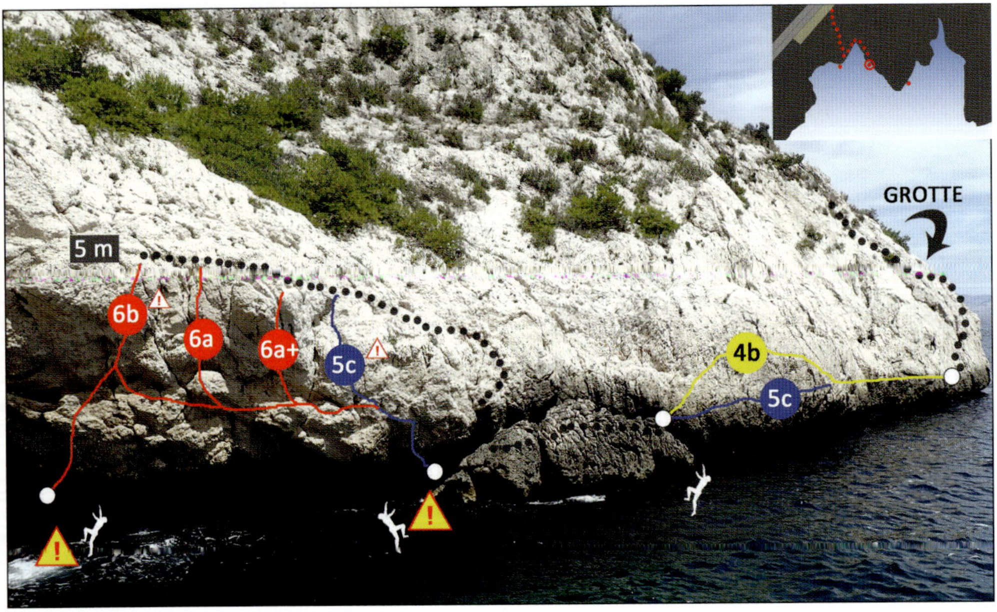

Traversée 5c © Nicholas Armstrong

TOPOGRAPHIE DE NIOLON GROTTE

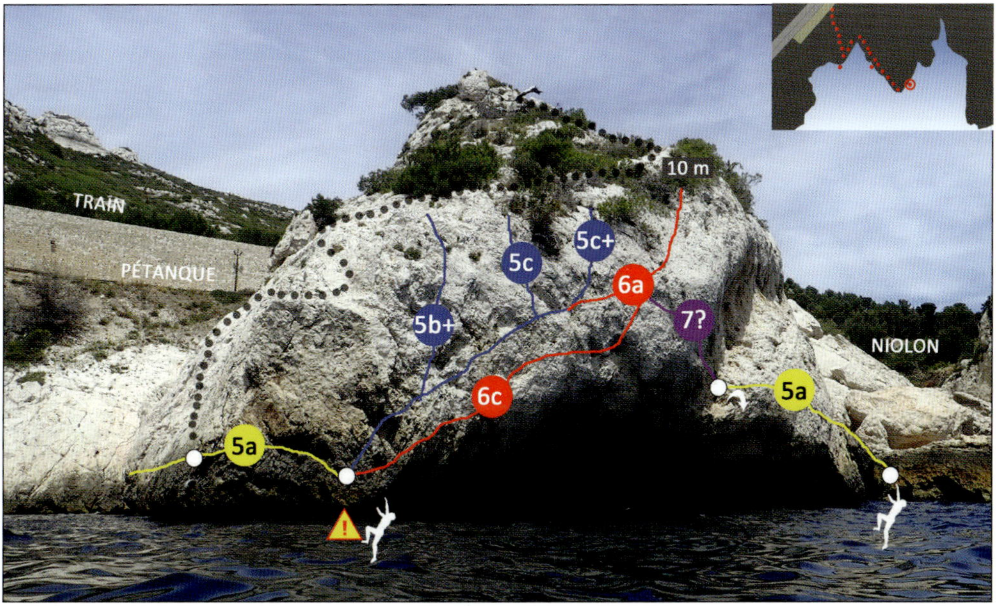

MASSIF DES CALANQUES

L'Aiguille de L'Eissadon © Olivier du Chastel

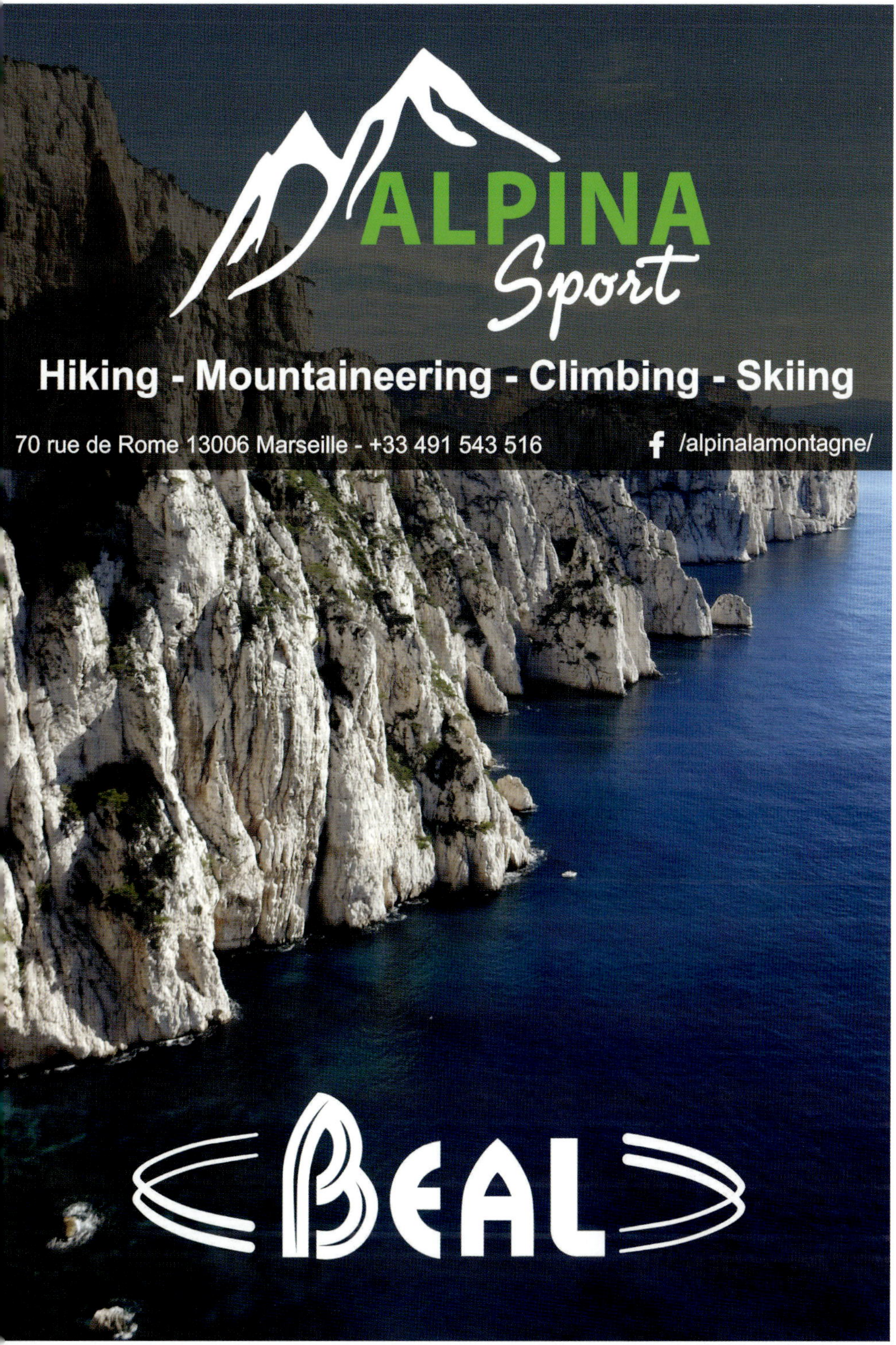
ALPINA
Sport
Hiking - Mountaineering - Climbing - Skiing
70 rue de Rome 13006 Marseille - +33 491 543 516
/alpinalamontagne/
BEAL

MASSIF DES CALANQUES

Le massif des Calanques s'étend entre Marseille et Cassis et fait partie du parc national des Calanques depuis 2012. Ces montagnes sont le terrain de jeux des grimpeurs, randonneurs et plongeurs, les 3 sports historiques. Ce massif offre l'une des plus importantes concentrations de voies au monde avec plus de 3 000 itinéraires recensés. Malgré tout, l'escalade représente seulement 6 % des pratiques sportives sur ce territoire, parmi les 2 millions de visiteurs annuels. Notre impact en tant que grimpeur est donc négligeable dans cet environnement très sensible et protégé. Il est à noter que le massif des Calanques est inscrit aux sites Natura 2000 qui visent à protéger ses habitats et espèces, représentés par différents reptiles, invertébrés, mammifères et plantes.

L'avenir de l'escalade sur ce territoire dépend essentiellement du comportement exemplaire des pratiquants et du respect des réglementations ou interdictions.

N'oublions pas que ce territoire à la fois terrestre et marin a été défendu et protégé depuis maintenant un siècle par des amoureux de la nature. Grâce à la mobilisation des membres des associations Union Calanques Littoral ou encore du Club Alpin Français et des Excursionnistes Marseillais, de nombreux projets immobiliers et routiers ont été déjoués sur ce littoral tant convoité. En effet, une route touristique aurait bien pu être tracée à travers le massif et une marina installée sur le bord de mer...
Malgré son apparence, le massif a subi de fortes pollutions durant des décennies, principalement liées aux industries chimiques entre la Pointe Rouge et Callelongue, mais aussi aux rejets industriels de boues rouges à 320 mètres de profondeur au large de la baie de Cassis (traitement de bauxite à Gardanne) ou encore aux émissaires urbains qui déversent les effluents de nos villes (Marseille, Cassis et La Ciotat) en pleine mer au cœur de ce territoire (notamment à la calanque de Cortiou entre Sormiou et l'Escu).

La grande Arche de Castelvieil © Olivier du Chastel

Depuis 2012, le massif des Calanques est devenu Parc National et de nos jours chacun peut encore apprécier cette nature préservée. Respectons ce merveilleux massif et veillons à le protéger face aux convoitises immobilières et politiques !

Ce massif calcaire propose de très nombreux sites d'escalade, pour la plupart équipés, dont certaines falaises maritimes sont propices au Deep Water Soloing.
Ces spots sont régulièrement parcourus depuis plus de 50 ans avec ou sans cordes. Il y en a pour tous les goûts et pour tous les niveaux !
Le solo au-dessus de l'eau se pratique tout le long de ce littoral escarpé, souvent très touristique mais parfois heureusement sauvage et isolé. Attention à l'effet des vents sur cette côte. Le Mistral (vent du Nord) est puissant et froid, et génère une mer de vagues sur les versants Nord et Ouest. Le vent d'Est engendre une mer houleuse qui frappe sur les versants Sud à Est et humidifie le rocher.

Rocher : calcaire urgonien (à base de coquilles de mollusques) et veines de cristal d'aragonite.

COMMODITÉS

- Hébergement seulement à l'auberge de la Fontasse (réseau FUAJ) qui se trouve cependant éloignée des transports en commun.
- Restaurants à Marseille et Cassis ainsi que dans les calanques de Callelongue, Marseilleveyre, Sormiou et Morgiou. Pensez à bien vérifier les horaires d'ouverture auprès de ces établissements.
- Robinets d'eau potable seulement aux Goudes (GPS : 43.2153553, 5.3474809), au port de Callelongue, parking estival de Sormiou (La Cayolle) et parking de Luminy.

RÉGLEMENTATIONS

- Mairie de Marseille

Selon plusieurs arrêtés municipaux, l'accès aux véhicules jusqu'aux calanques de Callelongue, Sormiou et Morgiou sont interdits les week-ends de mars et octobre, puis tous les jours d'avril à septembre inclus et lors des vacances de la Toussaint fin octobre. Ces dates sont susceptibles d'évoluer d'année en année. Notez aussi que le stationnement est interdit sur les routes menant à ces calanques.

- Plongeons sur la côte marseillaise

Sur l'ensemble du littoral de la commune de Marseille, qui inclut une partie des Calanques, les plongeons sont interdits depuis les enrochements et les falaises. En dehors des zones réservées, la baignade se fait aux risques et périls des usagers (arrêté N° 2018_01080_VDM).

• Marseille Provence Métropole

Selon le règlement particulier de police des ports de plaisance de la communauté urbaine (2014), les ports sont interdits aux engins de plage non immatriculés. De ce fait, la pratique amateur du kayak et du paddle est interdite dans l'enceinte des ports de la Pointe Rouge, Les Goudes, Callelongue, Sormiou et Morgiou. Se mettre à l'eau depuis le rivage se situant en dehors des ports ou depuis les plages environnantes.

• Parc national des Calanques

Le PNC régule les pratiques et les accès selon une charte et ponctuellement selon des arrêtés de protection (notamment nidifications d'oiseaux pour les falaises). Pour plus d'informations consultez le site internet www.calanques-parcnational.fr ou téléchargez l'application mobile Mes Calanques.

Voici les principales règles à suivre lorsque vous évoluez dans l'enceinte du parc :

1. circulation pédestre interdite la nuit,
2. aucun usage du feu n'est permis (cigarettes, briquet, réchaud et barbecue),
3. bivouac ou camping/caravaning sauvage strictement interdits (cœur de massif, routes et chemins),
4. utilisation de drones interdite,
5. génération de bruits artificiels interdits (musique, instruments),
6. respecter les zones de quiétude,
7. ramener ses déchets,
8. pose de slackline interdite,
9. ne pas sortir des sentiers balisés et ne pas parcourir les éboulis (qui hébergent la Sabline de Provence, plante protégée),
10. **l'escalade est strictement interdite sur toutes les îles du parc (Frioul, Maïre et son Tiboulen, Jarre, Riou, Plane, Verte).**

MOBILITÉ DOUCE

Le PNC fait la promotion de la mobilité douce. Il est donc autorisé de circuler dans le cœur du Parc à vélo ou en kayak/stand up paddle (l'assistance électrique n'est pas autorisée). L'utilisation du vélo jusqu'à Sormiou, Morgiou et Callelongue par la route goudronnée est autorisée toute l'année. L'accès à Port-Miou à vélo depuis Cassis par la piste DFCI est autorisé de septembre à juin (interdit de juillet à août).
Cependant, il est interdit de circuler à vélo sur le domaine de Luminy (entre le Col de la Gineste, le Col de Sugiton et les crêtes de Morgiou).

Bateaux à moteurs de plaisance :

Le PNC régule la navigation privée de plaisance dans le cœur du parc. À ce titre, votre embarcation doit être autorisée par le parc afin de pouvoir circuler dans le cœur maritime. Le débarquement privé est autorisé sur le littoral excepté sur les trottoirs protégés à algue *Lithophyllum lichenoides*, dans les zones interdites à la navigation (arrêtés municipaux et réglementations portuaires) et lorsque le massif est soumis à un fort risque incendie (arrêté préfectoral).

- Préfecture des Bouches du Rhône :

Durant la saison estivale de juin à septembre, la Préfecture des Bouches du Rhône régule les accès aux massifs forestiers selon le risque incendie (périodes sèches et par fort vent). Il est donc important de consulter les autorisations d'accès aux massifs, disponibles sur le site internet de la préfecture des Bouches du Rhône, sur www.myprovence.fr/enviedebalade et sur l'application smartphone Mes Calanques.

The Calanques mountain range is located between the cities of Marseille and Cassis. It has been part of the Calanques national park since 2012. These mountains are a great playground for hikers, climbers and divers. This area offers one of the most important concentration of climbing routes in the world with more than 3000 lines. Therefore, the environmental impact of climbing must be taken into account within this fragile and protected wilderness. The Natura 2000 convention intends to protect its species and their habitats. **The future of climbing in this territory essentially depends on the behaviour of visitors and the respect of rules and regulations.** Do not forget that this area was protected for a century by nature lovers, thanks to the involvement of several local clubs such Union Calanques Littoral, Club Alpin Français and Excusionnistes Marseillais. Many real estate projects were stopped, but unfortunately the mountains have been spoiled during decades by local industries: chemical plants around Les Goudes, red mud effluents from bauxite processing and local city wastewater discharge. Nowadays, the Calanques are protected by the national park and hopefully everyone can enjoy this preserved and protected wild nature reserve.
This limestone mountain offers many climbing crags, most of them with fixed equipment, and a lot of cliffs facing the sea adapted to DWS. These spots have been regularly climbed during the last 50 years with or without the use of ropes. DWS can be practiced all along the Calanques coast, that can

be either touristic or wild. Beware of the effects of local winds: the mistral north wind is powerful, cold and creates rough sea hitting the north to west cliffs; the east wind generates swell that hits the south to east coastal cliffs and moistens the rock.
Commodities in the park: the remote Auberge de la Fontasse youth hostel not far from Cassis; restaurants in the calanques of Callelongue, Marseilleveyre, Sormiou and Morgiou (don't forget to book your table). Water taps can only be found at Les Goudes (GPS: 43.2153553, 5.3474809), the port of Callelongue, and car parks of Sormiou (la Cayolle) and Luminy.

Regulations:

• car access is forbidden by a city by-law in the Calanques national park from June to the end of September. The roads within the park are closed during the week-ends from March to the end of October. Be aware that no parking is allowed along these roads.
• pedestrian access is regulated by Prefectural decree from June to September in the case of a wildfire risk (usually during strong wind periods). The information is available from www.myprovence.fr/enviedebalade or the smartphone application "Mes Calanques".
• the use of watercrafts (kayak or stand-up paddle) is forbidden in ports; diving is also forbidden from the sea cliffs in the city of Marseille (city by-law).

Calanques national park regulations:

Pedestrian and climbing access to sea cliffs may be forbidden during the nesting season of certain birds from January to June (visit www.calanques-parcnational.fr for more information). The use of motor boats within the national park is subjected to authorisation by the park (check this before renting a boat). Here are the main rules you must follow in the park: do not walk around the park at night, do not light any type of fire (cigarette, barbecue, lighter, stove), do not bivouac/camp, do not use drones, do not generate artificial sounds (instruments, music), do not practice slackline, take your trash with you, follow the marked trails (do not run down screes), do not practice climbing on the islands within the park.

© Nicholas Armstrong

Falper (*falco peregrinus*) © JP Durand

Lythophyllum byssoides © Anne Laure Clément

partenaire Parc national des Calanques

LES FALAISES LITTORALES : DES ESPACES À PARTAGER AVEC LEURS HABITANTS SOUVENT DISCRETS ET VULNÉRABLES

par Alain Mante, responsable au Parc national des Calanques du secteur « littoral ouest et archipels »

Depuis le sommet des falaises jusqu'au-dessous du niveau de la mer, la vie s'accroche aux parois verticales au travers d'espèces animales et végétales qui ont su développer des adaptations à l'environnement marin, et aux conditions particulières du littoral méditerranéen.

Pour participer à la préservation de ce patrimoine rupestre et réduire son impact sur les milieux naturels, **tout pratiquant doit se renseigner sur les réglementations en vigueur dans les espaces naturels protégés, et apprendre à observer les sites qu'il s'apprête à grimper.**

Pour **la conservation de la flore littorale souvent riche d'espèces protégées et fragiles,** mieux vaut éviter les accès par le haut des falaises et privilégier l'accès par la mer en kayak ou à la nage. Les premiers mètres de rochers battus par les vagues, et qui sont les zones d'évolution du psico-

Crithmum maritimum - Figuerolles © Céline Bellanger

Limonium pseudominutum (Saladelle naine de Provence) © PNC

bloc n'abritent généralement pas de sol et donc pas de plantes vasculaires, sauf en présence de trottoirs (voir ci-après). En revanche, au-dessus, poussent les végétaux des falaises qui se développent très lentement dans peu de sol; ils résistent aux embruns salés et à la sécheresse mais sont très fragiles et sensibles au piétinement.

Côté mer, il faut **rester vigilant à la présence de trottoirs ou encorbellement à Lithophyllum**: ces constructions d'algues calcaires, qui se présentent également à l'état jeune sous forme de bourrelets, couvrent la paroi sur la zone de déferlement des vagues. Ces formations naturelles caractéristiques du bassin méditerranéen occidental peuvent se développer en corniches pouvant atteindre un ou deux mètres de large. Elles abritent tout un écosystème d'organismes marins. Ces « trottoirs » peuvent apparaître comme des zones pratiques de débarquement en pied de falaise, mais sont des habitats naturels rares et protégés avec lesquels il faut éviter tout type de contact.

Enfin, **être attentif aux comportements des oiseaux** permet aussi de ne pas les déranger. À l'approche d'un site de pratique, l'envol discret d'un faucon pèlerin ou d'un Cormoran huppé d'une falaise peut être un signe de présence d'un site de reproduction. De même, que l'observation de jeunes oiseaux peu farouches posés sur les rochers, ou de vols de martinets qui crient en virevoltant devant les fissures d'une paroi rocheuse. Dans tous ces cas, mieux vaut s'éloigner vers un autre site et laisser la quiétude de la falaise à ses habitants et à leurs progénitures.

MASSIF DES CALANQUES

Les Goudes

3 Calanques du Mauvais Pas

4 Téléscaphe (Baume Rousse)

5 La Poulidette

6 Falaises de l'Hauture (Marseilleveyre)

La zone des Goudes propose plusieurs secteurs facilement accessibles par la route avec approche pédestre rapide.
Ces falaises sont abritées des vents d'Est ou Nord (mistral) selon le site et offrent des orientations multiples à adapter selon la saison et la météo. Étant proche de la ville de Marseille, ces secteurs peuvent présenter une pollution de l'eau, parfois non négligeable.
Nous invitons les grimpeurs à se renseigner sur la qualité de l'eau de baignade avant de se rendre sur place. Néanmoins, les Marseillais se baignent régulièrement dans ces calanques depuis toujours...

La zone est propice aux apéros et pizzas partagées sur la plage (n'oubliez pas de ramener vos déchets !) ou dans les bars et restaurants le long de la côte. Les grimpeurs s'arrêtent souvent pour partager l'apéro et une pizza (Bella Pizza, Connolly's Corner) sur les plages de Montredon entre la Madrague et la Pointe Rouge (Anse des Sablettes, Anse des Phocéens, Bain des Dames).

Pour ceux qui s'aventurent jusqu'à la Calanque de Marseilleveyre, une pause boisson ou repas Chez le Belge est vivement recommandée en journée.

INFOS PRATIQUES

Rocher : Calcaire
Commodités : Calanque de Saména (restaurant, robinet d'eau potable), Les Goudes et Callelongue (restaurants, robinets d'eau potable), La Pointe Rouge (restaurants, glaciers, commerces).
Propriétaires : les secteurs présentés dans cette zone sont sur les terrains du Département (Mauvais Pas, Poulidette, Hauture) et de l'Office National des Forêts (Mauvais Pas, Téléscaphe).

RÉGLEMENTATIONS

- Préfecture des Bouches du Rhône :

Durant la saison estivale de juin à septembre, la Préfecture des Bouches du Rhône régule les accès aux massifs forestiers selon

© Nicholas Armstrong

le risque incendie (périodes sèches et par fort vent). Il est donc important de consulter les autorisations d'accès aux massifs, disponibles sur le site internet de la préfecture des Bouches du Rhône, sur www.myprovence.fr/enviedebalade et sur l'application smartphone Mes Calanques.

• Mairie de Marseille :
Selon l'arrêté municipal n° 2019_00108_VDM, l'accès aux véhicules jusqu'à la calanque de Callelongue est réglementé depuis le village des Goudes. L'accès est interdit de 8 h à 19 h 30 les week-ends de mars et octobre, puis tous les jours d'avril à septembre inclus et lors des vacances de la Toussaint fin octobre. Ces dates sont susceptibles d'évoluer d'année en année. Notez que le stationnement est interdit sur la voie d'accès à la calanque de Callelongue (boulevard Alexandre Delabre).

• Marseille Provence Métropole :
Selon le règlement particulier de police des ports de plaisance de la communauté urbaine (2014), les ports sont interdits aux engins de plage non immatriculés. De ce fait, la pratique du kayak et du paddle est interdite dans l'enceinte des ports de la Pointe Rouge, Les Goudes et Callelongue. Se mettre à l'eau depuis la plage de l'anse de la Maronaise (à l'ouest des Goudes) pour accéder aux secteurs autour de Callelongue.

The area of Les Goudes offers several spots with short and easy access. The cliffs are protected from the north and east winds depending on their orientation. These spots can be affected by pollution by the nearby city of Marseille.

Nevertheless, local citizens have swum here regularly since the dawn of time... This area is a great area to share an aperitif and some pizzas by the sea (we recommend Bella Pizza and Connolly's Corner). If you go to the calanque of Marseilleveyre, we recommend having a drink or a meal at the Chez le Belge restaurant.

You can find water taps at the calanque of Samena, in Les Goudes and at the port of Callelongue. Don't forget to check the fire risk in this mountain range between June and September. The prefecture of Bouches du Rhône regulates access to this area during periods of severe drought and strong wind (fire risk). Check this out on www.myprovence.fr/enviedebalade

Car park, public transport and water crafts: park your car only in the car parks indicated for each crag (see GPS positions). Note that it is forbidden to park your car along the road between Les Goudes and Callelongue. Moreover, a lot of traffic jams occur in this area. It is therefore highly recommended to go to Les Goudes by bike, bus or sea shuttle. It is forbidden to navigate with a kayak or a stand-up paddle within the ports of Callelongue and Les Goudes.

VOIES RÉFÉRENCÉES

Secteur	4a-4c	5a-5c	6a-6c+	7a-8a	8b-8c	Exposition
Mauvais Pas	1	6	9	4	-	SO-S2
Téléscaphe (Baume Rousse)	2	7	8	5	-	SO-S3
La Poulidette	-	11	12	-	-	SO-S2
Marseilleveyre (Falaises de l'Hauture)	-	7	3	-	-	SO-S3

CARTE DES GOUDES

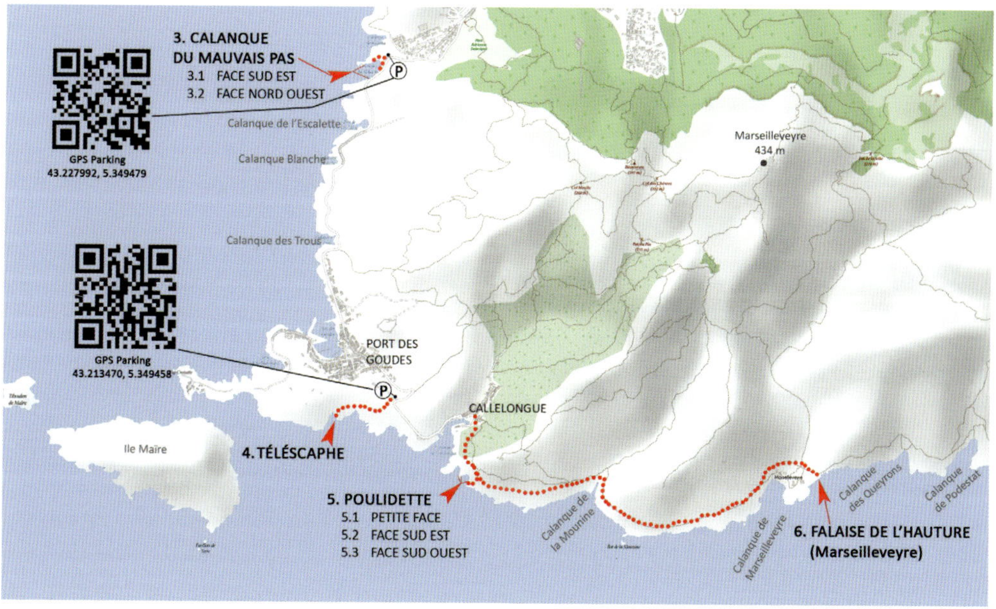

3 Calanque du Mauvais Pas

GPS : 43.227477, 5.348222

Orientation :
Nord-Ouest et Sud-Est

Hauteur maximum : 10 m

Niveau de difficultés :
4c-7b

Vent et houle : très sensible au mistral

PRÉSENTATION

Dès 2004, un topo de psicobloc existait mais quelques grimpeurs y venaient déjà pour escalader la petite face fissurée à l'ouest de la plage (deux broches scellées au sommet). De plus, le cheminement d'accès à la face Nord-Ouest (non recommandé car très exposé) emprunte en partie une ancienne voie ouverte en 1981 par Michel Engealbert et Bernard Vaucher (Sauvez les B.B. Fuck). En 2015, le topo est actualisé par Thomas Malgier et ses amis forts grimpeurs actifs autour des Goudes. De nos jours, 40 ans après les premiers explorateurs, ce spot est devenu populaire car très facile d'accès et propose de très belles lignes de tous les niveaux. De plus, l'ensemble des itinéraires sont maintenant référencés. La traversée facile en rive droite de la calanque est idéale pour découvrir l'activité bien que **certaines sections soient exposées**. Il est recommandé de venir grimper ici en fin de journée au soleil couchant lorsque les jeunes rentrent chez eux. En pleine journée, ce lieu n'inspire pas la sécurité et la face Nord est ombragée donc souvent humide. Premières ascensions connues en solo : Nicholas Armstrong en 2004.

PARKING

À la Calanque de Saména (boulevard de la Calanque de Saména) sinon sur l'aire de stationnement en bordure du Chemin des Goudes entre les calanques de Saména et du Mauvais Pas. Ne rien laisser traîner dans vos voitures - cambriolages fréquents (GPS = 43.227992, 5.349479).

TRANSPORTS EN COMMUN (RECOMMANDÉ)

Bus RTM n° 19 terminus Madrague de Montredon.

Olivier grimpe le Dièdre de l'Oursin, 6a © Nicholas Armstrong

© Olivier Leroy

ACCÈS PÉDESTRE (5 MINUTES)

Du parking en bord de route, descendre directement dans la calanque par un ancien escalier en béton jusqu'à la plage de galets. La face Sud-Est est directement accessible. La face Nord-Ouest est accessible à la nage (l'accès en rive gauche est dangereux). Depuis la Madrague (terminus du bus), suivre la route en direction des Goudes, descendre le Boulevard de la Calanque de Saména et gravir les marches à gauche qui mènent à l'aire de stationnement (+ 15 minutes).

CURIOSITÉS

Entre la Madrague de Montredon et Callelongue, pas moins de 7 anciennes usines de plomb, soude, acide sulfurique et soufre s'étaient implantées en bord de mer dans les années 1800-1915. Les friches et les nombreuses montagnes de scories (déchets industriels toxiques) aux couleurs sombres sur le bord de mer en témoignent aujourd'hui. Un vestige qui indique clairement la dangerosité de ces exploitations est la cheminée rampante de l'usine de l'Escalette, qui évacuait les fumées nocives de la fonderie de plomb argentifère de l'Escalette ! Plusieurs bunkers sont aussi visibles depuis la route entre Saména et les Goudes. Ces batteries ont été construites par les Allemands lors de la Seconde Guerre mondiale.

POLLUTION CONNUE

Présence de métaux lourds toxiques dans les déchets (scories) issus des anciennes usines. Ces scories (gravats colorés) ont une couleur noire et ont été confinées sous des chapes en béton dans les années 2000 sur certains sites.

DWS climbing has existed here for a long time, some lines above water have been referenced since 2004. À guidebook was shared on the web at the time and updated in 2015 by locals. It is now a popular spot offering an easy traverse and some strenuous vertical lines. It is recommended to climb here at the end of the day (the north cliff is then exposed to the sun and the youngsters head back home).
Car park and public transport: park your car just above the calanque (GPS – "43.227992, 5.349479"). It is recommended to go there by bus (RTM number 19, stop at Madrague de Montredon).
Pedestrian access (5 minutes): from the car park walk down to the calanque via old concrete stairs. To get to the north face, swim along the shore to the left. From the bus stop, follow the road towards Les Goudes, walk down Boulevard de la Calanque, and walk up the stairs to get to the car park (+ 15 minutes).

TOPOGRAPHIE MAUVAIS PAS FACE NORD-OUEST

TOPOGRAPHIE MAUVAIS PAS FACE SUD-EST

4 Téléscaphe (Baume Rousse)

GPS : 43.212790, 5.345811

Orientation : Sud-Ouest

Hauteur maximum : 10 m

Niveau de difficultés : 5b-7b

Vent et houle : protégé du mistral

PRÉSENTATION

Ce secteur, situé à l'ouest de la calanque de Callelongue, est peu connu des grimpeurs car il est invisible depuis le parking et la route. Certains grimpeurs escaladent ici depuis quelques années et le site a été principalement exploité par les locaux des Goudes, mais le spot est resté méconnu malgré son fort potentiel. Ce secteur est aussi appelé « Tournesol » car les premiers grimpeurs avaient trouvé un tournesol qui poussait dans la grotte à gauche de la paroi ! Premières ascensions connues en solo : Cyril Mokobodzki qui a été sûrement le premier à exploiter le spot dès 2014.

PARKING

Se rendre au village des Goudes, puis emprunter le boulevard Alexandre Delabre en direction de Callelongue. Après un virage serré à droite, se garer sur le grand parking à droite au col. Notez que le stationnement est interdit sur la voie d'accès à Callelongue par arrêté municipal (GPS = 43.213470, 5.349458).

TRANSPORTS EN COMMUN (RECOMMANDÉ)

Bus RTM n° 20 terminus Les Goudes ou Callelongue depuis la Madrague de Montredon. La navette maritime est aussi une bonne alternative depuis la Pointe Rouge ou le Vieux Port (terminus Les Goudes).

ACCÈS PÉDESTRE (5 MINUTES)

Du col au niveau du grand parking, suivre une sente marquée vers l'ouest qui longe la base d'un talus de terre orienté sud sous le grand parking.
Au premier embranchement évident, ne pas monter mais rejoindre à flanc une crique

Traversée du Téléscaphe © Nicholas Armstrong

bordée de falaises. Du port des Goudes, suivre la route vers Callelongue jusqu'au col, puis suivre les indications ci-dessus (+ 15 minutes).

CURIOSITÉS

Les anciens vestiges du Téléscaphe, 50 m plus à l'ouest du spot, permettent d'imaginer l'ampleur de ce téléphérique sous-marin installé en 1967 et inventé par deux montagnards, James Couttet champion de ski et Denis Creissels, ingénieur aux Téléphériques du Midi. Les cabines, qui pesaient environ 3 tonnes, circulaient à 10 mètres de profondeur sur 50 mètres de distance en direction de Callelongue. Malheureusement, l'installation a été abandonnée après une seule année de service. Et pour cause, en 1968, le mistral avait arraché l'installation lors d'une tempête !!

POLLUTION CONNUE

Émissaire de la calanque de Cortiou par vent d'Est !!

This overhanging cliff is located to the west of Les Goudes. It offers a great potential, with a variety of easy and difficult lines. It was known only to locals until recently because it is not visible from the road. Car park and public transport: park your car between Les Goudes and Callelongue in a large car park on a small pass (GPS = "43.213470, 5.349458"). Here again, it is highly recommended to get there by bus (number 19 to Madrague de Montredon, then number 20 to Callelongue) or the sea shuttle to Les Goudes from Pointe Rouge. Pedestrian access (5 minutes): from the car park follow a path to the west, at the base of a slope facing south under the car park. Follow the horizontal path until you reach the creek. From Les Goudes, follow the road towards Callelongue to get to the car park (+ 15 minutes).

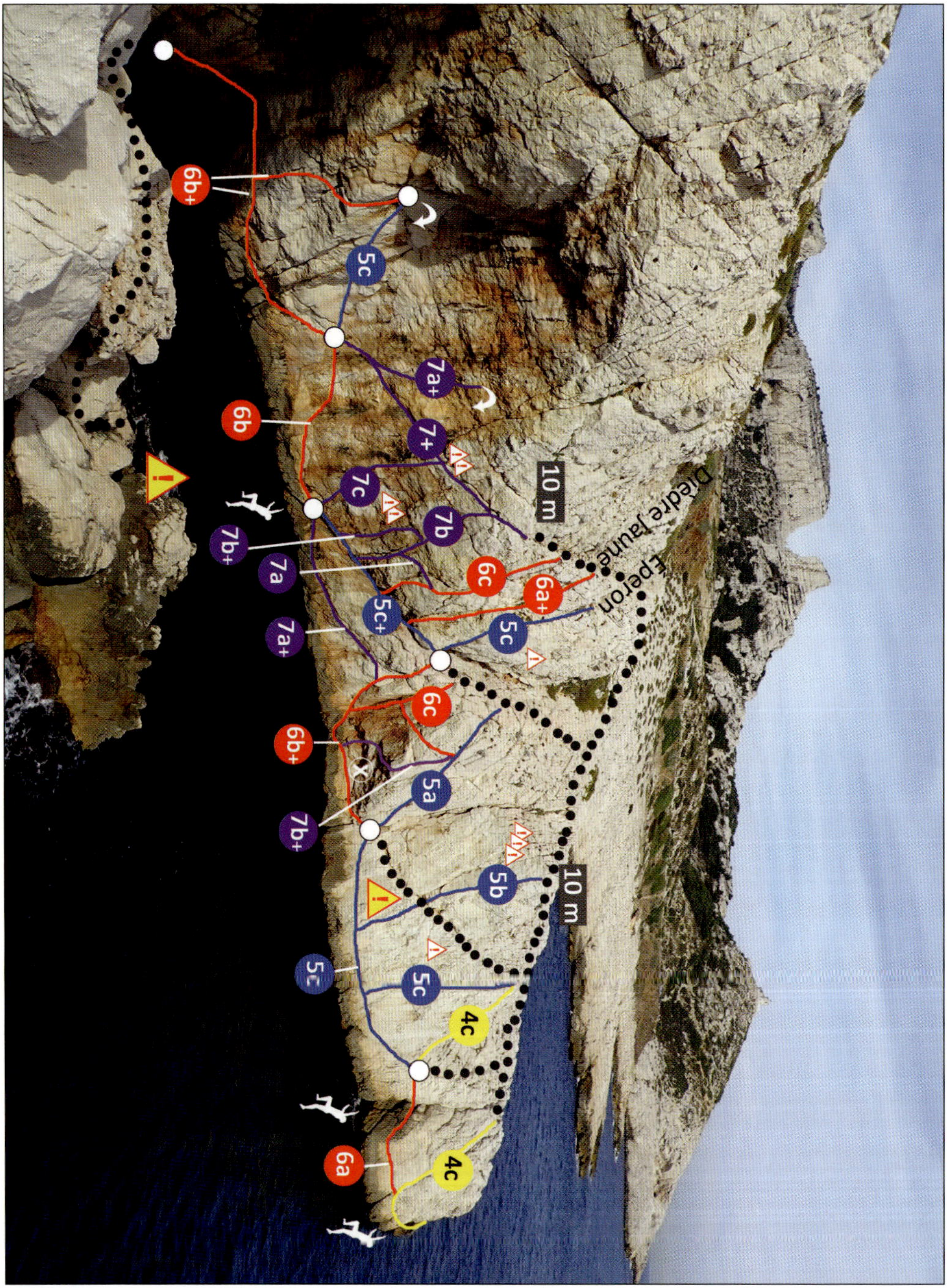
10 m
Dièdre Jaune
Eperon
10 m

© Nicholas Armstrong

5 La Poulidette

GPS : 43.209959, 5.353558

Orientation : Sud-Est à Ouest

Hauteur maximum : 9 m

Niveau de difficultés : 5a-6c

Vent et houle : sensible

PRÉSENTATION

La Poulidette est formée de deux anses accolées et tire son nom du provençal *poulide*, qui signifie « jolie » ou « mignonnette ». Les pêcheurs sont les premiers à explorer les lieux et continuent à venir pêcher ici régulièrement. Les spéléologues sont eux aussi venus ici très tôt pour explorer la grotte marine de la Poulidette, décrite dès 1950. Alexis Lucchesi présentait déjà ce secteur dans ses topos dans les années 80, concernant notamment la traversée des deux criques en 6b de plus de 150 m. Quasiment quarante ans plus tard, les grimpeurs continuent à escalader ici principalement dans l'anse Est. Premières ascensions connues en solo : Jacques Kelle et Bernard Vaucher ont été les premiers à grimper le long de la traversée de ces deux criques (nommée « Gaffe aux Piranhas ») en 1982 et 1983.

PARKING

Se rendre au village des Goudes, puis emprunter le boulevard Alexandre Delabre en direction de Callelongue. Après un virage serré à droite, se garer sur le grand parking à droite au col. Notez que le stationnement est interdit sur la voie d'accès à Callelongue par arrêté municipal (GPS = 43.213470, 5.349458).

TRANSPORTS EN COMMUN (RECOMMANDÉ)

Bus RTM n° 20 terminus Les Goudes ou Callelongue depuis la Madrague de Montredon. La navette maritime est aussi une bonne alternative depuis la Pointe Rouge ou le Vieux Port (terminus Les Goudes).

ACCÈS PÉDESTRE (15 MINUTES)

Du parking, rejoindre le port de la calanque de Callelongue et suivre à droite le tracé noir

Barney arrivant à la Poulidette © Nicholas Armstrong

n° 2 (GR 98 en direction de Marseilleveyre ; marques rouges et blanches). Celui-ci monte vers le Sud puis tourne brusquement en direction de l'Est sous l'ancien Sémaphore. Au niveau de ce virage (en vue des îles), **descendre vers la mer sans piétiner la végétation.** Suivre à gauche un système de vires rocheuses faciles situées juste à l'Est de la falaise qui surplombe la grande anse de la Poulidette. Une fois au bord de l'eau, contourner un pilier à droite pour atteindre le secteur. Du port des Goudes, suivre la route vers Callelongue (+ 15 minutes).

ACCÈS PADDLE/KAYAK (RECOMMANDÉ ; 30 MINUTES)

Depuis l'anse de la Maronaise, contourner la pointe du Cap Croisette, emprunter le Passage des Croisettes et longer le littoral vers l'Est. Passer la calanque de Callelongue pour atteindre les deux anses successives de la Poulidette. Depuis Callelongue, rejoindre le large et suivre le littoral vers l'Est. Dépasser la première anse et rentrer dans la deuxième (10 minutes).

CURIOSITÉS

N'oubliez pas de visiter la grotte marine de la Poulidette (ou du Sémaphore des Goudes). L'entrée terrestre se situe 30 m à l'Est du secteur principal de psicobloc. Une ancienne conduite fossile naturellement surcreusée conduit à l'eau. Un siphon long de 25 m permet de rejoindre le large à la nage. Attention, ce passage sous-marin est réservé aux nageurs ou plongeurs bouteille expérimentés !

POLLUTION CONNUE

Émissaire de la calanque de Cortiou par vent d'Est.

Poulidette means a "small and pretty" place in the local Provençal language. Indeed, this spot is constituted of two small coves and offers plenty of easy and intermediate DWS lines or traverses. The first known explorers climbed here along a traverse connecting the two coves. Nowadays, people climb mostly in the east cove. Car park and public transport: see previous spot Téléscaphe.

Pedestrian access (15 minutes) : from the car park follow the road towards Callelongue. Follow the GR98 trail towards Marseilleveyre (red and white marks). When the trail turns suddenly towards the east (under the lighthouse) and the islands unfold before you. Walk down to the sea (be careful not to trample the plants) : go down easy ledges on the left of the Poulidette cove, then go round a large pillar on the right to reach the spot. From Les Goudes, follow the road towards Callelongue to get to the car park (+ 15 minutes).

TOPOGRAPHIE DE LA POULIDETTE PETITE FACE

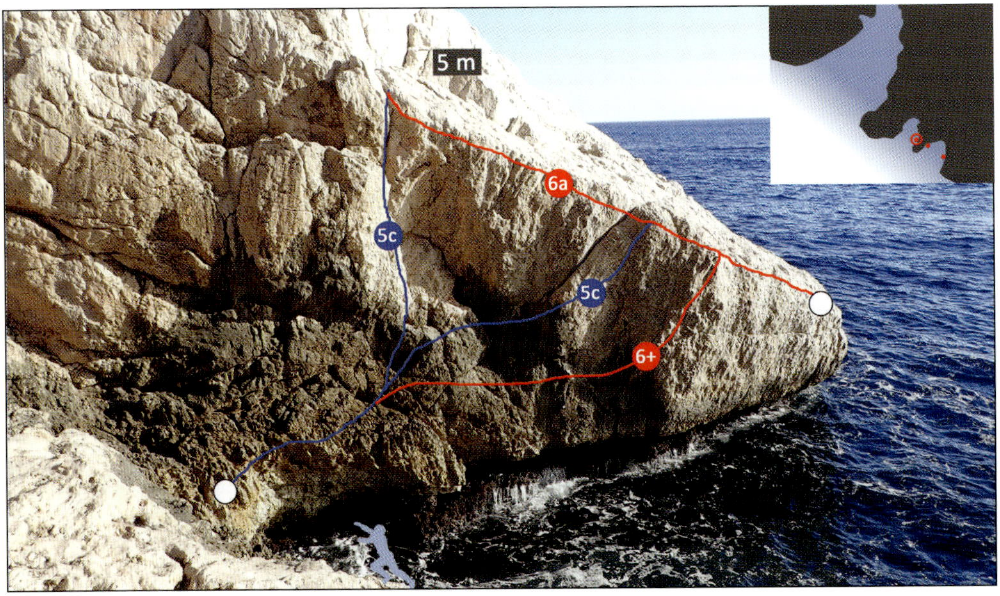

TOPOGRAPHIE DE LA POULIDETTE FACE SUD-EST

Karine dans la face sud ouest (5a) © Nicholas Armstrong

TOPOGRAPHIE DE LA POULIDETTE FACE SUD-OUEST

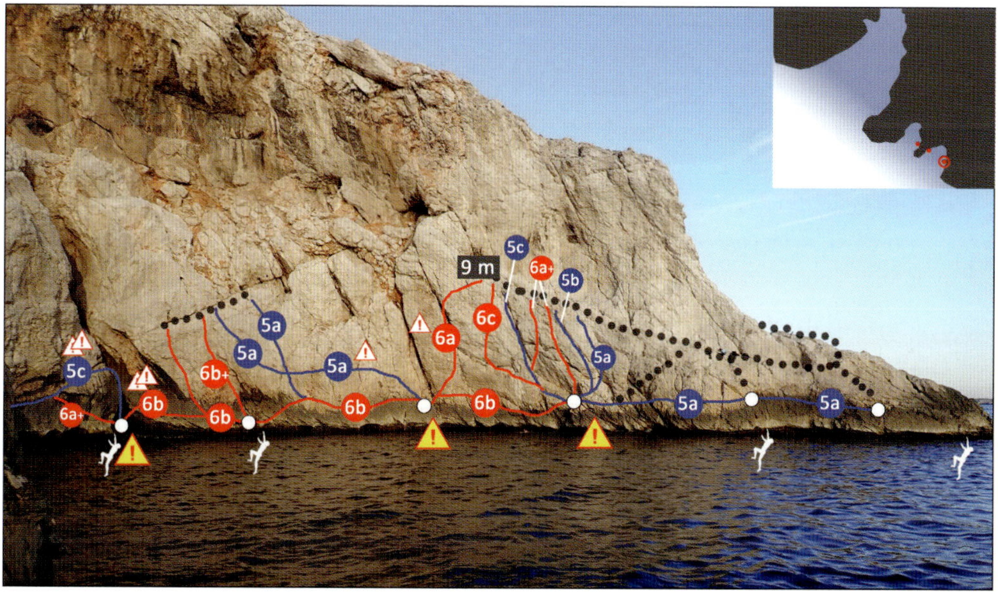

6 Falaises de l'Hauture (Calanque de Marseilleveyre)

GPS : 43.209605, 5.374823

Orientation : Sud-Est

Hauteur maximum : 8 m (gauche) - 13 m (droite)

Niveau de difficultés : 5c-6b

Vent et houle : sensible

PRÉSENTATION

Les falaises de l'Hauture sont situées à proximité de la calanque de Marseilleveyre, sous le Plan des Cailles. Ce secteur, documenté auparavant dans les topoguides d'Alexis Lucchesi, est connu pour sa belle traversée au bord de l'eau sur plus de 150 m, de niveau 5c+ max. Le cadre ici est fantastique, la vue sur les îles est superbe et le rocher est vraiment étonnant et bien sculpté ! Le secteur propose de la traversée sur mur et le long de strates, quelques variantes déversantes et un « pas » acrobatique à l'extrême ouest de la face, digne de ceux de l'arête de Marseille à la Grande Candelle ou du Pouce à En Vau !

En bref, un bon secteur pour se faire plaisir et s'amuser entre amis. **Notez que la falaise étant haute et peu inclinée, les lignes verticales sont dangereuses sur ce secteur (cotation S2-S3).** Premières ascensions connues en solo : Barney Vaucher fut l'un des premiers à grimper ici en 1978 et nomma cette traversée « l'An 1 » pour le premier anniversaire de son fils.

PARKING

Se rendre au village des Goudes, puis emprunter le boulevard Alexandre Delabre en direction de Callelongue. Après un virage serré à droite, se garer sur le grand parking à droite au col. Notez que le stationnement est interdit sur la voie d'accès à Callelongue par arrêté municipal (GPS = 43.213470, 5.349458).

TRANSPORTS EN COMMUN (RECOMMANDÉ)

Bus RTM n° 20 terminus Les Goudes ou Callelongue depuis la Madrague de Montredon. La navette maritime est aussi une bonne alternative depuis la Pointe Rouge ou le Vieux Port (terminus Les Goudes)

Olivier dans un passage délicat © Nicholas Armstrong

ACCÈS PÉDESTRE (45 MINUTES)

Du parking, rejoindre le port de la calanque de Callelongue et suivre à droite le tracé noir n° 2 (GR 98). Celui-ci contourne le Sémaphore par le Sud, passe par la calanque de la Mounine et rejoint la calanque de Marseilleveyre. Dépasser cette dernière calanque et longer le haut du secteur jusqu'à une dépression dans la falaise qui permet de descendre (désescalade facile mais exposée) jusqu'à un amas de gros blocs rocheux dans l'eau. Du port des Goudes, suivre la route vers Callelongue (+ 20 minutes).

ACCÈS PADDLE/KAYAK (45 MINUTES)

Depuis l'anse de la Maronaise, contourner la pointe du Cap Croisette, emprunter le Passage des Croisettes et longer le littoral vers l'Est. Passer la calanque de Callelongue. Depuis Callelongue (30 minutes), rejoindre le large et suivre le littoral à gauche vers l'est. Passer les anses de la Poulidette, puis la calanque de la Mounine et continuer jusqu'à la calanque de Marseilleveyre (évidente avec ses habitations). Le secteur se trouve 100 m plus loin.

POLLUTION CONNUE

Émissaire de la calanque de Cortiou par vent d'Est.

This cliff is well known for its very pleasant traverse, first climbed in 1978, including an acrobatic step on its west end. The surroundings are great, the rock is surprisingly well sculpted and the view on the islands is wonderful. This is a perfect spot to enjoy with your friends. **The cliff is not very steep so the vertical lines are dangerous (S2 to S3 grades).**
Car park and bus: see previous spot Telescaphe.
Pedestrian access (45 minutes): from the car park follow the road towards Callelongue. Follow the GR98 trail towards Marseilleveyre (red and white marks). Go past the Mounine calanque and then continue to get to the calanque de Marseilleveyre. Go past this calanque and walk along the top of the spot until you reach a steep and exposed gully (easy scramble) that leads to some big boulders in the sea. From Les Goudes, follow the road towards Callelongue to get to the car park (+ 15 minutes).

TOPOGRAPHIE FALAISES DE L'HAUTURE

Greg, deep water en hiver © Éric Jeuffrain

DWS plaisir © Nicholas Armstrong

Olivier Falaise de l'Hauture ©Nicholas Armstrong

PLAN DES PARKINGS SORMIOU - CAP MORGIOU - CANDELLE

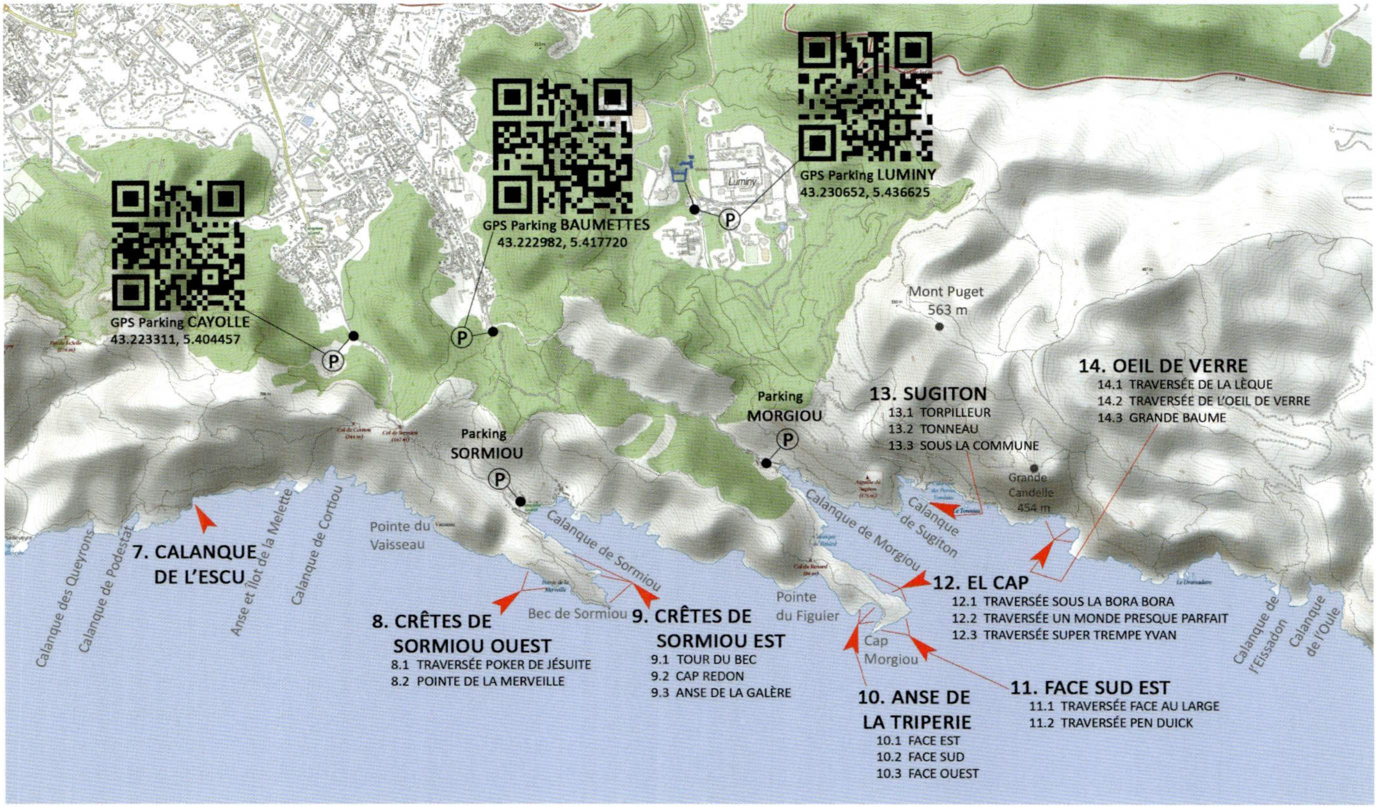

MASSIF DES CALANQUES

SORMIOU

Cette zone regroupe les falaises entre la calanque de l'Escu et celle de Sormiou. L'accès routier et le parking estival sont communs. Néanmoins les secteurs présentés ici sont tous différents de par leur orientation, typologie et ambiance. À vous de choisir entre la discrète calanque de l'Escu, les sauvages traversées maritimes face aux îles sous les crêtes de Sormiou ou les falaises « touristiques » du Bec de Sormiou. Sormiou est aussi une très belle calanque qui se dévoile entièrement depuis les cols d'accès. Elle propose une superbe plage à l'eau bleu turquoise et un petit hameau constitué de cabanons. Depuis la plage, une courte balade permet de visiter le joli petit port de pêcheurs sur la rive gauche. Mais c'est la rive droite de la calanque qui donne accès aux différents secteurs d'escalade présentés ici. Sormiou héberge un centre UCPA qui embauchait dans les années 80 plusieurs grimpeurs locaux en tant que moniteurs dont Hervé Guigliarelli, Gilles Bernard et Patrick Bestagno. À cette époque, tous pratiquaient occasionnellement le « deep water soloing » le long des traversées de l'Anse de la Galère et du Cap Redon.

INFOS PRATIQUES

Rocher : Calcaire (calcaire gréseux pour l'Escu et la Galère)
Commodités : parking estival de la Cayolle (robinet d'eau potable), Calanque de Sormiou (restaurant Le Château, toilettes publiques).
Propriétaires : les secteurs présentés ici sont sur les terrains de l'Office National des Forêts (Escu, Face au Large, Bec de Sormiou) et du Département (Anse de la Galère et Cap Redon).

RÉGLEMENTATIONS

- **Mairie de Marseille :**

Selon l'arrêté municipal n° 2019_00106_VDM, l'accès aux véhicules jusqu'à la calanque de Sormiou est interdit de 7 h à 19 h 30 les week-ends de mars et

La Calanque de Sormiou © Nicholas Armstrong

octobre, puis tous les jours d'avril à septembre inclus et lors des vacances de la Toussaint fin octobre. Ces dates sont susceptibles d'évoluer d'année en année. Notez que le stationnement est interdit sur le chemin de Sormiou entre la station d'épuration de la Cayolle et la calanque.

• Préfecture des Bouches du Rhône :
Durant la saison estivale de juin à septembre, la Préfecture des Bouches du Rhône régule les accès aux massifs forestiers selon le risque incendie (périodes sèches et par fort vent). Il est donc important de consulter les autorisations d'accès aux massifs, disponibles sur le site internet de la préfecture des Bouches du Rhône, sur www.myprovence.fr/enviedebalade et sur l'application smartphone Mes Calanques.

• Marseille Provence Métropole :
Selon le règlement particulier de police des ports de plaisance de la communauté urbaine (2014), les ports sont interdits aux engins de plage non immatriculés. De ce fait, la pratique du kayak et du paddle est interdite dans l'enceinte du port de Sormiou. Se mettre à l'eau depuis la grande plage.

PARKINGS (SELON LA RÉGLEMENTATION ET LE SECTEUR VISÉ)

• Pour l'Escu, se garer sur le parking public gratuit de la station d'épuration de la Cayolle (GPS = "43.223311, 5.404457" ; Plus Code Google Maps = "6CF3+8Q Marseille"). Attention ce parking n'est pas

sécurisé le soir (des médiateurs sociaux sont présents seulement en journée durant la période estivale). Ne rien laisser traîner dans vos voitures - cambriolages fréquents.

• Pour tous les autres secteurs au départ de la calanque, se garer sur les parkings publics gratuits de la station d'épuration de la Cayolle ou des Baumettes (GPS = "43.222982, 5.417720" ; Plus Code Google Maps = "6CF9+44 Marseille"). Si la route de Sormiou est ouverte, se garer directement en bas dans la calanque de Sormiou (parking privé payant). Un parking moto gratuit est à disposition à l'entrée du hameau de Sormiou.

TRANSPORTS EN COMMUN (RECOMMANDÉ)

Pour rejoindre le parking de la Cayolle, emprunter la ligne de bus n° 23 (arrêt La Cayolle). Suivre le chemin de Sormiou vers le Sud sur 1 km pour rejoindre le parking public de la station d'épuration de la Cayolle.
Pour l'accès au parking des Baumettes, emprunter la ligne n° 22 jusqu'à l'arrêt Les Baumettes. Remonter le Chemin de Morgiou jusqu'au parking public.

ACCÈS PÉDESTRE À LA CALANQUE DE SORMIOU

• Depuis la station d'épuration de la Cayolle (45 minutes) : du parking à la barrière du Chemin de Sormiou, remonter la route goudronnée vers le Sud jusqu'au Col de Sormiou, puis descendre à la calanque en suivant le tracé marron n° 2.

• Depuis les Baumettes (30 minutes) du parking en terre à la barrière du Chemin de Morgiou, suivre le tracé rouge n° 5 qui traverse le parc des Baumettes puis remonte à gauche vers une piste DFCI et rejoint le Col des Baumettes à droite. Descendre ensuite vers la calanque de Sormiou en suivant le balisage rouge.

This area combines DWS spots between the calanques of Escu and Sormiou. Each of them provides a unique style and atmosphere, either wild, facing the islands, or touristic, around the Bec de Sormiou peninsula. Sormiou is an amazing calanque that unfolds from the access passes, known for its turquoise water and a small hamlet of 'cabanons'. The DWS spots are accessible via the right shore. This practice really began here during the 80s under the guidance of climbing instructors from the local UCPA outdoors center. You can find tap water at the summer car park of La Cayolle. Don't forget to check the fire risk in this mountain range between June and September. The prefecture of Bouches du Rhône regulates access to this area during periods of severe drought and strong wind (fire risk). Check this out on www.myprovence.fr/enviedebalade Car park: park your car only in official car parks. Note that it is forbidden to park your car along the road between La Cayolle and Sormiou. This road is closed from March to October (dates may change years after years). If you plan to climb at Escu, park at la Cayolle (GPS = "43.223311, 5.404457"). Note that this car park is not secured at night. If you plan to climb at another spot, park your car at Les Baumettes (GPS = "43.222982, 5.417720") or directly at Sormiou if the road is open. Public transport: it is recommended to travel to La Cayolle (RTM line 23) or Les Baumettes (RTM line 22) by bus because the car parks there are very small. Pedestrian access to Sormiou: from the Cayolle car park, follow the road to the south and cross the pass, then walk down the trail with the brown marks (45 minutes). From the Baumettes car park, follow the red marks mainly towards the south (30 minutes)Il ipsanihilit quam harum de volume ressima gnimolut molupta testem is ut

VOIES RÉFÉRENCÉES

Secteur	3c-4c	5a-5c	6a-6c+	7a-8a	8b-9a	Exposition
Escu	-	4	13	-	-	SO-S3
Crête de Sormiou-Ouest	-	3	6	3	-	SO-S2
Crête de Sormiou-Est	-	3	8	4	-	SO-S3

La plage et le Bec de Sormiou © Aude Armstrong

7 Calanque de l'Escu

GPS : 43.211929, 5.389528

Orientation : Est

Hauteur maximum : 13 m

Niveau de difficultés : 5b-6c

Vent et houle : très sensible au vent d'Est

PRÉSENTATION

Cette discrète calanque à l'écart des sentiers et des touristes mérite le détour. Elle offre de superbes lignes de psicobloc sur un rocher abrasif aux prises abondantes et variées (trous, plats, réglettes...). La calanque de l'Escu était le repère des contrebandiers et des pirates il y a fort longtemps et il y règne une ambiance unique propice à la détente. Les grimpeurs ont perpétué cette tradition et y ont équipé de nombreuses voies à partir des années 1980.

Cette crique est sensible aux tempêtes de mistral et surtout de vent d'Est.

Attention aux rochers très peu profonds sur la partie droite de la falaise qui rendent les voies de droite très exposées à une chute dangereuse (cotations S2-S3).

Le site est par ailleurs équipé pour l'escalade sportive et propose de très belles voies en dévers ou le long de murs atypiques pour le massif. N'oubliez pas que la calanque de l'Escu est orientée Est et passe rapidement à l'ombre.

ACCÈS PÉDESTRE (45 MINUTES)

Du parking de la station d'épuration de la Cayolle, suivre le chemin de Sormiou vers le Sud jusqu'au Col de Sormiou (stationnement interdit). Suivre ensuite à droite le tracé vert n° 5 jusqu'au Col de Cortiou. Suivre le sentier qui descend à gauche (tracé vert). Tourner à gauche 100 m plus loin et suivre le tracé vert n° 5 qui descend à l'anse de la Melette (plusieurs passages rocheux difficiles). Longer le bord de mer jusqu'à ce que le sentier remonte (passage d'escalade, câbles). Avant ce passage, descendre à gauche en suivant le tracé pointillé vert n° 5a pour rejoindre la calanque de l'Escu.

Les toits de l'Escu © Olivier du Chastel

CURIOSITÉS

Sous le large toit de la calanque de l'Escu se trouve une ancienne citerne qui servait jadis à collecter l'eau douce qui ruisselait depuis les vallons supérieurs. La calanque de l'Escu était connue pour être une *aiguade* sur les anciennes cartes, ce terme provençal désignant un lieu utilisé par les bateaux pour faire provision d'eau douce. Le terme provençal *escu* signifierait « couvert », désignant vraisemblablement cette calanque couverte par son large porche déversant.

POLLUTION CONNUE

Pollution fréquente de l'eau en provenance de la toute proche calanque de Cortiou à l'Est, dans laquelle se situe le rejet des effluents de la station d'épuration de la Cayolle !! Gants vibram, tuba à filtre chimique et combinaison en latex sont recommandés pour venir grimper ici, sinon ne tombez pas à l'eau !! Plus sérieusement, vous ne risquez rien en vous baignant dans la calanque de l'Escu mais évitez de venir ici par vent d'Est qui favorise la pollution et les doux parfums urbains...

The calanque of l'Escu is a secluded place, far from tourists and busy trails. This spot offers some great DWS lines on sculpted abrasive rock and is in the shade in the afternoon (east facing cliff). It is exposed to strong winds, especially the east wind. **Beware of several shallow underwater boulders on the right side of the spot. Some lines are therefore really dangerous in case of a fall (S2-S3 grades).**

Pedestrian access (45 minutes): from the Cayolle car park, walk up the road south towards the Sormiou pass. Follow the green marks on the right to the Cortiou pass. Then follow the trail to the left (green marks). Turn left after 100 m and follow the green marks down the hill towards the Melette cove (several difficult rocky sections). Follow the shoreline until the trail starts to climb (climbing section with cables). Before this section, walk down to the calanque along the dotted green marks.

TOPOGRAPHIE CALANQUE DE L'ESCU

Nicholas en traversée (6a+) © Olivier du Chastel

8.1 Traversée Poker de Jésuite

GPS : 43.205231, 5.422656 (départ Pointe de la Merveille)

Orientation : Sud-Ouest

Hauteur maximum : 5 m

Niveau de difficultés : 6b max S2

Vent et houle : très sensible

PRÉSENTATION

Cet itinéraire entre Rumpe Cuou et l'Anse de Luï d'Aï est long et engagé car relativement isolé et sensible au vent et à la houle. Cependant l'accès et échappatoire par le Col de Luï d'Aï sont relativement simples à pied. La traversée démarre généralement à la Pointe de la Merveille pour se faire en aller-retour ; elle peut aussi être réalisée au départ de Rumpe Cuou en aller simple. Cette traversée est aussi connue sous le nom de « Cherchons le Fil » dans les topos précédents. Prévoir le matériel adapté pour ce type de traversée engagée (casque, baudrier et corde de 30 m si rappel d'accès depuis Rompe Cuou, sac étanche, ...). Première ascension connue en solo : Barney Vaucher en 1989.

ACCÈS PÉDESTRE (+ 30 MINUTES)

• Accès par Rompe Cuou (aller simple) : de la grande plage de Sormiou, remonter le vallon à droite au-dessus du départ du tracé noir. Depuis la crête de Sormiou, descendre au secteur d'escalade « Rumpe Cuou » par un système de vires exposées et équipées de cordes fixes. Un rappel obligatoire de 15 m permet de rejoindre le bord de mer.

• Accès par le Col de Luï d'Aï (aller-retour) : voir le secteur suivant Pointe de la Merveille.

PARCOURS

• Aller simple depuis la base du rappel d'accès de Rumpe Cuou (environ 450 m d'escalade) : grimper vers le sud-est et sortir par les vires au niveau de la Pointe de la Merveille, juste avant l'Anse de Luï d'Aï. Rejoindre le Col de Luï d'Aï et rentrer vers la calanque par le tracé noir.

• Aller-retour depuis le secteur Pointe de la Merveille (environ 900 m d'escalade) :

grimper vers le Nord-Ouest sur une distance d'environ 450 m jusqu'à atteindre la base des dalles lisses de Rumpe Cuou, au Sud d'une large grotte suspendue dans les falaises striées de strates obliques. Effectuer le retour en escalade ou à la nage (palmes utiles).

This route connects the Rumpe Cuou and Luï d'Aï climbing areas. The traverse is long, isolated and exposed to the wind or sea swell. Nevertheless, the access and escape from the Luï d'Aï pass are easy on foot. Usually this pleasant traverse starts from Pointe de la Merveille and returns to the starting point. But it can also be climbed from Rumpe Cuou as a one way climb. Prepare necessary equipment for this difficult traverse (helmet, harness/30 m rope if you plan to abseil down from Rumpe Cuou, waterproof bag, ...).

Pedestrian access (+ 30 minutes):

-via Rumpe Cuou (one way traverse): from the large beach in the calanque, walk up the small valley on your right. From the crest, go down exposed ledges (follow fixed ropes). À 15 m abseil is needed to reach the sea.

-via the Luï d'Aï pass (return traverse): see the following spot "Pointe de la Merveille"

Itinerary:

- one way traverse: from the base of the abseil, climb for 450 m towards the south-east until you reach the Luï d'Aï cove (Pointe de la Merveille DWS spot). Walk up to the Luï d'Aï pass and then go back to the beach along the black marks.
- return traverse: from the Pointe de la Merveille DWS spot, climb for 450 m towards the north-east until you get to the smooth slabs of Rumpe Cuou (on the right side of a large cave in the cliff). Climb back along the traverse or swim back (flippers can be useful).

Cortiou et les crêtes de Sormiou © Nicholas Armstrong

8.2 Pointe de la Merveille

GPS : 43.205231, 5.422656

Orientation : Sud-Est

Hauteur maximum : 16 m

Niveau de difficultés : 5a-7+

Vent et houle : très sensible

PRÉSENTATION

Cette pointe rocheuse se situe à l'ouest de l'anse de Luï d'Aï, sous le col du même nom et propose un petit secteur de psicobloc déversant. Les voies ici sont difficiles et très hautes. Le secteur est donc réservé aux plus forts grimpeurs. Aucun topo n'existe à ce jour et les lignes doivent encore être enchaînées et les cotations confirmées. **Attention aux chutes de pierres en provenance du sommet des voies!**

L'Anse de Luï d'Aï propose une ancienne traversée au bord de l'eau, nommée l'Esquinade (ouverte en 1980 par Michel Suhubiette). Elle peut être démarrée à droite du secteur Pointe de la Merveille et comporte quelques passages de niveau 6b/c max selon l'itinéraire choisi. Elle se poursuit ensuite jusqu'au Bec de Sormiou en suivant des plaquettes en hauteur pour éviter certaines sections trop difficiles (6a/b max). Ne pas entreprendre cette traversée par mer agitée ou fort vent.

ACCÈS PÉDESTRE (+ 25 MINUTES)

Depuis la calanque de Sormiou, rejoindre la grande plage à droite. Suivre à droite de la plage un sentier (tracé noir n° 3) qui monte le bas d'un ravin puis traverse au-dessus d'une grande bâtisse vers le Sud pour rejoindre le Col de Luï d'Aï (suivre alors le tracé pointillé noir). Passer le col et descendre une rampe raide et exposée vers la droite qui surplombe une anse. Rejoindre l'eau par des vires rocheuses faciles.

This rocky point on the coastline is located under the Luï d'Aï pass and offers some interesting sustained DWS lines. This high and overhanging cliff is reserved for strong climbers. **Beware of rock falls from above the spot.** An interesting traverse can be found along the attached Luï d'Aï cove (6b/c max) and can be continued to the tip of the Bec de Sormiou peninsula.

Pedestrian access (+ 25 minutes) : from the large beach in the calanque, follow the black marks along the shore on the right towards the Luï d'Aï pass. Walk up the dotted black marks to get to the pass. Behind the pass, go down a steep and exposed ramp on the right above a cove. Reach the water along easy rock slabs.

TOPOGRAPHIE POINTE DE LA MERVEILLE

9.1 Tour du Bec

GPS : 43.205293, 5.425922 (départ en face Nord-Est)

Orientation : Nord-Est à Sud-Ouest

Hauteur maximum : 10 m (selon les variantes)

Niveau de difficultés : 5c S3 max (variantes 6b S1 max)

Vent et houle : très sensible

PRÉSENTATION

Le tour du Bec de Sormiou est un itinéraire classique fréquenté par les grimpeurs encordés. C'est une valeur sûre pour se faire plaisir, et ce tour peut tout aussi bien s'effectuer en solo en passant au bord de l'eau. Cette aventure permet de visiter la grotte du Capélan et de découvrir le sauvage Bec de Sormiou, une pointe rocheuse isolée face au large. Étant donné l'engagement de l'itinéraire, il est recommandé de prévoir au fond du sac du matériel au cas où (baudrier, casque, corde, mousquetons, sac étanche...).

ACCÈS PÉDESTRE (+ 20 MINUTES)

Depuis la calanque de Sormiou, rejoindre la grande plage à droite. Suivre à droite de la plage un sentier (tracé noir n° 3) qui monte le bas d'un ravin puis traverse au-dessus d'une grande bâtisse vers le Sud pour rejoindre le Cap Redon (ne pas suivre le tracé pointillé noir qui monte au Col de Luï d'Aï). 20 mètres avant la fin du sentier, passer un petit col et descendre une dalle exposée (plaquette) qui permet de rejoindre le pied de la face Nord-Est du Bec de Sormiou.

PARCOURS (TOUR HORAIRE)

Du pied de la face Nord-Est, marcher vers l'Est pour rejoindre un petit mur équipé de scellements. Contourner ce mur au-dessus de l'eau par la gauche (5c+) puis rejoindre plus loin l'entrée de la grotte du Capélan (à visiter !). Poursuivre l'escalade au-dessus de l'eau à gauche de la grotte sans suivre les plaquettes qui montent plus loin (5a avec un passage 5c+). Rejoindre à gauche une large vire facile qui part vers le Sud jusqu'à la pointe du Bec de Sormiou. Du cap, deux options se présentent : 1. contourner le cap en traversée au bord de l'eau (6b, S1) ; 2. remonter un court ressaut (départ de l'Arête de l'Extrême Bec) et traverser à gauche par un pas **délicat et très exposé** (5c, S3, nombreux ancrages). Suivre ensuite à pied de larges vires pour rejoindre vers le Nord-Ouest le col de Luï d'Aï (passage d'une main courante puis de vires exposées équipées de broches ; corde utile). Du col, redescendre à la calanque de Sormiou par le tracé noir.

CURIOSITÉS

La grotte du Capélan présente un siphon qu'il est possible de franchir facilement à la nage (à éviter par mer houleuse). Le siphon fait environ 1,5 mètre de long pour 50 cm de profondeur. Cette grotte est à visiter sans hésiter !

This traverse is a popular and classic climbing route. It visits the Capélan cave and the Bec de Sormiou, a wild, seaward-facing peninsula with sharp rocks. It is recommended to prepare specific climbing equipment because of the commitment required by this route (harness, rope, carabiners, waterproof bag, helmet, ...).
Pedestrian access (+ 20 minutes) : start from the large beach on the right in Sormiou. Follow the black marks along the shore on the right towards Cap Redon (do not follow the dotted black marks going up to the Luï d'Aï pass). 20 meters before the end of the trail, go down towards the sea along an exposed slab on the right (bolt) until you reach the base of a large north-east face.
Itinerary (clockwise) : from the base of the north-east face, walk towards the east. Climb above water around a small cliff with fixed equipment (5c+) until you reach the entrance of the Capélan cave. Continue climbing above water towards the left but do not follow the bolts higher up (5a then 5c+). Step onto a large ledge that goes south to the Bec de Sormiou rock needle. Then two climbing options are possible : 1/ go round the peninsula just above water (6b, S1), 2/ climb up a few meters and follow an **exposed ledge** on the left (5c, S3, several anchors). From there, follow large ledges towards the north-west to reach the Luï d'Aï pass on narrow exposed ledges (cable section and several anchors ; rope can be useful). From the pass, return to the beach along the black marks.

Le Bec de Sormiou © Marion Saby

9.2 Cap Redon

GPS : 43.206140, 5.426497

Orientation : Nord à Sud

Hauteur maximum : 4 m

Niveau de difficultés : 6b max

Vent et houle : sensible

Le Cap Redon en fin de journée © Nicholas Armstrong

PRÉSENTATION

Le Cap Redon, aussi connu sous le nom de Caridon, propose une jolie traversée circulaire le long d'un mur compact et technique. La traversée fait environ 100 mètres de long et se parcourt dans les deux sens. Cette ligne était un classique des groupes de l'UCPA et se grimpe depuis de nombreuses années. Depuis le Cap Redon, il est possible de traverser au bord de l'eau vers le Nord-Ouest (niveau 5c) pour rejoindre le secteur de l'Anse de la Galère.

ACCÈS PÉDESTRE (+ 15 MINUTES)

Depuis la calanque de Sormiou, rejoindre la grande plage à droite. Suivre à droite de la plage un sentier (tracé noir n° 3) qui monte le bas d'un ravin puis traverse au-dessus d'une grande bâtisse vers le Sud pour rejoindre le Cap Redon (ne pas suivre le tracé pointillé noir qui monte au Col de Luï d'Aï). Descendre au bord de l'eau de part et d'autre du cap.

Cap Redon offers a nice and technical 100 meter long circular traverse. You can climb it in both directions, either one way or return. From this peninsula you can also traverse towards the north-west to reach the Anse de la Galère spot (5c). Pedestrian access (+ 15 minutes) : from the right side of the large beach in Sormiou, follow the black marks along the shore on the right towards Cap Redon (do not follow the dotted black marks going up to the Luï d'Aï pass). Walk down to the sea on either side of the peninsula.

Greg Pat et Guilain à l'Anse de la Galère © Nicholas Armstrong

9.3 Anse de la Galère

GPS : 43.207404, 5.423768

Orientation : Nord-Est

Hauteur maximum : 10 m

Niveau de difficultés : 5b-7b

Vent et houle : protégé

PRÉSENTATION

Cet ancien petit secteur d'escalade a été topographié dès les années 80. Il était utilisé par le centre UCPA de Sormiou comme école de vols et d'assurage. La falaise comporte aussi quelques fissures idéales pour s'entraîner à poser des pitons en mode artif ou coinceurs. Pour le Deep Water Soloing, cette crique étroite propose une escalade très intéressante aux mouvements techniques et soutenus, le long d'un mur raide et compact. La plupart des lignes sont destinées à des grimpeurs de bon niveau et ont été explorées par le moniteur UCPA durant les années 80. **Attention à certaines lignes exposées avec chute potentielle sur rocher peu profond ou sur lame de rocher peu profonde en face de certaines lignes (S2).** Comme cité précédemment, une traversée facile au bord de l'eau (niveau 5c) vers le Sud-Est permet de rejoindre le secteur Cap Redon.

ACCÈS PÉDESTRE (+ 15 MINUTES)

Depuis la calanque de Sormiou, rejoindre la grande plage à droite. Suivre à droite de la plage un sentier (tracé noir n° 3) qui monte le bas d'un ravin puis traverse au-dessus d'une grande bâtisse vers le Sud en direction du Bec de Sormiou. Juste après l'embranchement avec le tracé pointillé noir, qui monte au Col de Luï d'Aï, poursuivre en direction du Bec. 50 m plus loin, suivre une sente marquée à gauche qui descend à l'Anse de la Galère.

This old climbing crag was already cited in guidebooks during the 80s. Climbing instructors used to teach climbing techniques here and also explored the DWS lines at that time. This spot offers sustained and very technical climbing along steep and compact walls. **Some lines are exposed to dangerous falls in shallow water or onto underwater rock blades (S2).** An easy and pleasant traverse (5c) connects with the nearby spot of Cap Redon to the south-east. Pedestrian access (+ 15 minutes) : from the right side of the large beach in Sormiou, follow the black marks along the shore on the right towards Cap Redon. 50 metres after the junction towards the Luï d'Aï pass (black dotted marks), walk down a path on the left.

7
6b
7a

TOPOGRAPHIE ANSE DE LA GALÈRE CENTRE

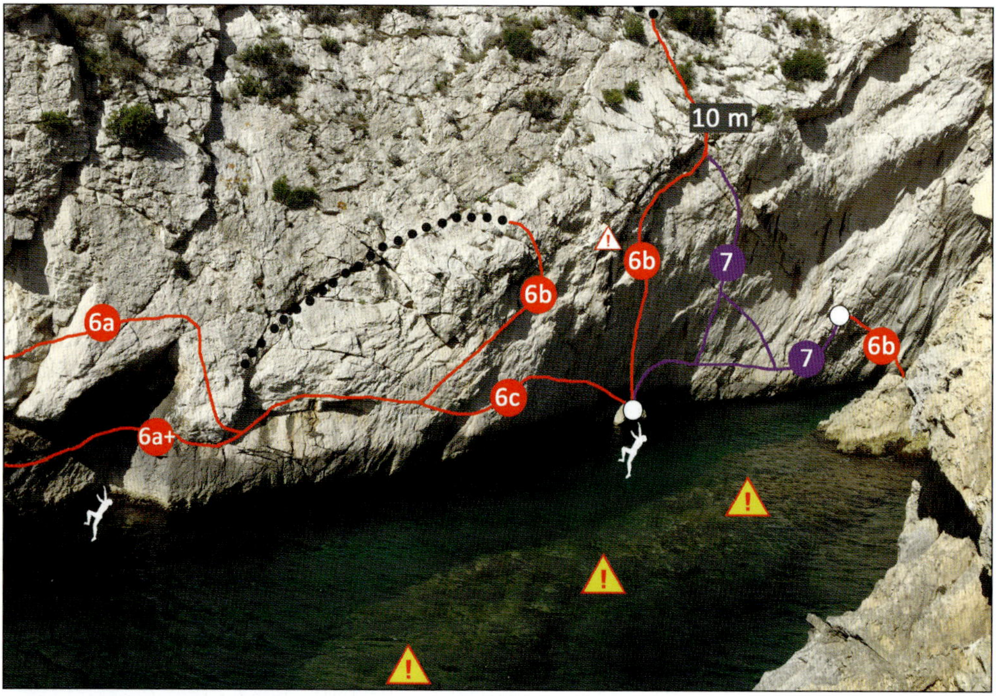

TOPOGRAPHIE ANSE DE LA GALÈRE GAUCHE

Guitain 6b © Nicholas Armstrong

MASSIF DES CALANQUES

Cap Morgiou

10 Anse de la Triperie

11 Face Sud-Est
- 11.1 Traversée Face au large
- 11.2 Traversée Pen Duick

12 El Cap
- 12.1 Traversée Sous la Bora-Bora
- 12.2 Traversée Un monde presque parfait
- 12.3 Traversée Ivan et Super Trempe

Véritable port de pêche occupé à l'année, la Calanque de Morgiou est la voisine de celle de Sormiou à l'Ouest et celle de Sugiton et son aiguille à l'Est. Elle est la porte d'accès évidente au large du Cap Morgiou.

Le Cap Morgiou est une longue péninsule formant un plateau à une hauteur moyenne de 70 mètres avec de multiples possibilités d'escalade et traversées sur tout son pourtour. Une fois sur la pointe du Cap Morgiou, tous les côtés sont adaptés à l'escalade. Des traversées Ivan, Super Trempe, Bora-Bora et Marie-Jacqueline, en passant par Pen Duick, Face au Large et celle de la Triperie, le grimpeur a l'embarras du choix. La plupart des itinéraires présentés ici reprennent d'anciens itinéraires initialement équipés pour l'escalade encordée, et qui sont parfaits pour le Deep Water Soloing. À noter qu'en raison de plusieurs nichées de Cormorans de Desmarest dans l'Anse de la Triperie et le long d'El Cap, l'escalade peut y être interdite de décembre à avril.

INFOS PRATIQUES

Rocher : Calcaire
Commodités : Les Baumettes (restaurant « Chez Zé »), calanque de Morgiou (restaurant le Nautic Bar), Luminy (snacks et robinet d'eau potable).
Propriétaire : le Cap Morgiou appartient intégralement à l'Office National des Forêts.

RÉGLEMENTATIONS

- **Mairie de Marseille :**

Selon l'arrêté municipal n° 2019_00107_VDM, l'accès aux véhicules jusqu'à la calanque de Morgiou est interdit de 7 h à 19 h 30 les week-ends de mars et octobre, puis tous les jours d'avril à septembre inclus et lors des vacances de la Toussaint fin octobre. Ces dates sont susceptibles d'évoluer d'année en année. Notez que le stationnement est interdit sur la route menant à Morgiou.

- Parc national des Calanques :

Arrêtés temporaires d'interdiction d'esca-

Morgiou©NicholasArmstrong

lade sur le pourtour du Cap Morgiou lors des périodes de nidification de Cormorans, de décembre à avril (consulter www.calanques-parcnational.fr). Les zones sensibles concernent les grottes de l'anse de la Triperie et les falaises sauvages surplombant l'itinéraire « Super Trempe » au Nord de la traversée « Un Monde Presque Parfait ».

• Préfecture des Bouches du Rhône :
Durant la saison estivale de juin à septembre, la Préfecture des Bouches du Rhône régule les accès aux massifs forestiers selon le risque incendie (périodes sèches et par fort vent). Il est donc important de consulter les autorisations d'accès aux massifs, disponibles sur le site internet de la préfecture des Bouches du Rhône, sur www.myprovence.fr/enviedebalade et sur l'application smartphone Mes Calanques.

• Marseille Provence Métropole :
Selon le règlement particulier de police des ports de plaisance de la communauté urbaine (2014), les ports sont interdits aux engins de plage non immatriculés. De ce fait, la pratique du kayak et du paddle est interdite dans l'enceinte du port de Morgiou. Se mettre à l'eau derrière la digue à la sortie du port.

PARKINGS (SELON LA SAISON ET LA RÉGLEMENTATION)

• Soit le petit parking en bas dans la calanque de Morgiou (si la route est ouverte à la circulation ; accès fermé en période estivale),

• Soit le parking public gratuit des Baumettes au début du Chemin de Morgiou (GPS = "43.222982, 5.417720" ; Plus Code Google Maps = "6CF9+44 Marseille"),

• Soit le parking public gratuit de Luminy, à l'entrée de l'université (GPS = "43.230652, 5.436625" ; Plus Code Google Maps = "6CJP+7J Marseille").

TRANSPORTS EN COMMUN (RECOMMANDÉ)

• Rejoindre le parking au début du Chemin Morgiou et après la Prison des Baumettes via le terminus de la ligne de bus 22 (au départ du rond-point du Prado) .

• Rejoindre Luminy en bus suivant la ligne 24 (depuis le métro Sainte-Marguerite) ou la ligne 21 (depuis la place Castellane).

ACCÈS PÉDESTRE AU PORT DE MORGIOU (45 MINUTES)

• Depuis les Baumettes (parking au début de la route du feu de la calanque de Morgiou) : Au niveau du restaurant Chez Zé, prendre en face à gauche une impasse (boulevard Louis Marion) et suivre le tracé rouge n° 6 qui passe par le col de Morgiou et descend au port de Morgiou.

• Depuis Luminy (recommandé) :
Du parking de Luminy, emprunter le large chemin vers le Sud qui monte vers le Col de Sugiton (tracé pointillé jaune n°6a). À l'intersection avec un large chemin à droite, emprunter ce chemin sur 50 m. Suivre ensuite à gauche le tracé pointillé jaune qui arrive sur la rive gauche de la Calanque de Morgiou après le passage d'un verrou rocheux. Suivre alors le tracé rouge n° 6 vers la droite pour arriver au port de Morgiou.

The calanque of Morgiou, between Sormiou and Sugiton, is an authentic fishing port. Cap Morgiou, to the South, is a long peninsula with high cliffs on either side. And these cliffs can be climbed all around this peninsula! Most of the routes described here are in fact old classic traverses, usually climbed with a rope, and perfect for DWS. Please follow the climbing restrictions from December to April, in the case of birds nesting in the Triperie cove or along the El Cap traverse. Don't forget to check the fire risk in this mountain range between June and September. The prefecture of Bouches du Rhône regulates access to this area during periods of severe drought and strong wind (fire risk). Check this out on www.myprovence.fr/enviedebalade.
You can find a snack bar and tap-water at the car park in Luminy, and restaurants in the Calanque of Morgiou or just before the Baumettes' car park.

Car park : park your car only in official car parks. Note that it is forbidden to park your car along the road between Baumettes and Morgiou. Moreover, this road is closed from March to October. Park your car either at Luminy (GPS ="43.230652, 5.436625") or at the Baumettes area (GPS = "43.222982, 5.417720").

Public transport : it is recommended to go to Luminy (RTM line 21 or 24) or Les Baumettes (RTM line 22) by bus because the car parks there are small, especially the car park at Les Baumettes.

Pedestrian access to Morgiou (45 minutes whatever the car park) :
• from the Baumettes' car park (at the beginning of the road going to Morgiou) : from the restaurant called Chez Zé, walk down the boulevard Louis Marion (opposite the restaurant) and then

follow the trail that leads to the Col de Morgiou pass (red marks). Continue down to Morgiou following the red marks.

• from Luminy (recommended): from the car park, follow a large track to the south towards the Col de Sugiton pass (yellow dotted marks). From the large junction with another track, follow this track on the right for 50 meters. Then, take the trail on the left (yellow dotted marks) down towards the left shore of the calanque of Morgiou. Then follow the red marks on the right to get to the port.

VOIES RÉFÉRENCÉES

Secteur	4a-4c	5a-5c	6a-6c+	7a-8a	8b-8a	Exposition
Triperie	5	5	10	4	-	SO-S2
Face Sud-Est	2	6	5	1	-	SO-S3
El Cap	2	14	12	1	-	SO-S3

CARTE DU CAP MORGIOU

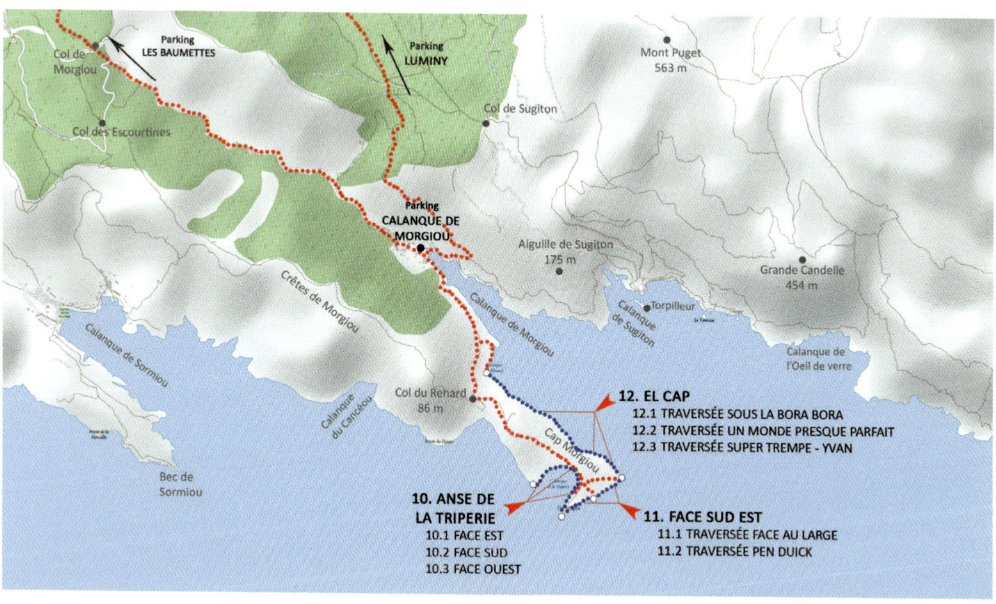

Le mot de Barney Vaucher, le spécialiste du Cap Morgiou

Évoquer le cap Morgiou revient à évoquer une passion pour un univers qui a meublé mes rêves et ma vie de grimpeur depuis près d'un demi-siècle. La découverte, au début des années 70, des traversées de Castelvieil a été une révélation. Où et comment renouer avec cette sensation unique d'évoluer ainsi entre roc et mer? La réponse nous crevait les yeux, à Michel et à moi: le cap Morgiou.

Pâques 73 : Le mur initial de la traversée de la Voile (Cassin-Kelle 1968) étanche d'un seul coup notre besoin hebdomadaire de stress, mais nous ouvre les yeux sur la virginité du Cap. Un bain au seul endroit accessible souligne la ligne de la Face au large. Dès lors, nous n'avons de cesse avec Michel d'explorer toutes les parois du cap. Un an plus tard, ce fut d'abord la Marie-Jacqueline, des prénoms de nos épouses respectives qui constituaient « l'équipe au sol ». Avec seulement des pitons, difficiles à placer dans ce rocher, la Marie-Jacqueline posa surtout de sérieux problèmes d'assurance. Au mois de mai, retour à notre bivouac du Cap. Un rappel nous dépose au raz de l'eau. Encore plus soutenue que la précédente, la Bora-Bora nous réclame onze heures d'escalade, multipliant les passages clés obligatoires jusqu'à la cheminée de sortie de la Marie-Jacqueline. Au printemps 75, après avoir enchaîné Bora-Bora/Marie-Jacqueline, nous basculons versant Voile, pour effectuer la traversée du 8 mai en deux cordées (JL Eyraud-Barney; B. Bouscasse-M. Charles). Après des passages clés aussi durs que dans les précédentes, le 8 mai rejoint une sortie originale de la traversée du Cancéou ouverte l'année précédente avec Bernard Bouscasse (baptisée BMP) par les seconds qui ne s'étaient pas aperçu de notre parcours. Le départ de Michel pour la Corse sonne le glas, non pas de notre complicité qui se poursuivra dans le Polischellu, mais de notre collaboration au Cap. La traversée Ivan est l'occasion de m'encorder avec un nouveau complice, Jean-Louis Fenouil. Frappé à son tour du virus, Jean-Louis retourne avec A. Jamin pour parfaire le tracé de la traversée Ivan depuis l'anse du Renard : cela donne Super Trempe. Pour achever le tour du Cap, il restait deux sections : la traversée symétrique à la Face au large qui conduit au départ de la Bora-Bora ; l'anse de la Triperie. Avec Pen Duick, la jeune génération Excurs (Balestra, Guiot, Pailheret, Tchouky) résout le premier problème en avril 1978. En mai, avec le Mégalomane paranoïaque, Betton, Farges et Gauthier résolvent le défi posé par la demi-lune concave de la Triperie.

En string et en chaussons: Même si l'échelle n'est pas celle de Castelvieil, les traversées de Morgiou ont été ouvertes dans un esprit sportif, mais surtout dans un esprit d'aventure. Je comprends vite que, sur une grande partie du terrain parcouru, je peux me passer de la corde. La Face au large est ma première expérience. Suivent la traversée de la Voile (en solo ou encordé, il y a peu de différence), la traversée Ivan et le 8 mai. Puis, un beau jour de l'été 85, je me décide à les enchaîner. Après la Traversée Ivan, j'hésite un moment au départ de la Marie-Jacqueline, le 1er crux – du gros 6a dans un rocher non nettoyé - étant quand même à 30 m de l'eau ! La deuxième inconnue concerne la portion qui suit l'arrivée du rappel de la Bora-Bora. J'ai presque résolu l'énigme et je suis sur le point de rejoindre la partie connue lorsqu'un pied ripe et je me retrouve dans « le monde du silence ». Lorsque j'émerge, cinq ou six regards horrifiés me fixent à travers la glace de leurs masques. Je réalise subitement que ces plongeurs pensent que je suis tombé du haut de la falaise ! Ces mille mètres d'escalade m'ont pris un peu plus de deux heures. Il est tôt, la logique est de continuer par la Face au large que je fais suivre par la traversée de la Voile. À dire vrai, cette discipline est tellement jubilatoire que je la poursuis depuis 45 ans. Si la Marie-Jacqueline sort du « raz de l'eau » classique, se contenter du maillot et des chaussons dans des traversées comme le 8 mai (aller-retour) ou la combinaison Traversée Ivan/Super Trempe relève davantage de l'hédonisme que de l'héroïsme. Quant à la Face au large, j'ai dû la parcourir ainsi près de cent cinquante fois. Le paramètre principal est l'état de la mer. Parcourir ces traversées par fort vent d'est ou de sud-ouest revient à se balader sous des séracs à midi.

Lors de mon enchaînement en 85, comment pouvais-je imaginer que ces traversées seraient souillées par une gabegie de ferraille et transformées en échelles à spits ?

Barney

Barney © Coll. Bernard Vaucher

MASSIF DES CALANQUES

Cap Morgiou

10 L'Anse de la Triperie

ACCÈS PÉDESTRE DEPUIS LE PORT DE MORGIOU (+ 30 MINUTES)

Depuis le port de Morgiou, suivre le quai des pêcheurs sur la droite qui mène à l'ancien tracé noir n° 4 qui mène au Col du Renard. Du col, suivre le tracé bleu n° 1 qui mène à droite au bout du Cap Morgiou. L'accès jusqu'au bord de l'eau se fait par une faille à peu près au centre de la face Nord-Ouest de l'Anse de la Triperie. Il est recommandé d'utiliser une corde pour sécuriser la descente dans la falaise (broches scellées le long de cet accès).

ACCÈS PADDLE/KAYAK (RECOMMANDÉ HORS SAISON)

Depuis la calanque de Morgiou, se mettre à l'eau depuis la digue à la sortie du port (navigation interdite dans le port). Partir vers le Sud-Est puis contourner à droite le Cap Morgiou pour rejoindre l'Anse de la Triperie à l'Ouest.

Pedestrian access from Morgiou (+ 30 minutes) : from the port of Morgiou, follow the shore on the right along the black marks. From the Col du Renard pass, follow the blue marks on the left towards the cape. The access to the water is located in the centre of the north-west face of the Triperie cove. It is recommended to use a rope to secure this steep descent in the cliff (sealed anchors along this access). Kayak access (recommended during off season period) : In Morgiou, put your watercraft in the water from the dyke outside the port (forbidden in the port). Navigate towards the south and go round the cape to enter the large Triperie cove facing west.

Guillain sur la Face Sud, 7b © Théo Desbordes

MASSIF DES CALANQUES

CAP MORGIOU

GPS : 43.203327, 5.451903

Orientation : Sud-Est à Nord-Ouest

Hauteur maximum : 17 m

Niveau de difficultés : 4c-7b - Exposition max S2

Vent et houle : sensible au mistral

PRÉSENTATION

C'est la découverte de la grotte ornée datant du paléolithique en 1991 par le scaphandrier Henri Cosquer qui a fait la célébrité de cette calanque. L'accès de la grotte Cosquer (condamné pour raisons de sécurité) se fait aujourd'hui par moins 37 mètres sous le niveau de la mer puis par un tunnel immergé de 175 mètres. Une plongée pour le moins technique (pour découvrir les dessins de nos ancêtres d'il y a plus de 25 000 ans), comme peut également l'être la traversée intégrale de cette calanque si particulière. Le nom de cette anse viendrait des traînées noirâtres présentes sur ses faces qui pourraient rappeler l'intérieur de la panse d'animaux. La traversée de la Triperie a été ouverte en 1968 par Claude Cassin et Philippe Kelle, puis en 1978 Pierre Farges et des amis finiront la boucle du tour. Récemment de forts grimpeurs, dont Guillain Potron et Jean Fabre, ont réinventé cette traversée mais en solo intégral à moins de 20 mètres du niveau de l'eau sans l'utilisation de cordes. Ils nomment cette nouvelle ligne « Nique la peau Lisse ». Premières ascensions connues en solo : Henri Michel Vincens en 1998 (en partie) puis Guillain Potron et ses amis en 2019 en intégralité.

PARCOURS

Cette traversée s'enchaîne parfaitement après la Face au Large, sinon un accès par la face Nord-Ouest est recommandé. Les deux sorties sont l'extrémité gauche de la traversée à 17 m de haut, sinon par l'accès équipé de cordes fixes sur la face Nord-Ouest.
Notez que cette traversée doit être exclusivement parcourue par mer calme et sans vent. Respectez les arrêtés du Parc national des Calanques concernant les interdictions d'accès à cette anse lors des périodes de nidification des Cormorans.

The Triperie cove is famous for its paleolithic Cosquer cave hidden 37 meters below sea level. The name of this cove could come from the black vertical lines on the limestone that look like the inside of an animal's stomach... The first climbers traversed the entire cove in 1968, but the DWS line was only completed lately in 2019.
Itinerary: this traverse combines perfectly after the Face au Large traverse (see next pages); an access down the north-west face is an interesting alternative (fixed ropes). The route exits are located either on the extreme left from a 17 metres high ledge or from the fixed rope access. This traverse must only be climbed above a calm sea without wind. Please follow the National Park's regulations; climbing is forbidden in the cove during the nesting season of Cormorants.

TOPOGRAPHIE TRAVERSÉE DE L'ANSE DE LA TRIPERIE EST (COSQUER)

TOPOGRAPHIE TRAVERSÉE DE L'ANSE DE LA TRIPERIE SUD

TOPOGRAPHIE TRAVERSÉE DE L'ANSE DE LA TRIPERIE OUEST

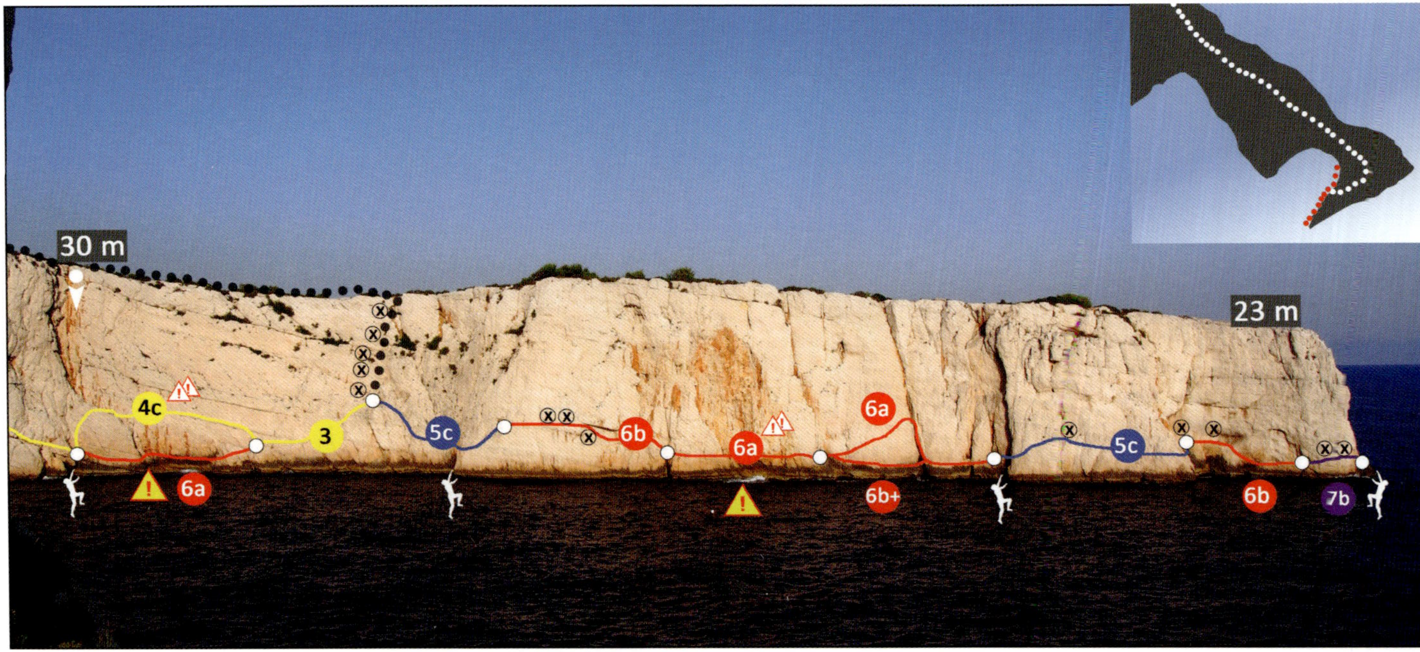

Passage 6c+ à la face Sud © Guillain Potron

11 Face Sud-Est

Nico dans la traversée Face au Large au lever du jour © Olivier du Chastel

Notez que ces traversées doivent être exclusivement parcourues par mer calme et sans vent. Respectez les arrêtés du Parc national des Calanques concernant les interdictions d'accès à cette face lors des périodes de nidification des Cormorans.

ACCÈS PADDLE/KAYAK (RECOMMANDÉ)

Voir le secteur Triperie, mais s'arrêter avant au niveau de la Porte Saint-Pierre au centre de la Face Sud-Est.

These traverses must only be climbed above a calm sea and without wind. Please follow the National Park's regulations; climbing can be banned on the entire cape during bird nesting. Kayak access (recommended off season): see previous pages concerning the Triperie sector, but stop at Porte de Saint-Pierre in the middle of the south-east face.

11.1 Traversée Face au Large

GPS : 43.202000, 5.453250 (départ Porte Saint Pierre)

Orientation : Sud-Est

Hauteur maximum : 9 m (23 m pour la sortie sur le plateau à l'extrémité Ouest)

Niveau de difficultés : 5a-6a+ (variantes 6b)

Vent et houle : très sensible au vent d'Est

PRÉSENTATION

Si initialement la traversée Face au Large se pratique comme une voie semi-équipée pour laquelle un jeu de coinceurs est utile, elle peut tout aussi bien se pratiquer avec une simple paire de chaussons et un maillot de bain. L'essentiel de la voie, escaladée encordée en 1973 par Michel Charles et Barney Vaucher, se réalise au bord de l'eau. Un peu de vigilance sera nécessaire pour le passage clé de la voie en 6a+ ainsi que la **sortie très exposée sur la pointe du cap (non recommandée, S3).** Un aller-retour est le parcours le plus prudent ! Il est recommandé de rester au plus près de l'eau et de ne pas suivre les variantes du haut (non recommandées, S3). Premières ascensions connues en solo : Barney Vaucher dans les années 1970.

ACCÈS PÉDESTRE DEPUIS LE PORT DE MORGIOU (+ 30 MINUTES)

Suivre l'accès au secteur Triperie sur le tracé bleu n° 1, puis 200 mètres avant la Pointe Ouest du Cap Morgiou, descendre sur la gauche vers la Porte de Saint-Pierre. La traversée Face au Large démarre à droite (ouest).

PARCOURS (SENS EST-OUEST)

Une première section délicate sur un éperon permet de rejoindre une rampe facile (5c+). Une descente exposée (5a, S2) rejoint une vire facile au bord de l'eau (l'éperon et la descente exposée peuvent s'éviter par une variante athlétique au bord de l'eau en 6b). Traverser à gauche (attention à une section exposée) pour rejoindre un dièdre qui marque la section difficile de la voie. Remonter cette large fissure puis traverser la dalle compacte à gauche (plaquette) puis rejoindre le bord de mer (6a+, variante possible plus bas en 6b). À partir de cette position, continuer au plus près de l'eau jusqu'au bout du cap (5c+ ; variantes très exposées et non recommandées en solo sur la vire supérieure). De la pointe, remonter un système de vires et dièdres très exposés. Arrivé 5 mètres sous le sommet, ne pas suivre les 2 plaquettes tout droit dans une fissure mais rejoindre une plateforme à gauche et remonter des ressauts faciles jusqu'au plateau (5b, S3, 23 m). Il est plus judicieux et recommandé de grimper cette traversée en aller-retour, sinon de continuer par la traversée de l'anse de la Triperie derrière la pointe du cap.

The Face au Large traverse is a classic trad climbing route, and it can easily be climbed only with climbing shoes and a swimsuit! Most of the route is close to the water. Nevertheless, some higher sections require much more attention, such as the 6a+ key passage, the upper itinerary (not recommended, S3) **or the extremely high exit on the left (not recommended, S3).** À return traverse is the safest plan! Pedestrian access from Morgiou (+ 30 minutes): follow the access to the Triperie cove along the blue marks and then 200 metres before the western tip of the cape, walk down on the left into the Porte de Saint-Pierre natural access to the seaside.

The Face au Large traverse starts on the right (west). Itinerary (east to west): first go round a spur to reach an easy ledge (5c+) and climb down an exposed section (5a, S2). An athletic 6b alternative route avoids the previous section. Traverse towards the left (one exposed section) until you reach a corner. Climb up the large crack and traverse on a slab (bolt) then go down towards the water (6a+ with a 6b alternative traverse below). Then traverse just above the water to the tip of the cape (5c+ ; the very exposed alternative traverse on the ledge above is not recommended at all). From the end of the traverse, climb up easy but very exposed ledges and corners. Five meters below the summit, do not follow the crack with two bolts but traverse left to a ledge and climb up easy rock (5b, S3, 23 m). It is wiser to climb the traverse back to Porte Saint-Pierre or continue along the Triperie traverse behind the rock tip.

TOPOGRAPHIE TRAVERSÉE FACE AU LARGE

Olivier dans la 1ère longueur de Face au Large © Nicholas Armstrong

Cap Morgiou Face Sud-Est

11.2 Traversée Pen Duick

GPS : 43.202000, 5.453250 (départ Porte Saint-Pierre)

Orientation : Sud-Est

Hauteur maximum : 8 m

Niveau de difficultés : 7a max
Exposition Max : S2

Vent et houle : sensible au vent d'est

PRÉSENTATION

Cette traversée tire son nom du premier voilier d'Éric Tabarly, grand navigateur des années 60-80. Elle propose une escalade soutenue dans le 6c avec peu de repos sur près de 90 mètres. L'itinéraire DWS se parcourt dans les deux sens et suit la fissure horizontale, sauf à l'extrémité Est pour laquelle la variante DWS descend au bord de l'eau. Premières ascensions connues en solo : Jean Fabre Montplaisir en 2019.

ACCÈS PÉDESTRE DEPUIS LE PORT DE MORGIOU (+ 35 MINUTES)

Rejoindre la pointe Est du Cap Morgiou depuis le port de Morgiou (voir accès au secteur Face au Large). Descendre au secteur d'escalade sportive « Le Radeau », 30 m à l'ouest de la pointe Est du cap (passage dans une faille de niveau 3c, corde utile).

PARCOURS (EST-OUEST)

De la terrasse basse du secteur sportif « Le Radeau », rejoindre le bord de l'eau (6a S1). Traverser vers l'Ouest et remonter jusqu'à la fissure horizontale par une rampe sur écailles (6c). Suivre la fissure horizontale jusqu'à la fin de la voie (7a max, S2 sur la fin). Retour à pied par le plateau, escalade possible dans l'autre sens.

This traverse was named after the boat of Eric Tabarly, a famous french sailor. The climb is long and strenuous and offers few easy sections along this 90 m horizontal crack. DWS climbing is possible in both ways. Pedestrian access from Morgiou (+ 35 minutes) : follow the Face au Large access and then go to the east tip of the cape. Climb down a large crack (3c, rope can be useful) located 30 metres west from the tip. Go down to the climbing crag called Radeau, a large rock terrace above the sea. Itinerary (east to west) : from the lower terrace, climb down to the sea level (6a, S1). Traverse to the west close to the water and climb up to the horizontal crack (6c). Follow the crack towards the left until the end (7a, S2 at the end). Return by foot above the cliff, or climb back!

TOPOGRAPHIE TRAVERSÉE PEN DUICK

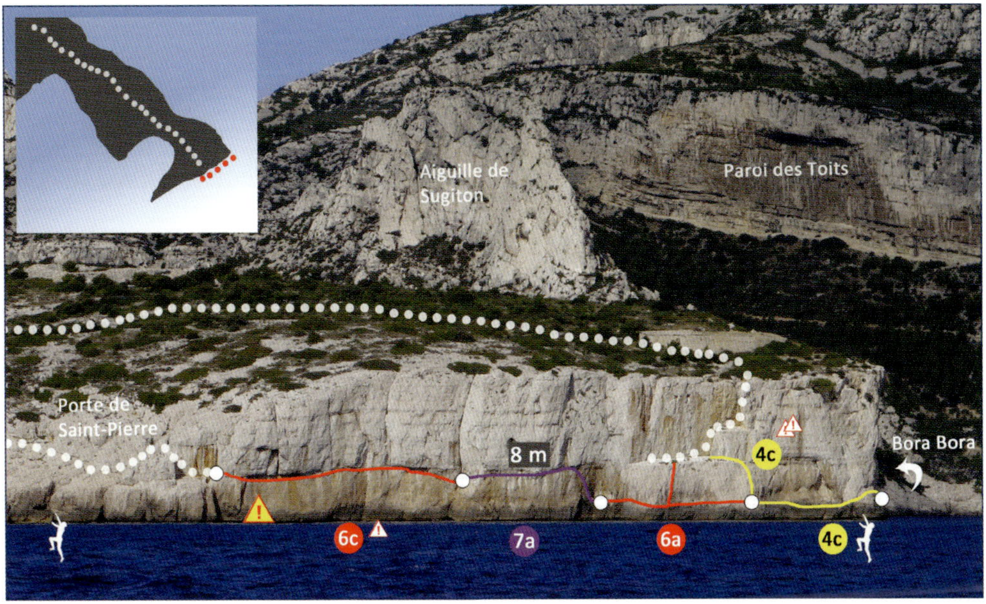

Super Trempe, 7a © Olivier Leroy

12 El Cap

PRÉSENTATION

La face Nord-Est du Cap Morgiou propose plus de 1 000 m d'escalade en traversée, idéale pour la pratique du deep water soloing quand il fait chaud ! Attention à l'engagement très important dans ces falaises depuis lesquelles l'échappatoire est complexe, souvent lointaine et exposée. Ce morceau de côte a été exploré pour la première fois par Barney Vaucher et Jean-Louis Fenouil en 1977. Cette première ouverture permit de découvrir la « Traversée Ivan » depuis le Col du Renard. En 1981, Jean-Louis Fenouil et Alain Jamin continuent l'exploration et connectent « Super Trempe » avec les traversées « Ivan » et « Marie-Jacqueline ». En 1985, Barney Vaucher revient à l'attaque et enchaîne la Bora-Bora par le bord de l'eau. Il faudra attendre les années 2000 pour la connexion au ras de l'eau entre « Super Trempe » et la « Bora-Bora » : « Un monde presque parfait ». Pierre Chauvin, grand adepte de cette face isolée, est sûrement le premier à avoir enchaîné cette dernière trav sous la « Marie-Jacqueline ». En 2003, la combinaison de toutes ces traversées a été équipée et nommée « El Cap ».

La traversée DWS intégrale « El Cap » est la combinaison logique, généralement du Nord vers le Sud, des traversées « Super Trempe », « Ivan », « Un monde presque parfait » et « Bora-Bora ». Cette aventure propose une belle et longue escalade en traversée de niveau variable selon les sections. Le départ est plutôt facile avec quelques passages de 6a, puis vers la moitié le niveau augmente (6c-7a max, variantes 7b), puis sous la « Marie-Jacqueline » et la « Bora-Bora » l'escalade est soutenue dans le 6b-c. Le parcours de cette escalade nécessite une très bonne préparation : repérage des accès et échappatoires, matériel spécifique à ce type de longue traversée au bord de l'eau (baudrier, casque, sac étanche...), évolution au minimum à deux avec si possible une embarcation. Bonne grimpe ! Première ascension connue en solo : Barney Vaucher, Jean-Louis Fenouil et Alain Jamin sur les sections Ivan, Super Trempe et Bora-Bora, Pierre Chauvin pour « Un monde presque parfait » ; Guillain Potron en 2019 (intégrale El Cap).

Notez que ces traversées doivent être exclusivement parcourues par mer calme et sans vent. Respectez les arrêtés du Parc national des Calanques concernant les interdictions d'accès à ces traversées lors des périodes de nidification des Cormorans.

The north-east face of Cap Morgiou offers nearly 1 mile of traverse above water, perfect for DWS when the sun is shining! This traverse requires a high level of commitment because an escape can be long, complicated and exposed. The first climbers started exploring this face in 1977 and connected all the traverses in 1981. The entire DWS traverse was climbed 4 years later. Nowadays, the entire route is bolted and was named "El Cap". The DWS itinerary is usually climbed from north to south and combines the following traverses: "Super Trempe - Ivan", Un monde presque parfait" and "Bora-Bora". This long climb combines an easy beginning (6a max), difficult sections in the middle (6c-7a max) and a sustained last section (6b-6c). This climb requires good preparation: serious spotting of the escape routes, specific equipment (harness, helmet, waterproof bag...), climbing as a pair, with a watercraft if possible. Enjoy the line!

These traverses must only be climbed above a calm sea and without wind. Please follow the National Park's regulations; climbing can be banned on the entire cape during the nesting season.

ACCÈS PADDLE/KAYAK (RECOMMANDÉ)

Depuis la calanque de Morgiou, se mettre à l'eau depuis la digue à la sortie du port (navigation interdite dans le port). Partir vers le Sud-Est en longeant le littoral. Rejoindre les différents secteurs de la face Nord-Est du Cap Morgiou.

ÉCHAPPATOIRES (VOIR TOPOS)

- accès à l'extrémité Nord sous le Col du Renard (accès « Super Trempe - Ivan »),
- accès à l'extrémité Sud sous à la pointe Est de Cap Morgiou (accès « Bora-Bora », 4c S2).
- échappatoire envisageable par la large faille au Nord de la Marie-Jacqueline (5b, 30 m, S3, non recommandé en solo),
- échappatoire envisageable par des mains courantes sur la partie droite de « Super Trempe - Ivan » (baudrier vivement recommandé).

Parcours de El Cap en DWS (sens Nord-Sud) : Enchaîner les traversées « Ivan et Super Trempe » jusqu'à la grande faille au Nord de la Marie-Jacqueline. Poursuivre vers l'Est et grimper sous la Marie-Jacqueline (« Un monde presque parfait »). Cette variante rejoint le dièdre de sortie de cette dernière voie et permet de connecter avec la traversée « Sous la Bora-Bora » par les variantes proches de l'eau.

Pedestrian access: see each traverse on next pages Kayak access (recommended off season): In Morgiou, put your watercraft in the water from the dyke outside the port (forbidden in the port). Navigate towards the south-east along the shoreline.

Escape routes (see photos):

- north access to "Super Trempe - Ivan",
- south access to "Bora-Bora" below the east tip of Cap Morgiou (4c, S2),
- large corner north from the "Marie-Jacqueline" traverse (5b, 30 m, S3; solo is not recommended),
- fixed ropes above the "Super Trempe" traverse (harness is recommended).

Itinerary (north to east): climb along the "Super Trempe - Ivan traverses" to the large corner north from Marie-Jacqueline. Climb just above the water to the east along the "Un monde presque parfait" traverse. Then traverse along the "Sous la Bora-Bora" traverse to the east tip of Cap Morgiou.

Gilles Bernard et Stéphane Doye dans la Pen Duick par mer agitée ©Sam Bié

Greg dans la Traversée Bora Bora © Olivier du Chastel

Lucas à la Triperie © Guilain Potron

MASSIF DES CALANQUES

Cap Morgiou - El Cap

12.1 Traversée Sous la Bora-Bora

GPS : 43.203315, 5.454502

Orientation : Nord-Est

Hauteur maximum : 6 m

Niveau de difficultés : 6c max
Exposition max : S2

Vent et houle : sensible

PRÉSENTATION

La Bora-Bora est une traversée classique ouverte en 1974 par Barney Vaucher et Michel Charles. La version proposée ici présente plusieurs variantes au plus près de l'eau qui évitent les sections les plus hautes et les rappels. Certaines variantes ont été équipées dans les années 2000 mais se parcouraient déjà en solo depuis la fin des années 70 ! Cette traversée s'effectue en aller-retour sinon peut-être combinée avec la Marie-Jacqueline (non recommandée car sortie à près de 30 mètres de hauteur : 5c+, S3) ou avec les traversées « Un monde presque parfait » puis « Super Trempe et Ivan ». Première ascension connue en solo : Barney Vaucher en 1985.

ACCÈS DEPUIS MORGIOU

Voir secteur « Pen Duick ».

PARCOURS (SENS SUD-NORD)

Depuis la terrasse basse du secteur sportif « Le Radeau », rejoindre vers l'Est le bord de l'eau par un mur exposé de niveau 4c (S2) et continuer jusqu'à l'angle Est du cap. Contourner facilement le cap puis suivre au bord de l'eau un mur raide (6b) qui rejoint une première faille (variante 6c S2 en suivant les broches qui montent). Continuer au bord de l'eau jusqu'à la deuxième faille (6b+ S1, relais sur broches). Une traversée au bord de l'eau permet de rejoindre un relais avant la troisième faille (6b+ ; broches). Traverser la faille et effectuer un crochet plus haut dans le mur (5c, S2), sinon poursuivre au plus près de l'eau (6c) sans suivre les broches. Poursuivre et passer une double faille pour rejoindre par un pas au plus près de l'eau (6c) du terrain facile. Remonter le long de l'équipement en place (5c, S1) jusqu'à la base de la faille de sortie de la voie équipée. À ce niveau, soit retour au point de départ (escalade ou nage) sinon enchaînement sous la Marie-Jacqueline pour rejoindre la traversée Ivan-Super Trempe (7a max sur plus de 500 m).

The Bora-Bora traverse was first climbed in 1974 using a rope. The version presented here combines exclusively DWS climbing sections, avoiding rappels and very high pitches. It can be climbed as a return traverse or combined to Un monde presque parfait and Super Trempe - Ivan traverses.
Access : see Pen Duick sector on previous pages.
Itinerary (south to north) : from the lower terrace at the Radeau crag, climb down an exposed clif to the water (4c, S2). Traverse round the cape and climb close to the water along a steep cliff (6b) towards a large fault (the 6c exposed alternative follows the bolts above). Continue traversing just above water to a second fault (6b+, S1 ; sealed anchors belay station). Climb to another belay station before a third fault (6b+, sealed anchors). From the fault, follow the anchors going up (5c, S2), or climb down very close to the water (6c, no anchors). Continue traversing right until you reach a double vertical crack.

Traverse close to the water (6c) to reach easy terrain. Follow the anchors up a ledge and then either continue along the next traverses or come back (climb or swim).

TOPOGRAPHIE TRAVERSÉE SOUS LA BORA-BORA

12.2 Traversée Un monde presque parfait

GPS : 43.203882, 5.453437

Orientation : Nord-Est

Hauteur maximum : 10 m

Niveau de difficultés : 6c max
Exposition max : S2

Vent et houle : sensible

PRÉSENTATION

Cette ligne permet de relier en mode deep water soloing les traversées « Bora-Bora » et « Ivan - Super Trempe ». Cette traversée se parcourt au plus près de l'eau (variante plus facile dans la partie de gauche qui remonte pour suivre une fissure horizontale, exposition S2). La partie la plus difficile se trouve à gauche (jonction avec Super Trempe) et propose une escalade technique de niveau 6c. Première ascension connue en solo : Pierre Chauvin dans les années 2000.

ACCÈS

Cette traversée est accessible après avoir escaladé l'une ou l'autre des traversées « Bora-Bora » ou « Ivan - Super Trempe »

This line is an obvious connection between the Bora-Bora and Super Trempe - Ivan traverses. It requires climbing a 6c technical section.
Access: this traverse can be accessed via the Bora-Bora or Super Trempe - Ivan traverses, or after a long swim...

Gaspard le long de Super Trempe © Olivier Leroy

TOPOGRAPHIE TRAVERSÉE UN MONDE PRESQUE PARFAIT

12.3 Traversées Ivan et Super Trempe

GPS : 43.205998, 5.449531

Orientation : Nord-Est

Hauteur maximum : 15 m

Niveau de difficultés : 7a max (variantes 7b)
Exposition max : S2

Vent et houle : sensible

PRÉSENTATION

Les « trav » Ivan et Super Trempe se combinent au départ du Col du Renard. Elles ont été découvertes respectivement en 1977 par Barney Vaucher et Jean-Louis Fenouil puis en 1981 par Christian Avit, Jean-Louis Fenouil, Alain Jamin. Les amis grimpaient en solo au-dessus de l'eau pour le plaisir et se reposaient sur leur crochet fifi lorsqu'ils étaient à bout de forces ! Cette traversée peut se combiner idéalement avec « Un mode presque parfait » et la « Bora-Bora ». Premières ascensions connues en solo : Barney Vaucher en 1977 pour la traversée Ivan, puis Jean-Louis Fenouil, Christian Avit et Alain Jamin en 1981 pour Super Trempe.

ACCÈS PÉDESTRE (+ 15 MINUTES)

Du port de Morgiou, suivre l'ancien tracé noir n° 4 qui longe la rive droite de la calanque. Descendre par une sente marquée à la première crique évidente, en vue du cap Morgiou. Longer alors le bord de mer sur les rochers vers la droite pour rejoindre le départ de la traversée, à l'aplomb du Col du Renard.

PARCOURS NORD-SUD (LE PARCOURS SUIT GÉNÉRALEMENT L'ÉQUIPEMENT EN PLACE)

Démarrer par une section dans un mur vertical exposé que l'on gravit vers la gauche (5c, S2). Continuer au plus facile (4b) et rejoindre dans une crique un mur raide et athlétique que l'on traverse (6a+, variantes). La traversée monte et suit alors du terrain plus facile (5b), puis une section technique en 6a+ au plus près de l'eau pour contourner un bombement compact (une variante 6c au bord de l'eau existe aussi). Une partie très facile conduit à un large dévers. La suite au bord de l'eau est extrêmement difficile (estimée 7b-7b+) et peut s'éviter plus haut

juste au-dessus du dévers (5c, S2, > 10 m), sinon à la nage. Continuer ensuite au bord de l'eau, puis remonter un mur (5c) pour rejoindre une fissure à gauche sous un toit noir oblique (variante au bord de l'eau 7b). Traverser en descendant sous ce double toit en suivant l'équipement puis remonter vers l'angle des toits et traverser vers le toit suivant.

Un verrou à gauche proche de l'eau permet de sortir des toits (ensemble 6c). Une courte traversée rejoint une grotte plus loin (6a). Traverser cette conque en suivant les fissures horizontales (7a). Poursuivre au bord de l'eau sur 50 m (5c) jusque sous un grand dévers marron. Continuer à grimper vers le large dièdre (6b puis 5c). Ce large dièdre sombre marque l'échappatoire qui rejoint le départ de la Marie-Jacqueline (5b, S3, 30 m ; non recommandé).

Il est possible de continuer par la traversée au ras de l'eau sous la « Marie-Jacqueline » (voir la traversée « Un Monde Presque Parfait ») pour rejoindre la « Bora-Bora » (6c max).

These two traverses combine very well from the Col du Renard access. They were first climbed between 1977 and 1981. Back then, climbers used to solo the line wearing their harness, and hang on their skyhook when they were exhausted! This long traverse can be continued along the two other El Cap traverses.

Pedestrian access (+ 15 minutes from Morgiou) : from the port of Morgiou, follow the shore on the right along the black marks. As soon as you spot the Cap Morgiou cape, walk down to a creek along a smaller trail. Walk along the shoreline on rocks to reach the beginning of the climbing traverse (below the Col du Renard pass).

Itinerary (north to south ; mainly follows the fixed equipment) : begin with an exposed traverse on a vertical wall (5c, S2), and continue on easy rock (4b) to a steep wall. Traverse this athletic section (6a+), and then traverse some easier climbing (5b). The traverse then goes down very close to the water to go round a steep spur (a difficult alternative is possible underneath close to the water, 6c). Some very easy scrambling leads to a large overhang section. The traverse close to the water is very difficult (7b+), and can be avoided above the roof (5c, S2 ; > 10 m) or in the water! Continue the traverse close to the water and climb up toward a large crack and the roof (5c ; 7b if you stay close to the water). Climb below this double roof and exit the section with a long and strenuous climb (6c). A short traverse (6a) brings you to another roof (7a section). The traverse then offers some 5c climbing, with one 6b section below large overhangs. The large shaded corner is the end of this traverse and an escape route (5b, S3, 30 m ; not recommended). The DWS traverse continues towards the east along the Monde Presque Parfait and Bora-Bora traverses.

TOPOGRAPHIE TRAVERSÉE IVAN ET SUPER TREMPE DROITE

TOPOGRAPHIE TRAVERSÉE IVAN ET SUPER TREMPE GAUCHE

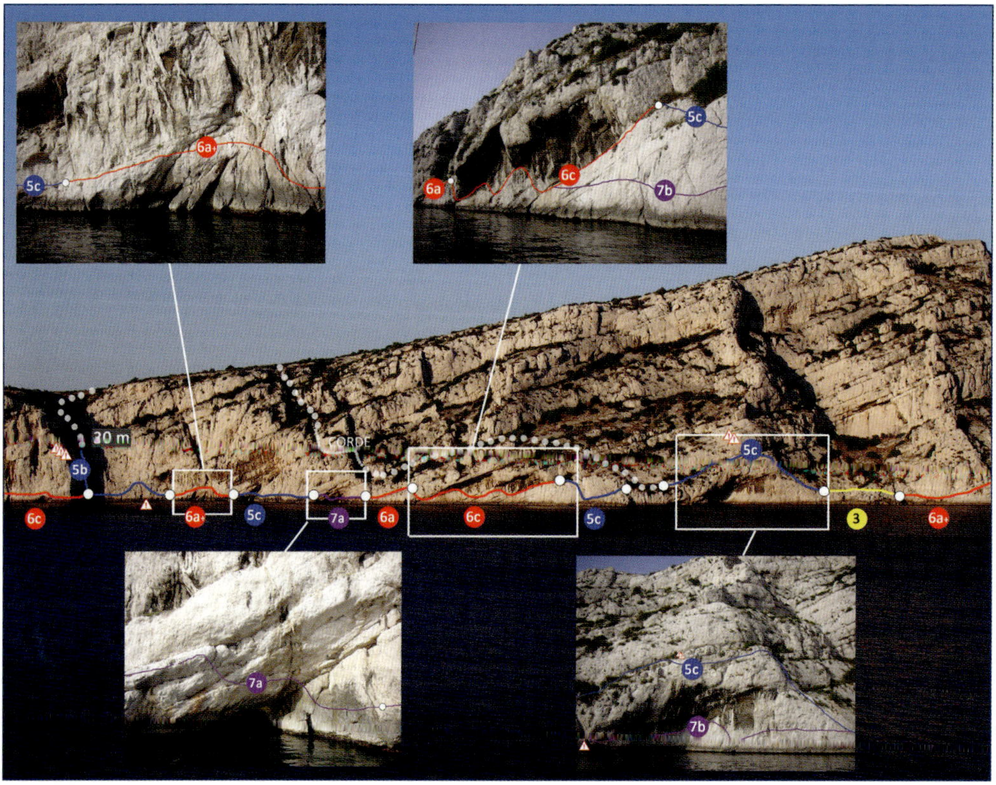

En Vau © Nicholas Armstrong

MASSIF DES CALANQUES

CANDELLE

Le sommet de la Grande Candelle surplombe ici plusieurs spots de Deep Water Soloing, incluant des îlots, des traversées et de belles grottes. Certains secteurs se situent loin des foules et des touristes, et donc proposent de l'escalade maritime dans un cadre sauvage et calme. Merci de respecter la quiétude de ces lieux reculés. Ne prenez pas exemple sur les touristes bruyants qui descendent à la calanque de Sugiton en tongs !!

INFOS PRATIQUES

Rocher : Calcaire
Commodités : Luminy (snacks et robinet d'eau potable)
Propriétaires : les calanques de Sugiton et des Pierres Tombées appartiennent à la mairie de Marseille ; les terrains à l'Est des Pierres Tombées sont la propriété de l'Office National des Forêts (ONF) ; le littoral à l'Ouest de Sugiton appartient au Département.

RÉGLEMENTATIONS

• Préfecture des Bouches du Rhône : Durant la saison estivale de juin à septembre, la Préfecture des Bouches du Rhône régule les accès aux massifs forestiers selon le risque incendie (périodes sèches et par fort vent). Il est donc important de consulter les autorisations d'accès aux massifs, disponibles sur le site internet de la préfecture des Bouches du Rhône, sur www.myprovence.fr/enviedebalade et sur l'application smartphone Mes Calanques.

PARKING

Depuis le centre-ville de Marseille rejoindre Luminy au sud (suivre les panneaux Mazargues puis Université de Luminy). Se garer sur le parking public à l'entrée de l'université (GPS = "43.230652, 5.436625" ; Plus Code Google Maps = "6CJP+7J Marseille").

TRANSPORTS EN COMMUN

Rejoindre Luminy en bus suivant la ligne 24 (depuis le métro Sainte-Marguerite) ou la ligne 21 (depuis la place Castellane).

The DWS spots presented in this area are located just below the iconic Grande Candelle summit, either in areas packed with tourists or more pleasant remote places. Please respect the tranquillity of these spots as much as possible! Do not imitate tourists... The prefecture of Bouches du Rhône regulates access to this area during periods of severe drought and strong wind (fire risk). Check access details on www.myprovence.fr/enviedebalade before setting out. There is a water tap and a snack bar in Luminy. Car park: from the center of Marseille, drive south to Luminy (follow the signs to Université de Luminy). Park your car at the entrance of the university (GPS = "43.230652, 5.436625"). Public transport: it is recommended to go to Luminy by bus on the RTM lines 21 (from Castellane) or 24 (from Sainte-Marguerite).

VOIES RÉFÉRENCÉES

Secteur	4a-4c	5a-5c	6a-6c+	7a-8a	8b-8a	Exposition
Sugiton	1	7	8	1	-	SO-S2
Œil de Verre	-	4	17	7	-	SO-S2

CARTE DE CANDELLE

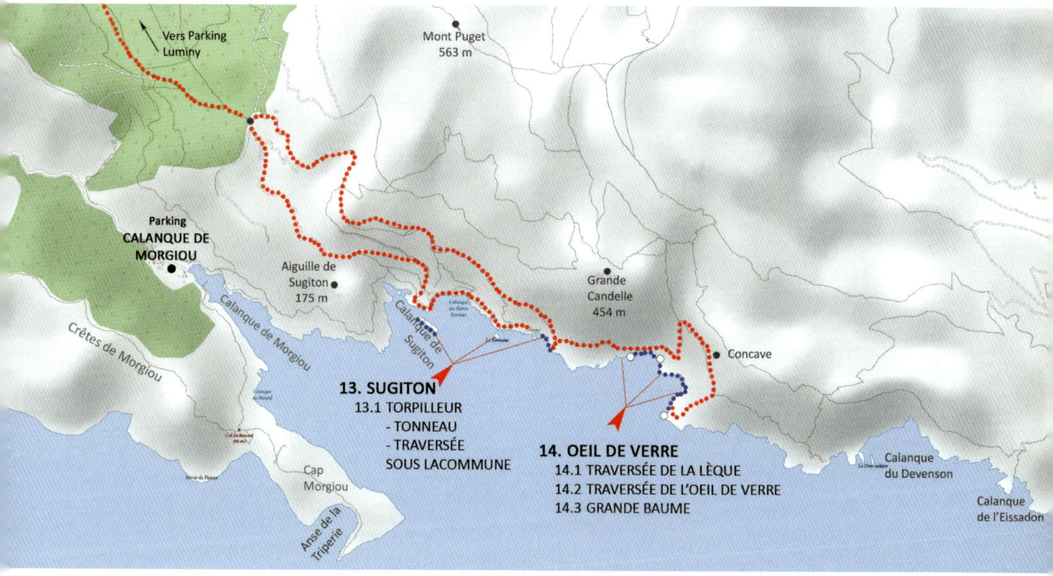

13 Calanque de Sugiton

© Benoît Vion-Dury

PRÉSENTATION

Sugiton est l'une des calanques les plus visitées dans le massif après En Vau. De ce fait, en période estivale, les abords de la calanque sont pris d'assaut mais cela n'enlève rien au charme de ce vallon et de son littoral escarpé. La calanque de Sugiton est idéale pour découvrir l'activité et propose de nombreuses possibilités d'escalade facile au bord de l'eau à partir de la plage (attention néanmoins aux chutes sur les rochers). À l'Ouest de la calanque, le contrefort de l'Aiguille de Sugiton propose une falaise raide et compacte réservée aux forts grimpeurs (traversée de niveau 6c ou 7b selon la hauteur; première ascension en solo connue : Patrick Edlinger et Norbert Apicella en 1980-1981). Plus intéressant et varié, le Torpilleur offre plusieurs lignes de niveaux intermédiaires. Plus loin, le secteur du Tonneau et la traversée sauvage « Sous la Commune » seront réservés aux plus aventuriers.

ACCÈS PÉDESTRE (+ 45 MINUTES)

Du parking de Luminy, emprunter le large chemin vers le Sud qui rejoint le Col de Sugiton (tracé bleu n° 6). Suivre ensuite un sentier à droite qui descend dans le vallon de Sugiton (tracé rouge pointillé n°6b). Ce sentier rejoint un chemin en béton que l'on suit

Le Torpilleur © Nicholas Armstrong

jusqu'à une esplanade sous un grand pin. Le sentier rejoint la calanque en contrebas en suivant un cheminement balisé, afin de limiter la dégradation des habitats naturels. Pour atteindre le fond de la calanque, traverser à droite au-dessus du rivage (balisage rouge).

Sugiton is the second most visited calanque after En Vau. During the summer, the rocky shores are packed with tourists but even they don't manage to alter the charm of this place. This calanque is a perfect place to begin practicing DWS, along easy traverses from the beach. To the west, a steep cliff offers strenuous climbing (the traverse is graded 6c or 7b depending on the route and height). To the south, the Torpilleur island offers some interesting and intermediate DWS lines. Further to the east, the Tonneau and Sous la Commune spots await the most adventurous climbers.

Pedestrian access (45 minutes): from Luminy, walk towards the south on a large track to the Col de Sugiton pass (blue marks). Then, follow a trail on the right going down into the Sugiton valley (red dotted marks). Follow the concrete track down to an esplanade with a large pine tree. The trail continues on the left down to the calanque of Sugiton. To reach the beach, go round the calanque following the red marks.

13.1 Torpilleur

GPS : 43.210450, 5.456518

Orientation : Sud-Ouest

Hauteur maximum : 13 m

Niveau de difficultés : 5a-6c+

Vent et houle : sensible

PRÉSENTATION

Le Torpilleur, également dénommé Galère sur de vieilles cartes, est un îlot très apprécié des plongeurs, grimpeurs et touristes. Il est littéralement pris d'assaut à la belle saison ! Cette étrave de roc attire inévitablement l'œil du randonneur qui se promène sur la côte. Une courte approche à la nage est nécessaire pour prendre place à bord du vaisseau. Au programme : traversées techniques ensoleillées, quelques lignes verticales engagées et des sauts jusqu'à plus de 15 m de hauteur. Les traversées les plus faciles démarrent en face Nord-Est et se dirigent vers les extrémités de l'îlot (niveau 5a). Premières ascensions connues en solo : Jean-Louis Fenouil et ses amis dès 1975, puis la Team Beal dans les années 1980 (Lynn Hill, Patrick Edlinger, Nanette Raybaud...).

ACCÈS PÉDESTRE (+ 5 MINUTES)

De la calanque de Sugiton, suivre un sentier vers l'Est qui rejoint la calanque des Pierres Tombées (aucun balisage, passages exposés). Le Torpilleur se trouve en face de la pointe du rivage. Traverser à la nage 20 m vers le Sud pour rejoindre l'îlot.

The Torpilleur rock was named because of its torpedo boat shape. You cannot miss it! And it is assaulted during the summer! À short swim is necessary to reach the vessel. This small island offers some great technical traverses and a few vertical lines. Some easy traverses start from the north-east face and go round the extreme tips (5a).

Pedestrian access (+ 5 minutes): from the calanque of Sugiton, follow a path towards the east to the calanque of Pierres Tombées (no marks, exposed passage). Torpilleur is located in front of the shore. À 20 m swim is necessary to reach the island.

Laurène et Simon, Traversée 5c © Nicholas Armstrong

TOPOGRAPHIE DU TORPILLEUR

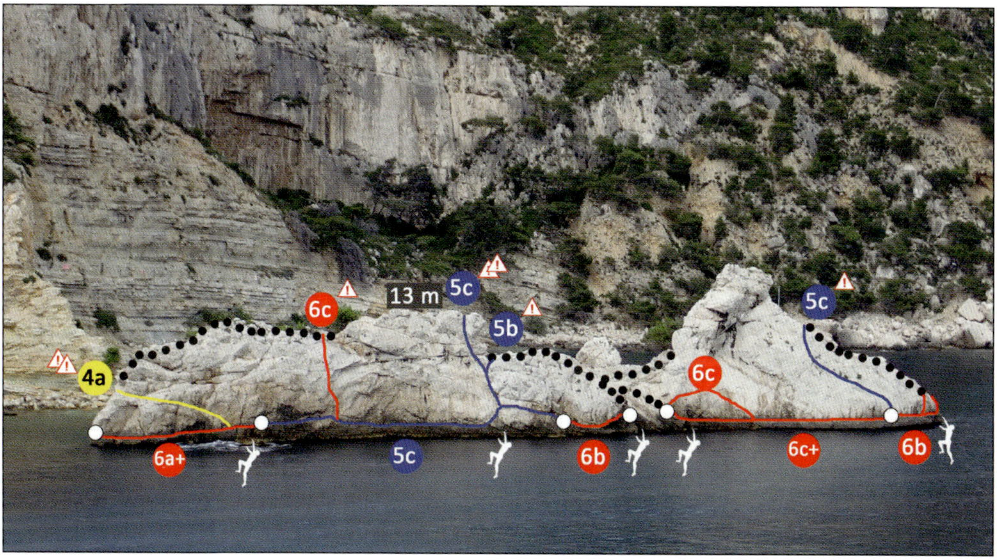

13.2 Tonneau

GPS : 43.209928, 5.460371

Orientation : Toutes

Hauteur maximum : 10 m

Niveau de difficultés : 5-6

Vent et houle : sensible

PRÉSENTATION

Le Tonneau est un large bloc carré posé dans l'eau. Il provient sans nul doute du couloir du Candellon à l'Ouest de la Grande Candelle et se situe sur le front d'un large cône de déjection rocheux. Ses quatre faces proposent une petite traversée sympathique de niveau 5c à explorer à l'écart des foules. Quelques variantes plus difficiles sont aussi envisageables. **Et attention au rocher friable par endroits, ainsi qu'à une zone exposée en face Est (bloc de rocher affleurant).**

ACCÈS PÉDESTRE (+ 10 MINUTES)

De la calanque de Sugiton, suivre un sentier vers l'Est qui rejoint la calanque des Pierres Tombées (aucun balisage, passages exposés). Suivre le bord de la plage naturiste et rejoindre un amas de gros blocs rocheux à l'Est. Le Tonneau se trouve immergé dans la mer au Sud. Traverser à la nage 10 m pour rejoindre l'îlot.

The Tonneau large boulder is easy to spot close to the shore. Its four faces offer a pleasant traverse far from crowds, although the quality of climbing is not that good. **Beware of the fragile rock and an exposed zone along the east face.**

Pedestrian access (+ 10 minutes) : from Sugiton, follow the coast towards the east (no marks, exposed passages). Go past the nudist beach of Pierres Tombées calanque until you reach some large boulders to the east. The Tonneau boulder is partially immersed in the sea to the south of the shore. Swim 10 metres to get to the islet.

Chaos de blocs sous la Candelle © Olivier du Chastel

13.3 Sous la Commune

GPS : 43.209301, 5.463248

Orientation : Sud-Ouest

Hauteur maximum : 10 m

Niveau de difficultés : 6c max
Exposition max : S2

Vent et houle : sensible

PRÉSENTATION

Cette traversée relie la calanque des Pierres Tombées à la Lèque. Elle propose une escalade soutenue face au large et donc un bon défi en DWS. Elle emprunte quelques parties de la classique Traversée de la Commune ouverte en 1978 par Marc Chevalier et Barney Vaucher. Premières ascensions connues en solo : Barney Vaucher dans les années 80, puis Henri Michel Vincens en 1998 (en partie).

ACCÈS PÉDESTRE (+ 15 MINUTES)

Rejoindre le secteur du Tonneau puis continuer jusqu'à l'extrémité Est de cette étendue de larges blocs. Il est aussi possible de rejoindre La Lèque et de parcourir cette traversée dans l'autre sens (voir secteur suivant).

PARCOURS (SENS OUEST-EST)

Depuis de larges blocs immergés, prendre pied sur la falaise et traverser au bord de l'eau vers un pilier à droite. Contourner ce piler (6a+) puis continuer au plus facile. Traverser alors vers l'Est en suivant les zones de faiblesse. Quelques sections trop difficiles peuvent s'éviter à la nage. Continuer la traversée soutenue jusqu'à l'esplanade rocheuse de la Lèque.

RETOUR

Depuis la large esplanade de rocher de la Lèque, remonter vers l'ancien sentier rouge que l'on suit vers l'Ouest pour revenir au col de Sugiton. Pour se faire, depuis l'extrémité Ouest de cette esplanade, grimper un verrou rocheux facile (ancrages) puis suivre un sentier vers la gauche.

Fabien dans la Traversée de la Commune © Olivier du Chastel

This traverse connects the Pierres Tombées calanque to the Lèque area. The climbing is strenuous, and this is a good DWS challenge. It follows some sections of the classic multi pitch traverse called Traversée de la Commune.

Pedestrian access (+ 15 minutes) : go to the Tonneau sector and then continue walking along the shore to the east. It is also possible to walk to the Lèque sector and climb in the opposite direction.

Itinerary (west to east) : from the immerged boulders, step onto the cliff and go round a pillar close to the water (6a+). Traverse to the east along the easy rock features. Some difficult sections can be avoided with a swim. The traverse continues until you can reach the large Lèque rock platform.

Return : from the large platform, climb up a short rock passage on the left (anchors), and then walk up the path toward the main trail (red marks). Follow this trail to the west (left) towards the Col de Sugiton pass.

MASSIF DES CALANQUES

CANDELLE

14 Calanque de l'Œil de Verre

La calanque de l'Œil de Verre propose une large panoplie d'itinéraires à l'écart des foules dans un cadre fantastique : traversées, lignes verticales, murs, devers… Premières ascensions connues en solo : Jean-Louis Fenouil et ses amis dès 1978.

The Oeil de Verre calanque offers a variety of DWS lines far from crowds and in an amazing setting: traverses, vertical routes, walls, overhangs…

La Lèque et la Calanque de l'Œil de Verre sous la Concave © Nicholas Armstrong

14.1 Traversée de la Lèque

GPS : 43.208934, 5.467264

Orientation : Sud

Hauteur maximum : 8 m

Niveau de difficultés : 6c max
Exposition max : S2

Vent et houle : sensible

PRÉSENTATION

Cette petite traversée est idéale pour profiter de ce lieu très ensoleillé et profiter du calme qui y règne. **Attention cependant à l'exposition importante sur certaines sections (S1-S2).** Du coup, ce secteur porte bien son nom car le mot provençal *léque* serait associé à la notion de piège en général ou de traquenard... Pensez à bien respecter la quiétude des plages de rocher blanc de la Lèque. Ce lieu est caractérisé par les immenses blocs de calcaires posés sur la terrasse rocheuse.

Premières ascensions connues en solo : Martine Broche, Nicolas De Barbarin et leurs amis au début des années 1980.

ACCÈS PÉDESTRE (+ 50 MINUTES)

Du parking de Luminy, emprunter le large chemin vers le Sud qui rejoint le Col de Sugiton (tracé bleu n° 6). Continuer tout droit sur un chemin (tracés vert n° 6 et GR 98), passer un grand vallon et continuer tout droit jusqu'à une barrière (ne pas monter à gauche). Poursuivre sur un large sentier en direction du Socle de la Candelle (ancien tracé rouge n° 6). Sous la large paroi rocheuse du Socle de la Candelle, suivre un sentier à droite qui descend légèrement (aucun balisage, après un arbre couché sur le sentier principal). Rejoindre la mer par un passage d'escalade facile mais exposé (corde utile) avec quelques goujons en place. Traverser la large esplanade rocheuse de la Lèque vers l'Est pour rejoindre la traversée

PARCOURS (OUEST-EST)

À l'Est des énormes blocs rocheux, grimper en traversée au-dessus de l'eau au plus facile, sous une vire évidente. Il est possible à tous moments de sortir sur cette vire (sorties souvent exposées) pour éviter les sections les plus délicates. La traversée se poursuit jusqu'à la crique de l'Œil de Verre (passage 6c dans une grotte qui peut s'éviter à la nage).

RETOUR

À pied tout le long de la partie Ouest par la vire juste au-dessus; sinon depuis la calanque de l'Œil de Verre (crique encombrée de blocs rocheux), remonter vers le sentier (ancien tracé rouge) et le suivre vers l'Ouest pour rejoindre l'itinéraire d'accès.

This short traverse provides a perfect reason to enjoy this sunny spot and appreciate the tranquility of the area. **Nevertheless, beware of some exposed sections along this route (S1-S2).** The provencal name "lèque" refers to a trap, so be careful! And please respect the tranquility of this special spot.

Pedestrian access (50 minutes): from Luminy, walk towards the south on a large track to the Col de Sugiton pass (blue marks). Then, follow another track in front (green and red/white marks). Go past a wide bend and keep walking until you reach a gate. Walk down a large trail towards the Socle de la Candelle large cliffs (old red marks). Below the first cliffs, follow a small trail going slightly down to the right (no marks, just after a dead tree on the main trail). Climb down an easy rock section (rope is useful, several anchors) and walk across the large rock terrace to the east.

Itinerary (west to east): east from the large boulders on the terrace, climb above the water under a ledge. It is possible to climb out onto this ledge (often exposed) if you want to avoid difficult sections. Traverse to the right until you reach the calanque of Oeil de Verre after a 6c move in a cave (you can avoid this by swimming).

Return: by foot along the ledge for the west side of the traverse; otherwise from the end of the traverse in the calanque of Oeil de Verre, walk up to the main trail (old red marks) to the west. Come back to the Lèque area along the access trail.

Nicholas sous l'Œil de Verre © Olivier du Chastel

TOPOGRAPHIE DE LA TRAVERSÉE DE LA LÈQUE GAUCHE

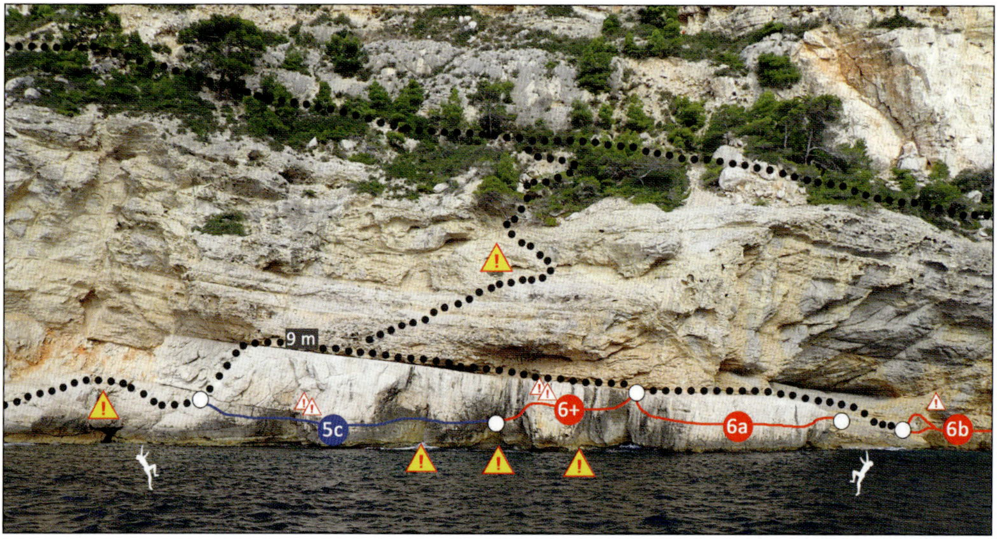

TOPOGRAPHIE DE LA TRAVERSÉE DE LA LÈQUE DROITE

14.2 Traversée de l'Œil de Verre

GPS : 43.208271, 5.469408

Orientation : Sud à Ouest

Hauteur maximum : 10 m

Niveau de difficultés : 6c max

Vent et houle : sensible

PRÉSENTATION

Cette longue traversée permet de découvrir la calanque de l'Œil de Verre (aussi appelée Saint-Jean de Dieu) et de parcourir ses deux grandes baumes. Les difficultés sont concentrées principalement dans les grottes. Cet itinéraire a été grimpé au fil des années par de nombreux grimpeurs à la recherche d'évasion et de quiétude. À droite de la grande baume, l'ancienne traversée de l'Envers du Vieux Poque (Monnereau-Monti-Vingut en 1984) propose une belle escalade en 5c jusqu'à la pointe rocheuse face au large.

Ce secteur était déjà présenté dans les anciens topos d'escalade d'Alexis Lucchesi. Premières ascensions connues en solo (en partie) : Henri Michel Vincens en 1994.

ACCÈS PÉDESTRE (50 MINUTES)

Suivre l'accès au secteur « Traversée de la Lèque » jusque sous le Socle de la Candelle. Longer la base de cette large falaise (ancien tracé rouge) et poursuivre sur le sentier jusqu'à ce qu'il monte vers le Pas de l'Œil de Verre (passage exposé équipé de chaînes - corde utile). Avant cette montée, descendre à la mer dans une crique encombrée de blocs rocheux qui marque le départ de la traversée.

RETOUR

À la fin de la traversée après les deux baumes de l'Œil de Verre, remonter depuis la pointe jusqu'au sentier vert sous la Concave (sente). Suivre le sentier d'accès du secteur « Grande Baume » en sens inverse.

CURIOSITÉS

La longue traversée du Vieux Phoque explore le littoral sauvage entre les calanques de l'Œil de Verre et du Devenson, en passant successivement par l'Anse des Enfers, le Cap du Devenson et l'Anse de la Baume.

Depuis cette dernière anse (entre l'aiguille du Devenson et l'îlot du Dromadaire), le retour s'effectue par un large couloir puis le tracé vert en direction de l'Ouest pour rejoindre la Concave et le sentier d'accès. Cet itinéraire a été parcouru pour la première fois par Barney Vaucher et Jean-Marie Ricciardi en 1975. Il se combine très bien en DWS avec les traversées précédentes depuis la calanque de l'Œil de Verre. Cette voie est très appréciée par les grimpeurs alpinistes à la recherche de longs itinéraires très engagés. Son accès s'effectue suivant l'approche du secteur Grande Baume. Premières ascensions connues en solo : Barney Vaucher.

This long traverse is a good way to explore the isolated calanque of Oeil de Verre, and the climb inside its two large caves. The main difficulties are encountered in the caves. In order to escape civilization, nature lovers have always been keen to climb this traverse. On the right side of the largest cave, an old 5c traverse continues to the nearby peninsula.

Pedestrian access (50 minutes) : follow the access to the Lèque sector until you reach the base of the large Socle de la Candelle cliffs. Follow the foot of these cliffs to the east (old red marks) and then follow the trail upwards to the Oeil de Verre rock passage (exposed; fixed chains, rope can be useful). Before the trail climbs, you can reach the sea through a cove filled with boulders. The traverse begins here.

Return : at the end of the traverse after the two large caves, follow the access to the "Grande Baume" sector in the other direction : from the peninsula climb up to the main trail below the large Concave cliff (follow the crest).

© Olivier Leroy

Belle envolée en 7a+, Grande Baume © Olivier Leroy

14.3 Grande Baume

GPS : 43.207299, 5.470187

Orientation : Nord-Ouest

Hauteur maximum : 19 m

Niveau de difficultés : 5b-7b

Vent et houle : sensible au mistral

PRÉSENTATION

Cette zone particulièrement calme est composée de deux baumes (grottes en provençal) reliées entre elles par des traversées. Les deux grottes proposent des envolées athlétiques et déversantes à plus de 15 m de hauteur. Mais avant tout, il va falloir randonner plus d'1 h 30 pour rejoindre ce secteur éloigné ! Seule la grande baume est détaillée ici. À noter que cette dernière reste ombragée une bonne partie de la journée. Ce spot est présenté dans les guides d'escalade depuis 2011 et plusieurs groupes de grimpeurs se sont succédé pour exploiter et topographier cette grotte ces dernières années. Premières ascensions en solo : Henri Michel Vincens est sûrement l'un des premiers en 1994 (traversée), puis Sébastien Batel et ses amis dans les années 2000 sont vraisemblablement les premiers à avoir gravi les lignes verticales.

ACCÈS PÉDESTRE (1 H45 ; NOTIONS D'ORIENTATIONS NÉCESSAIRES)

Suivre l'accès au secteur « Traversée de la Lèque » jusque sous le Socle de la Candelle. Longer la base de cette large falaise et poursuivre sur le sentier qui monte jusqu'au Pas de l'Œil de Verre (passage exposé équipé de chaînes - corde utile). 50 mètres après ce passage, suivre à droite un sentier (balisage grimpeurs bleus, ancien tracé vert) qui passe sous la Concave et rejoint une crête peu marquée (virage à angle droit du sentier). Descendre à droite le long du flanc gauche de cette crête évasée (sente). Après plusieurs passages de ressauts et couloirs, la sente rejoint la mer au niveau du départ de la Traversée du Vieux Phoque (quasiment au bout de cette pointe de terre). Passer un collet à droite puis rejoindre la calanque de l'Œil de Verre. Suivre une sente qui descend une rampe broussailleuse pour rejoindre le rivage.

TOPOGRAPHIE GRANDE BAUME

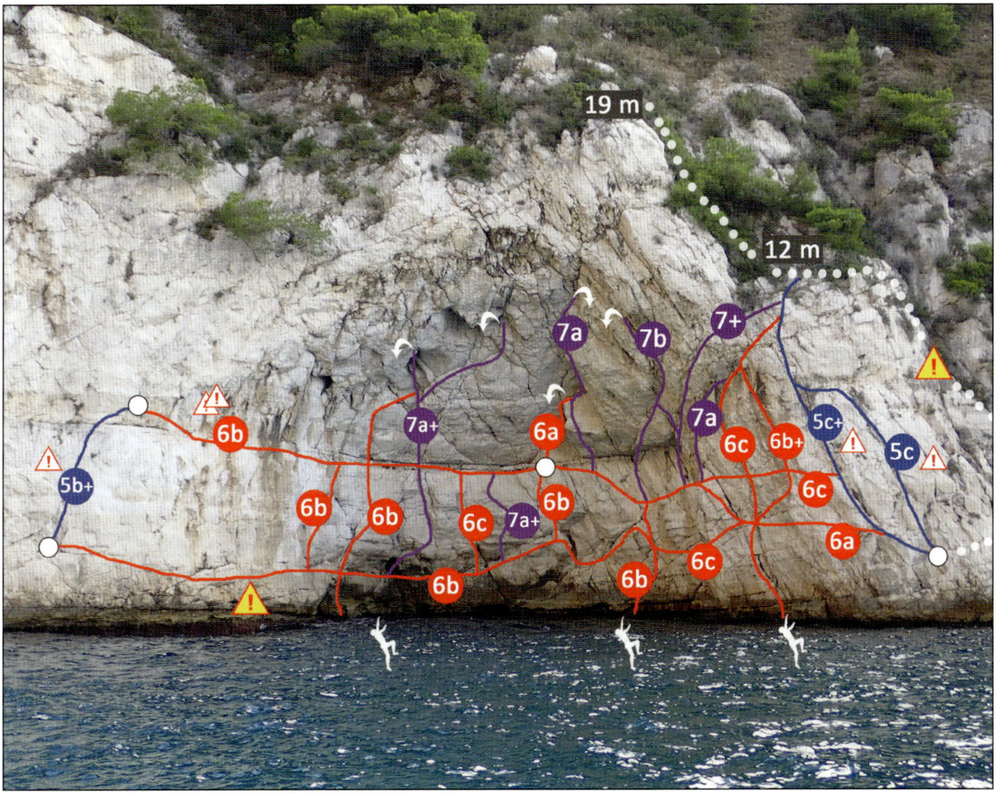

CURIOSITÉS

Plus à l'Est, le littoral devient plus sauvage car éloigné des routes et bordé de très hautes falaises. Quelques passages et sentiers souvent raides et dangereux permettent de rejoindre le rivage et de notamment aller pratiquer le DWS. Après une très longue approche pédestre, vous pourrez apprécier le rocher du Dromadaire à la Calanque du Devenson ou encore les falaises sculptées et croustillantes sous la Tour Save (sous la grande voie de la Coryphène). Vous pourrez aussi découvrir la calanque de l'Eissadon et surtout son aiguille qui propose quelques itinéraires de DWS intéressants (tour de l'aiguille et traversée de son chenal). Une approche en bateau est très appréciable pour ces spots reculés.

This tranquil area is characterised by two large caves connected by traverses. Both caves offer athletic DWS high above the water (> 15 meters). But first of all, you have to walk more than 1 hour and a half to get there! The larger cave is the only one presented here. It is in the shade most of the day.

Pedestrian access (1 hour 45 minutes; good sense of direction is required!): follow the access to the Lèque sector to the foot of the large Socle de la Candelle cliffs. Follow the foot of these cliffs to the east (old red marks) and then follow the trail up to the Oeil de Verre rock passage (exposed; fixed chains, rope can be useful). 50 meters after this passage, take a small trail on the right a small trail that goes under the large Concave cliff (blue climbers and old green marks). Further on, the trail turns sharply to the left on a slightly pronounced crest. From this point, walk down to the right, along the left side of the crest. After a few gullies and small rock sections, you reach the shore. Go over a small pass on the right and then walk down to the calanque along a brush covered ramp.

©Jan Novak

7a+ © Jan Novak

Le mot de Jean-Louis Fenouil, grimpeur-équipeur-topographe passionné par les Calanques

À Marseille, tout comme à Canaille ou Toulon, les « Trav » ont été depuis longtemps une habitude et une tradition. Sans doute, la mythique Gary Hemming, la plus célèbre de toute, ouverte en juin 1963 par l'illustre « américain » y est pour quelque chose. Ce qui deviendra une activité à part entière, le razo ou le deep water soloing, s'appelait alors simplement « les Trav' ». Pour nous, on allait faire des Trav', et on prenait ça plus comme un gag que vraiment comme de l'escalade à part entière.

Ici en plein été, et même souvent dès le mois de juin, il fait bien trop chaud pour grimper ! Surtout lorsqu'on a la chance d'avoir toujours eu un bateau. Depuis mon petit voilier nous jouions depuis un long moment au rase rocher pour dénicher de nouveaux parcours d'escalade au ras de l'eau. En maillot et chaussons d'escalade à portée de main, nous scrutions les falaises inaccessibles par la terre pour y dénicher de petites perles de grimpe aquatiques, souvent fort arrosées... Lorsque le spot était trouvé, je mouillais le voilier au plus facile, et nous sautions dans la petite annexe pour envisager un débarquement aussi sec que possible.

Selon la difficulté envisagée et surtout selon la possibilité de remonter (ou pas sur) le rocher une fois tombés, nous enfilions un baudrier avec une longe d'1,5 m reliée à un crochet à goutte d'eau. Ce bricolage nous permettait quand le rocher s'y prêtait de pouvoir placer un crochet sans le perdre et nous y suspendre grâce au fifi que nous mettions sur le pontet. Nous pouvions alors prendre des repos et économiser nos bras sans prendre trop de bains forcés. Ce stratagème nous permettait de parcourir rapidement de longues distances au ras de l'eau.

C'est ainsi que, dès 1974, nous avons pu découvrir une très large part des falaises essentiellement entre Port-Miou (le lieu de mouillage de mon voilier, après celui du port de Morgiou) et la calanque de Sormiou. Plus loin vers Marseille, les rejets de l'égout de Cortiou, qui sortaient de manière fétide et continue, nous dissuadaient de ce genre d'acrobatie... Lorsqu'après un coup de Mistral, l'eau devenait brutalement trop froide, où que les bancs de méduse aussi violettes qu'urticantes dérivaient en nombre sous nos chaussons, nous ajoutions à notre équipement un shorty de planche à voile, qui nous garantissait une chute moins saisissante et une protection contre les brûlures de méduses. Certains lieux nous plaisaient plus que d'autres, et nous y passions beaucoup de temps.

La Calanque de Port-Miou, de l'Oule, de l'Œil de Verre ou celle du Devenson ou encore de Morgiou, nous étaient particulièrement familières. La diversité de la grimpe, le cadre sauvage ou simplement la facilité de mouillage du bateau y étaient pour beaucoup. Ainsi les traversées sous la Coryphène qui sont devenues les premières longueurs de la Mémoire de nos Enfants, ou la traversée Super Trempe, rééquipée en El Cap nous ont amené de bons fous rires et pas mal de bains. L'îlot du Dromadaire ou celui du Torpilleur à Sugiton nous ont aussi occupés de longues journées chaudes.

Pour Super Trempe au cap Morgiou, lassés par les trop nombreux bains de certains passages impossibles à enchaîner pour nous, nous avions même inventé le forage de points de repos depuis un flotteur de planche à voile ! À genoux sur la planche, dérive en guise de pagaie, nous allions contre les rochers (l'ancêtre du stand up paddle en quelque sorte...). Munis d'un marteau et d'un tamponnoir, nous nous mettions debout sur le flotteur, l'un se tenant au rocher pour tant bien que mal stabiliser l'ensemble, et l'autre faisant soit un discret crochet foré, soit tapant un plomb avec un petit câble inox dans une fissure bouchée, comme cela se faisait à l'époque dans certaines voies d'artif. Le fou rire était d'ailleurs plus garanti que le passage en escalade !!

Voilà donc en quelques mots, dans les années 75 à 80, les prémices d'une activité qui avant de devenir un sport à part entière, était surtout un prétexte aux rires entre potes et aux bains forcés.

Jean-Louis

MASSIF DES CALANQUES

Cassis

La zone de Cassis, située à une vingtaine de kilomètres de Marseille, propose de nombreux secteurs d'accès facile et pour la plupart offrant de la très belle escalade sur des falaises entre 10 et 20 mètres de hauteur environ. Les plus hautes falaises sont destinées aux grimpeurs les plus expérimentés, cependant chaque secteur inclut des lignes faciles pour ceux qui découvrent la discipline. Partez donc à l'assaut de ces calanques parmi les plus belles du massif et par conséquent les plus touristiques :

- La Presqu'île (Cap Câble) avec sa Plage Bleue : des roches plates et blanches avec de l'eau bleue sur fond de Cap Canaille brun !
- Port-Miou, le « meilleur » port en provençal : de hautes falaises raides et compactes... qui proposent les meilleures lignes du coin !
- La Pointe de la Cacau, ou « cap chauve » (cap cau) en provençal : des lignes face au large qui décoiffent !
- En Vau, sûrement la plus belle calanque « dans la vallée » en provençal : un spot qui « en vaut » vraiment la peine !!

Cassis is located to the east of Marseille and offers many easy access spots with some great climbing. The higher cliffs, up to 10 to 20 meters, require some experience but each spot includes some easy lines for beginners. You absolutely need to plan a trip to this place located within some of the most beautiful calanques. Don't forget to check the fire risk in this mountain range between June and September. The prefecture of Bouches du Rhône regulates access to this area during periods of severe drought and strong wind (fire risk). Check this out on www.myprovence.fr/enviedebalade.

You can find some water and toilets at the Bestouan beach or in the center of Cassis. Go to the Presqu'ile peninsula and Port-Miou to find the closest restaurants or snack bars.

INFOS PRATIQUES

Rocher : Calcaire
Commodités : Presqu'île (restaurants la Brasserie du Tennis ou La Plage Bleue, www.restaurant-la-presquile.fr), calanque de Port-Miou (snack), Plage du Bestouan (eau potable, douches, toilettes, restaurants), centre-ville de Cassis (restaurants, toilettes).
Propriétaires : les terrains à l'Ouest de la plage d'En Vau sont la propriété de l'Office National des Forêts ; les terrains entre En Vau et Cassis appartiennent au Conservatoire du Littoral (sauf la rive gauche de Port-Miou, la Plage Bleue et celle du Bestouan qui appartiennent à la commune de Cassis).

RÉGLEMENTATIONS

• Préfecture des Bouches du Rhône : Durant la saison estivale de juin à septembre, la Préfecture des Bouches du Rhône régule les accès aux massifs forestiers selon le risque incendie (périodes sèches et par fort vent). Il est donc important de consulter les autorisations d'accès aux massifs, disponibles sur le site internet de la préfecture des Bouches du Rhône, sur www.myprovence.fr/envie-debalade et sur les applications smartphone Mes Calanques.

• Mairie de Cassis : arrêté municipal n° 761.2018 interdisant l'accès au sentier longeant le littoral Nord dans la calanque de Port-Miou, en direction de Port-Pin, pour risque de chutes des rochers.

PARKING

Dans Cassis, suivre les panneaux « Calanques » puis « Presqu'île ».

• Stationnement payant au parking de la Presqu'île (GPS = "43.207386, 5.519256"; Plus Code Google Maps = "6G49+XP Cassis"),

• Stationnement payant au parking de la Plage de Bestouan (GPS = "43.213119, 5.530606"; Plus Code Google Maps = "6G7J+57 Cassis").

TRANSPORTS EN COMMUN (VIVEMENT RECOMMANDÉ)

Se garer au parking relais gratuit des Gorguettes en dehors de Cassis. Emprunter la navette payante en direction de « Bestouan - Presqu'île - Calanques ». Selon le secteur visé, descendre à l'arrêt « Bestouan » ou « Calanques » (angle de l'Avenue Notre Dame et l'Avenue Bailli de Suffren) ou « Presqu'île » (angle de l'Avenue Notre Dame et Avenue Plage Bleue). Si vous arrivez à Cassis en train, depuis la gare, emprunter la navette Marcouline (ligne M1) jusqu'au centre-ville situé à 3,5 km au Sud.

Car park : from the center of Cassis, follow the signs to "Calanques" and then "Presqu'île". Park your car at the end of the peninsule (GPS = "43.207386, 5.519256"), or in front of the Bestouan beach (GPS = "43.213119, 5.530606"). Public transport : it is recommended to park your car at the toll free car park of Gorguettes outside Cassis. Then, take the public bus towards "Bestouan - Presqu'île - Calanques" and stop at "Bestouan" or "Calanques" (street corner between "Avenue Notre Dame" and "Avenue Bailli de Suffren") or "Presqu'île" (street corner between "Avenue Notre Dame" and "Avenue Plage Bleue"). If you go to Cassis by train, take the Marcouline bus from the train station to the city center.

VOIES RÉFÉRENCÉES

Secteur	4a-4c	5a-5c	6a-6c+	7a-8a	8b-8a	Exposition
En Vau	-	2	4	4	-	S0-S1
Pointe de la Cacau	-	2	9	2	-	S0-S3
Port-Miou	-	18	30	4	-	S0-S3
Cap Câble	1	27	27	2	-	S0-S3
Bestouan	-	-	4	1	-	S2-S3

CARTE DE LA ZONE CASSIS

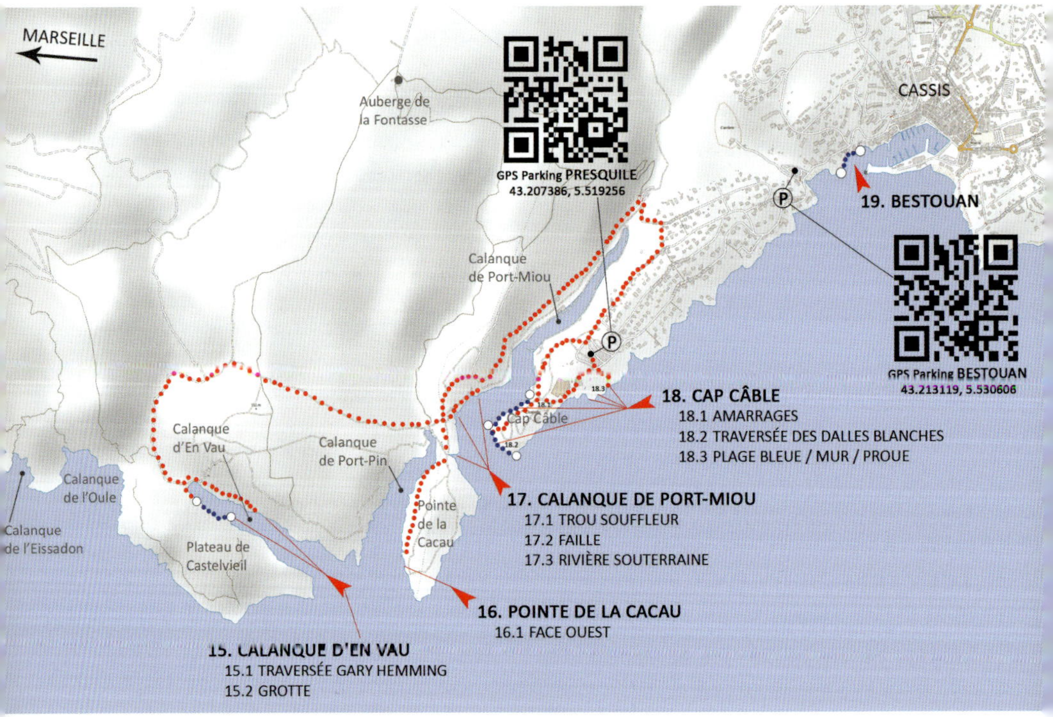

15.1 Traversée Gary Hemming (Rive droite)

GPS : 43.201673, 5.498719

Orientation : Nord-Est

Hauteur maximum : 4 m

Niveau de difficultés : 6c max

Vent et houle : protégé

PRÉSENTATION

Cette ligne est la plus célèbre traversée en solo au-dessus de l'eau du massif des Calanques. Et pour cause, elle date des années 1964-1965, avant le sauvetage des Drus en 1966 durant lequel Gary Hemming s'était rendu célèbre. Cette traversée fut parcourue par une bande de très forts grimpeurs de l'époque durant leurs séjours estivaux à En Vau : d'une part, Gary Hemming et Lothar Mauch, en provenance de Chamonix en quête d'une météo clémente et de soleil ; et d'autre part, François Guillot et Jean-Marc Bourgeois, grimpeurs marseillais de haut standing. Gary Hemming, originaire des USA, était alors un très bon grimpeur. Il avait découvert la calanque d'En Vau en 1963 avec ses compagnons de cordée Royal Robbins et John Harlin, qui avaient autant d'esprit d'entreprise que lui (première de la Directe Américaine au Drus à Chamonix). Cette activité n'était pas sérieuse pour eux mais simplement un jeu lors de journées de repos ou après une grande voie dans la calanque. Les grimpeurs traversaient à la queue leu leu et le premier tombé à l'eau avait perdu ! À cette époque, les grimpeurs étaient équipés de chaussures rigides de type « RD calcaire », des premiers chaussons souples de type « Pierre Alain » avec semelle Vibram ou des chaussons « Desmaison à semelle lisse ». L'ambiance a bien changé ici à En Vau de nos jours ! La traversée est toujours parcourue plus de 50 ans après sa découverte mais avec des chaussons souples précis et de nombreux touristes admiratifs !! Premières ascensions connues en solo : Gary Hemming, Lothar Mauch, François Guillot et Jean-Marc Bourgeois en 1964-65.

ACCÈS PÉDESTRE (1 HEURE)

Du parking de la Presqu'île, suivre le sentier pointillé vert (8a) vers le Nord-Est sur 500 mètres (en longeant l'Avenue Notre Dame). Le sentier descend ensuite à la

calanque de Port-Miou (tracé vert n° 8 et GR 98). Suivre alors le large chemin vers le Sud-Ouest en direction de Port-Pin. Après une montée, suivre le sentier à gauche qui rejoint le col entre Port-Miou et Port-Pin (balisage vert et GR). Du col, suivre le GR à droite pour rejoindre la calanque de Port-Pin en contre-bas. Suivre ensuite le sentier qui remonte un vallon vers l'Ouest (balisage GR, tracés bleu n° 4 et vert n° 8). Ce sentier rejoint le vallon d'En Vau qui descend vers la calanque du même nom. Depuis la plage, rejoindre le départ de la traversée en longeant la rive droite de la calanque. Depuis l'arrêt de bus « Calanques », descendre à la Calanque de Port-Miou en suivant l'Avenue des Calanques. Suivre ensuite le cheminement détaillé ci-dessus.

ACCÈS PADDLE/KAYAK

Mise à l'eau à Cassis ou à la Calanque de Port-Miou.

PARCOURS

La traversée « Gary Hemming » suit la rive droite de la calanque entre la plage et la pointe de l'Eperon de l'Arche bien visible depuis la plage. Un départ facile (5a) conduit à un premier éperon qui présente la difficulté principale de la traversée (6b+/6c). La suite rejoint, après quelques brèches faciles, une section en dalle compacte (5c, variantes plus difficiles au bord de l'eau). Une partie de marche permet de rejoindre la suite des difficultés sur la pointe de l'Éperon de l'Arche. Contourner la pointe au bord de l'eau (6b) et remonter par un large dièdre pour rejoindre les vires au-dessus (plusieurs variantes de sortie sur cette pointe). La traversée Gary Hemming ne propose pas la connexion avec les dalles inclinées à gauche. Retour en sens inverse ou à la nage. Ne pas piétiner les trottoirs d'algues affleurant en bout de traversée.

This line is the most famous DWS traverse in the Calanques. It was first climbed in 1964-65 by Gary Hemming, an American climber, and his local climbing friends. They used to solo the traverse as a challenge between two multi pitch routes or simply to impress girls on the beach! The first who fell off lost the game. At that time, soft climbing shoes with smooth soles were newly available and were much more convenient than mountaineering boots when they fell into the water. Nowadays, this traverse is still climbed but with modern efficient climbing shoes and a lot of amazed tourists.

Pedestrian access (1 hour): from the car park at the Presqu'île peninsula, follow the green marks to the north-east along "Avenue Notre Dame" for 500 metres. Then, the trail goes down to the calanque of Port-Miou (green and red/white marks). Follow the large track towards the south-west (towards Port-Pin). The track goes up a slope and then the trail continues on the left (green and red/white marks) to the pass between the two calanques of Port-Miou and Port-Pin. Walk down to Port-Pin on the right and then walk up a small valley towards the west (red/white, blue and green marks). The trail brings you to the En Vau valley. Walk down this valley on the left. From the beach, walk along the shore on the right of the calanque to the beginning of the traverse. From the bus stop "Calanques", walk down "Avenue des Calanques" to get to Port-Miou, then follow the access detailed above.

Itinerary: the line follows the shore along the right side of the calanque from the beach to the tip of a rocky promontory, visible from the beach. An easy start (5a) brings you to a steep spur. Go round it (6b+/6c) and continue with some easy climbing then a slab (5c, more difficult close to the water). Walk along the shore to get to the final section around a larger spur (6b). Climb up a large corner to a big ledge. Climb back or swim back to the beach.

TOPOGRAPHIE TRAVERSÉE GARY HEMMING

MASSIF DES CALANQUES

Calanque d'En Vau

15.2 Grotte

GPS : 43.201285, 5.501747

Orientation : Sud-Ouest

Hauteur maximum : 15 m

Niveau de difficultés : 7 max

Vent et houle : sensible au mistral

© Thomas Gurviez

PRÉSENTATION

La grotte d'En Vau, située sous le Doigt de Dieu, est un lieu très apprécié par les touristes qui viennent y accoster ou bronzer sur la large rampe rocheuse à sa gauche. La grotte en elle-même ne propose pas beaucoup d'itinéraires car trop lisse dans le dévers. Cependant quelques belles lignes seront à découvrir autour du toit, notamment à droite.

ACCÈS PÉDESTRE (1 HEURE) ET PADDLE/KAYAK

Voir secteur « Traversée Gary Hemming ». Depuis la plage, rejoindre la grotte en suivant un sentier sur le rivage gauche de la calanque.

CURIOSITÉ (PAR THOMAS GURVIEZ, ADEPTE DES LIEUX)

« Après vous être gavés les avant-bras d'acide lactique, il est temps de vous vider les poumons en masque et tuba, car sous la grotte se trouve un superbe tombant foisonnant de vie marine : sur quelques mètres carrés vous aurez la chance d'observer peut-être murène et limaces de mer, et plus sûrement un rocher bariolé couvert de coralligène et d'éponges multicolores, anémones jaunes encroûtantes, (faux)

© Thomas Gurviez

corail rouge... Faites coucou à la murène et à sa jolie mâchoire dentelée, avant d'aller grimper la grande voie des Dents de la mer quelques centaines de mètres à l'Ouest ! »

The cave of En Vau is located underneath the Doigt de Dieu rock needle. It is much appreciated by tourists who love lying down in the sun on the nearby large rock terrace. This cave does not offer many routes because it is smooth and overhanging. Yet, several nice lines can be climbed on the right side.

Pedestrian access (1 hour): see previous spot "Traversée Gary Hemming". From the beach, walk along the shore on the left until you reach the cave.

© Thomas Gurviez

Aurélien dans une ligne exposée de la Grotte d'En Vau (S3) © Olivier du Chastel

5c
7+
7b
7
6a+
7+
6b
7

16 Face Ouest

GPS : 43.199444, 5.509143

Orientation : Ouest

Hauteur maximum : 15 m

Niveau de difficultés : 5c-7a

Vent et houle : protégé du vent d'Est

PRÉSENTATION

Du provençal Cap Caù qui signifie Cap Chauve, cette pointe doit son nom aux années passées à extraire la pierre calcaire au cours du XVIIIe siècle et jusqu'au XXe siècle. Lors de l'arrivée dans les Calanques depuis Cassis, elle est la presqu'île donnant vers l'Est sur la calanque de Port-Miou et du côté Ouest sur celle de Port-Pin. Aujourd'hui, des pans de verticalité sur la partie Ouest permettent d'apprécier les lieux de façon bien différente ! Premières ascensions connues en solo : Henri Michel Vincens en 1998 (en partie).

ACCÈS PÉDESTRE (40 MINUTES)

Du parking de la Presqu'île, suivre le sentier pointillé vert (8a) vers le Nord-Est sur 500 mètres (en longeant l'Avenue Notre Dame). Le sentier descend ensuite à la calanque de Port-Miou (sentier vert n° 8 et GR 98). Suivre alors le large chemin vers le Sud-Ouest en direction de Port-Pin. Après une montée, suivre le sentier à gauche qui rejoint le col entre Port-Miou et Port-Pin (balisage vert et GR). Attention, le sentier du littoral de Port-Miou est interdit d'accès pour risque de chute de pierres (Arrêté municipal n° 761.2018). Du col entre Port-Miou et Port-Pin, continuer sur l'isthme en direction de la Pointe de la Cacau (vers le Sud). Ne pas monter sur le plateau de la Pointe de la Cacau mais longer la rive gauche de la calanque de Port-Pin (sentier sur une vire au-dessus du rivage). Suivre la vire jusqu'à une large rampe de rocher plat qui mène au secteur. Depuis l'arrêt de bus « Calanques », descendre à la Calanque de Port-Miou en suivant l'Avenue des Calanques. Suivre ensuite le cheminement détaillé ci-dessus.

CURIOSITÉS

Si la plupart des visiteurs ne font que passer, la Pointe de la Cacau comporte encore certains vestiges du passé méritant le détour, parmi lesquels deux trémies sur le littoral Sud-Est. Restaurées par le Parc national des Calanques, elles servaient à l'époque d'aire de chargement des blocs de calcaire vers les bateaux amarrés le long de ces espaces. Ces trémies ont été construites dans les années 1850 par les bagnards de Toulon. Ce calcaire si particulier qui a fait la renommée de la fameuse « pierre de Cassis » était acheminé dans tout le bassin méditerranéen pour tous types de constructions.

Pointe Cacau takes its name from the Provencal word Cap cau, meaning bold cape. This peninsula used to be a quarry to produce the well-known limestone of Cassis. Nowadays the vertical cliffs can be climbed all around the cape.
Pedestrian access (40 minutes): from the car park at the Presqu'île peninsula, follow the green marks to the north-east along "Avenue Notre Dame" for 500 metres. Then, the trail goes down to the calanque of Port-Miou (green and red/white marks). Follow the large track towards the south-west (towards Port-Pin). The track goes up a slope and then the trail continues on the left (green and red/white marks) to the pass between the two calanques of Port-Miou and Port-Pin (it is forbidden to walk on the trail along the shore by municipal by-law because of rock fall hazard). From the pass, walk towards the south but do not climb onto the plateau. Instead, follow a narrow ledge, on the right, along the left side shore of Port-Pin. The trail ends on a large rock terrace in front of the cliff. From the bus stop "Calanques", walk down "Avenue des Calanques" to get to Port-Miou, then follow the access route as detailed above.

TOPOGRAPHIE POINTE DE LA CACAU FACE OUEST

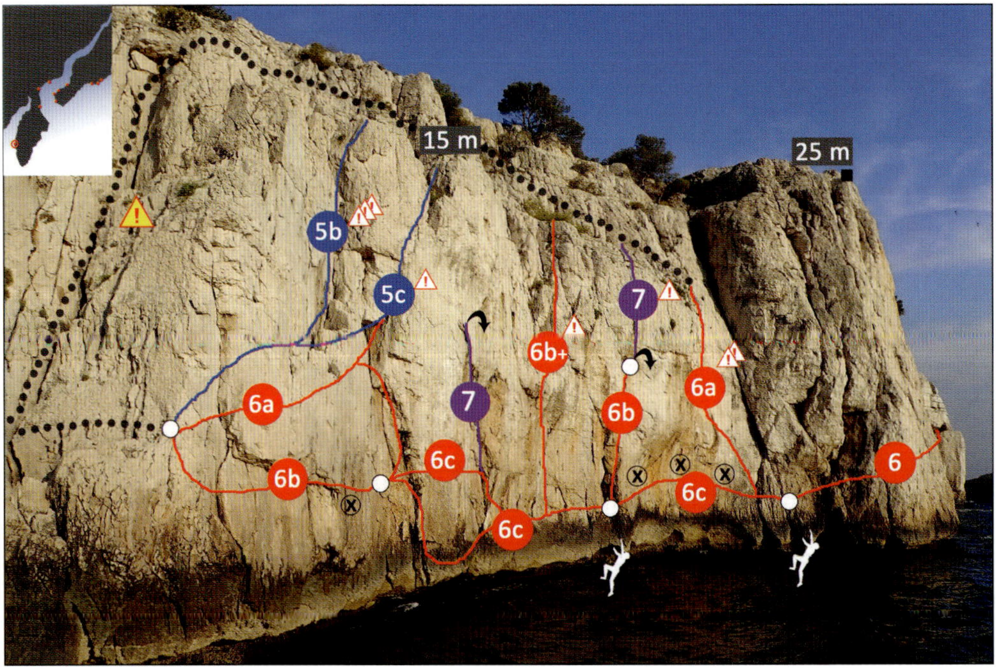

© Nicholas Armstrong

Passage 5c exposé © Olivier du Chastel

17.1 Trou Souffleur

GPS : 43.203034, 5.511959

Orientation : Nord-Est, Sud et Est

Hauteur maximum : 22 m

Niveau de difficultés : 5b-7+

Vent et houle : protégé du mistral

PRÉSENTATION

Le Trou Souffleur est un secteur incontournable à Port-Miou et pratiqué depuis plus de 10 ans. Il propose de nombreuses lignes du 5 au 7 sur des murs raides et compacts. Ici vous ne trouverez pas de dévers à gros bacs, mais plutôt des réglettes, trous et fissures sur mur vertical ! **Ne vous lancez pas dans les lignes les plus hautes sans repérage ! Quelques itinéraires sont réellement très exposés à une chute dangereuse (cotations S2-S3)**

Premières ascensions connues en solo :

- Jean-Louis Fenouil et ses amis en 1980 pour la traversée,
- Guillaume Aillaud (La Poire) et Nicholas Armstrong (Eperon du Trou) en 2012.

ACCÈS PÉDESTRE (30 MINUTES)

Suivre l'accès au secteur « Pointe de la Cacau Ouest ». Ensuite, depuis le col entre Port-Miou et Port-Pin, continuer sur l'isthme en direction de la Pointe de la Cacau (Sud). Le sentier passe au-dessus de la profonde faille du Trou Souffleur à gauche. Passer la faille et descendre à l'eau sur la gauche.

CURIOSITÉ

Le Trou Souffleur (aussi appelé Narine de Neptune ou Martin Bouffe) est actif lorsque la houle s'engouffre dans la faille sous l'isthme étroit qui sépare Port-Miou de Port-Pin. Sous l'effet de cette houle, l'air de la cavité est chassé d'une part sur le plateau (petit orifice patiné qui « souffle » au-dessus de la faille) et d'autre part au niveau de l'eau en bas dans la faille sous la forme d'un geyser. Sensations garanties lorsque le Trou crache des jets d'écume à proximité des grimpeurs !

Trou Souffleur is one of the most famous DWS spots in this area and climbers have been enjoying this cliff for more than 10 years. There are many lines ranging from grade 5 to 7 along steep and compact walls. The holds here are small pinches, holes and cracks. Do not climb the higher routes without first checking the line and hazards! À few lines are really dangerous (S2-S3 grades). Pedestrian access (30 minutes): follow the access to the next spot called "Rivière Souterraine". Then, from the pass between Port-Miou and Port-Pin calanques, walk towards the south on the isthmus. The trail goes past a large fault on the left. Go round the fault and go down to the sea on the left.

TOPOGRAPHIE TROU SOUFFLEUR NORD-EST

TOPOGRAPHIE TROU SOUFFLEUR FAILLE

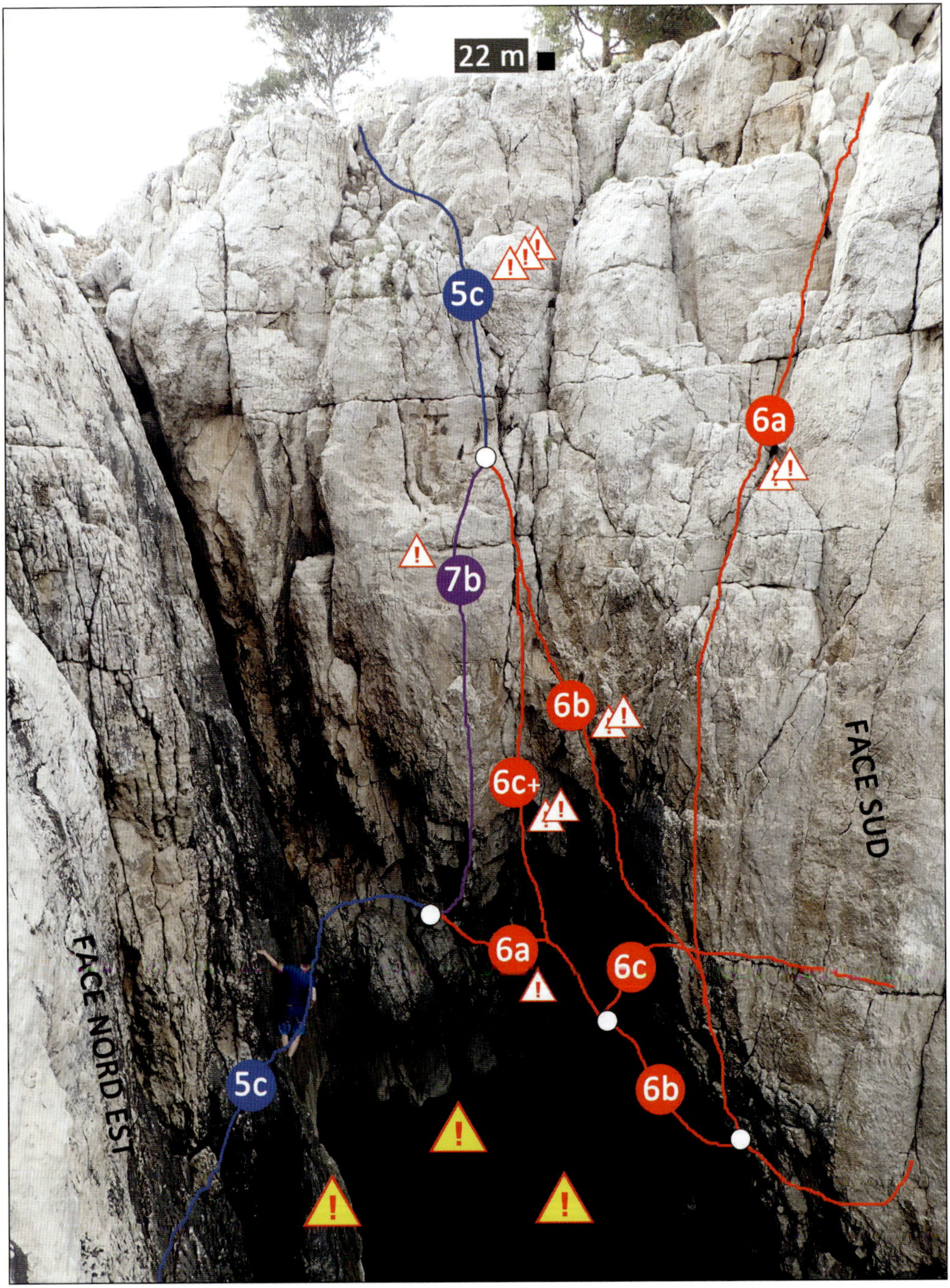

TOPOGRAPHIE TROU SOUFFLEUR FACE SUD

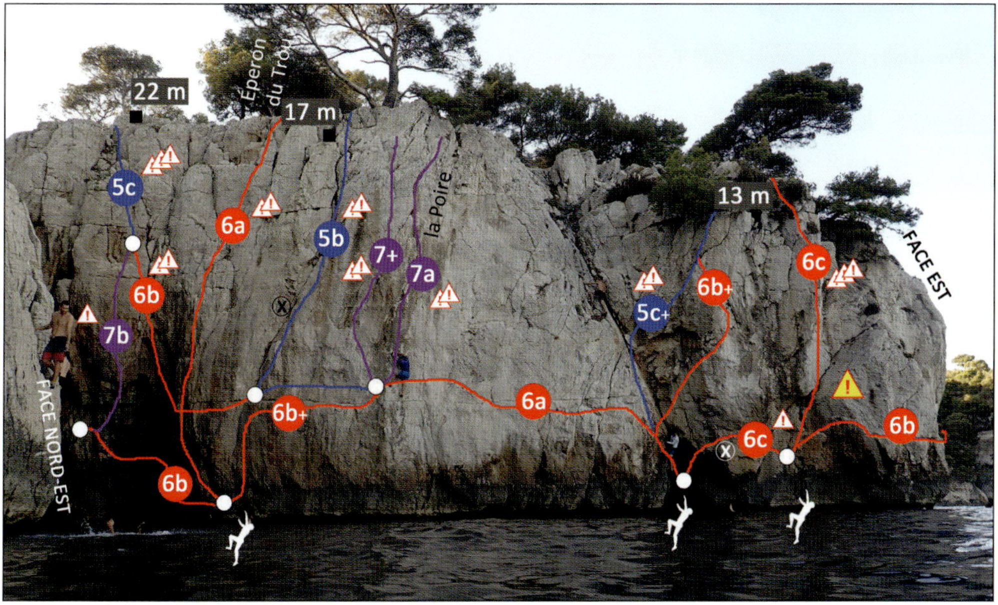

TOPOGRAPHIE TROU SOUFFLEUR FACE EST

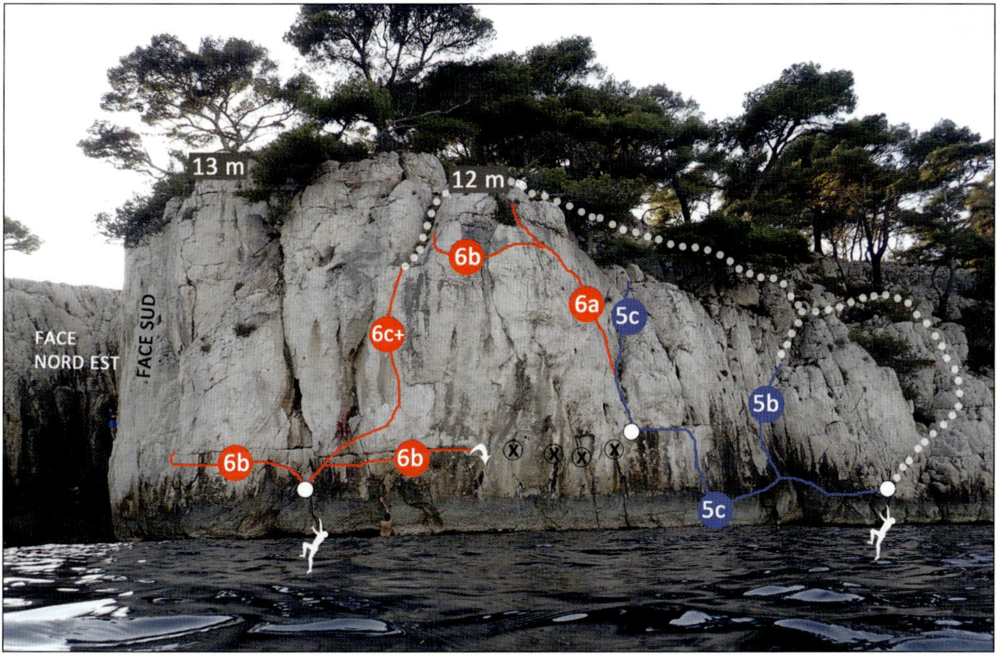

MASSIF DES CALANQUES

CALANQUE DE PORT-MIOU

17.2 Faille

GPS : 43.204711, 5.512080

Orientation : Est

Hauteur maximum : 6 à 12 m

Niveau de difficultés : 5b+-6c

Vent et houle : protégé du mistral

PRÉSENTATION

Ce secteur est moins fréquenté car peu visible depuis le sentier, et l'ambiance est un peu austère au fond de la faille. Mais cette falaise propose quelques très belles lignes le long de fissures ouvertes et évasées à coincements et verrous. Attention cependant au rocher fragile sur la proue centrale et le mur de droite, ainsi qu'au rebord rocheux proéminent et peu profond sur la partie gauche ! Évitez de grimper sous la faille à cause du fort risque de chutes de pierres depuis le sentier ! **Quelques itinéraires sont réellement exposés à une chute dangereuse (cotations S2).** Premières ascensions connues en solo : Jean-Louis Fenouil et ses amis en 1980 pour la traversée.

ACCÈS PÉDESTRE (25 MINUTES)

Suivre l'accès au secteur « Rivière Souterraine ». Depuis le col entre Port-Miou et Port-Pin, suivre le sentier en contrebas vers l'Est. Avant le belvédère (station de pompage), le sentier littoral passe juste au-dessus d'une profonde faille qui touche le sentier. Descendre à l'eau avant ou après la faille.

This cliff is not as busy as the other ones and the atmosphere at the bottom of the fault can be austere. Anyway, this spot offers some great lines up tenuous cracks. Beware of the fragile rock on the right side and the rock edge at sea level on the left side. And, avoid climbing under the fault because of a rock fall hazard! **Some of the lines are really dangerous (S2 grade).**
Pedestrian access (25 minutes): follow the access to the next spot called "Rivière Souterraine". Then, from the pass between Port-Miou and Port-Pin calanques, follow a trail going down on the left (towards the east). Before the belvedere (small concrete building), the trail goes above a deep fault. Go down to the water before or after this fault.

Martin, 6b+ au Trou Souffleur © Nicholas Armstrong

TOPOGRAPHIE FAILLE GAUCHE

TOPOGRAPHIE FAILLE DROITE

17.3 Rivière Souterraine

GPS : 43.205254, 5.513251

Orientation : Sud

Hauteur maximum : 12 m

Niveau de difficultés : 5b-7b

Vent et houle : protégé

PRÉSENTATION

Ce secteur, aussi appelé Résurgence, offre une belle panoplie de niveaux variés et adaptés pour tous types de grimpeurs. La hauteur de certaines voies n'est pas à sous-estimer au centre de la face ! D'ailleurs, le secteur est le rendez-vous des nombreux plongeurs amateurs avides de sensations fortes. **Quelques itinéraires sont exposés à une chute dangereuse, sur rebord rocheux ou rocher immergé (cotations S1-S2).**
Premières ascensions connues en solo : Jean-Louis Fenouil et ses amis en 1980 pour la traversée, Guillaume Aillaud en 2012 (Le Toit).

ACCÈS PÉDESTRE (25 MINUTES)

Du parking de la Presqu'île, suivre le sentier pointillé vert (8a) vers le Nord-Est sur 500 mètres (en longeant l'Avenue Notre Dame). Le sentier descend ensuite à la calanque de Port-Miou. Suivre alors le large chemin vers le Sud-Ouest en direction de Port-Pin (sentier vert n° 8, GR 98). Après une montée, suivre le sentier à gauche qui rejoint le col entre Port-Miou et Port-Pin (balisage vert et GR). Depuis le col, suivre un sentier à gauche en contrebas qui longe le littoral de Port-Miou jusqu'à un belvédère (à côté d'une station de pompage). Il est aussi possible de longer directement le littoral de la calanque sans monter suivant le GR. Attention, ce dernier sentier est interdit d'accès pour risque de chute de rochers (arrêté municipal n° 761.2018).
Depuis l'arrêt de bus « Calanques », descendre à la Calanque de Port-Miou en suivant l'Avenue des Calanques. Suivre ensuite le cheminement détaillé ci-dessus.

CURIOSITÉS

La rivière souterraine de PortMiou fait partie des cavités noyées les plus importantes d'Europe. Cette exsurgence est bien active et il est facile de distinguer le courant d'eau douce qui sort sous le secteur de psicobloc. D'autres exsurgences sont parfois visibles après de fortes pluies.

This spot is a great place for any type of climber. Nevertheless, the height of some routes should not be underestimated. **Some lines are exposed and dangerous because of rock ledges or immersed rocks (S1-S2 grades).** Pedestrian access (25 minutes): from the car park at the Presqu'île peninsule, follow the green marks to the north-east along "Avenue Notre Dame" for 500 metres. Then, the trail goes down to the calanque of Port-Miou (green and red/white marks). Follow the large track towards the south-west (towards Port-Pin). The track goes up a slope and then the trail continues on the left (green and red/white marks) to the pass between the two calanques of Port-Miou and Port-Pin (the trail along the shore is forbidden by municipal by-law because of rock fall hazard). From the pass, follow a trail going down on the left (towards the east) until you reach a belvedere (after a small concrete building). From the bus stop "Calanques", walk down "Avenue des Calanques" to get to Port-Miou, then follow the access route detailed above.

TOPOGRAPHIE RIVIÈRE SOUTERRAINE

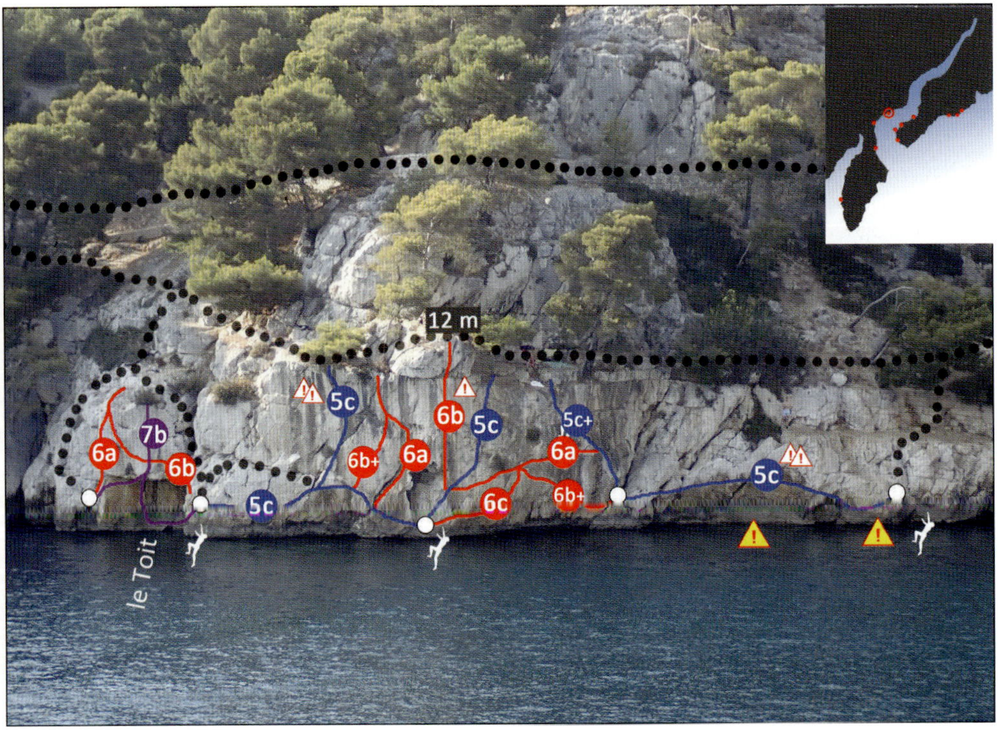

Jéremie dans L'Éperon 6a © Audrey Cohu

18.1 Amarrages

GPS : 43.204609, 5.514882

Orientation : Nord-Ouest

Hauteur maximum : 18 m

Niveau de difficultés : 5b-6c+

Vent et houle : protégé

PRÉSENTATION

Cette zone se caractérise par une longue falaise ombragée juste à l'Ouest de l'esplanade des tennis de la presqu'île. Il est découpé en trois secteurs: les Plongeoirs de la face Nord, les Piliers Nord-Ouest, et la Pointe. Une traversée difficile permet de grimper quasiment tout le long de cet ensemble de secteurs (aucun enchaînement connu à ce jour). L'escalade est ici technique sur du rocher compact et parfois fragile (notamment à la Pointe). **Attention de ne pas tomber sur les nombreux cordages et amarrages de bateaux (exposition S2/3 selon la hauteur!).** Il est recommandé de prévoir une embarcation pour ce secteur car quelques lignes démarrent depuis un kayak ou stand-up paddle. Prévoyez éventuellement un court bout de corde pour la sortie de l'eau à la Pointe. Premières ascensions connues en solo: Jean-Louis Fenouil et ses amis en 1980 pour la traversée, puis Guillaume Aillaud et Nicholas Armstrong en 2012 (lignes verticales).

ACCÈS PÉDESTRE (10 MINUTES)

Du parking de la Presqu'île (arrêt de bus « Presqu'île »), rejoindre les restaurants de la Presqu'île (courts de tennis). Traverser l'esplanade et rejoindre la calanque de Port-Miou vers l'Ouest. Longer la calanque pour accéder aux différents secteurs.

ACCÈS PADDLE/KAYAK (RECOMMANDÉ)

Mise à l'eau ou location dans la calanque de Port-Miou. Ensuite, naviguer vers le Sud pour rejoindre les falaises.

CURIOSITÉS

Il est fréquent de voir des plongeurs sauter des différents plongeoirs aménagés dans

Benoit au secteur de la Pointe © Olivier Leroy

la calanque. Le plus haut du secteur est à 18 m et le plus haut de la calanque se trouve au secteur Trou Souffleur (22 m). Cette pratique, réservée aux habitués, aurait été initiée par l'abbé Simon, aussi surnommé le curé volant. Il récoltait des fonds pour l'église lors de démonstrations de sauts vertigineux. Les vestiges d'une statue, placée ici en son honneur, sont encore visibles sur le bord de la falaise.

This zone is a wide cliff, in the shade most of the time, and divided into three sectors: Plongeoirs (north face diving boards), Piliers (north-west pillars), Pointe (rock tip). À difficult traverse goes along the entire cliff but still awaits a verifiable first ascent. The climbing is often technical here on compact limestone, which can be fragile at the Pointe sector. **Do not climb above or fall onto the many ropes and moorings (S2/3 grades depending on the height).** It is recommended to climb here with a watercraft because several routes start from a kayak or stand-up paddle. À short rope can be useful to climb out from the water at the Pointe sector.

Pedestrian access (10 minutes): from the car park at the Presqu'île peninsule (bus stop "Presqu'île"), walk down to the restaurants on the peninsula. Walk past the tennis courts and go to the calanque of Port-Miou towards the west. Follow the shoreline to reach each sector.

Kayak/stand-up paddle access (recommended): launch your watercraft from the port in the calanque of Port-Miou and navigate towards the south to reach the north-facing cliff.

TOPOGRAPHIE AMARRAGES PLONGEOIRS

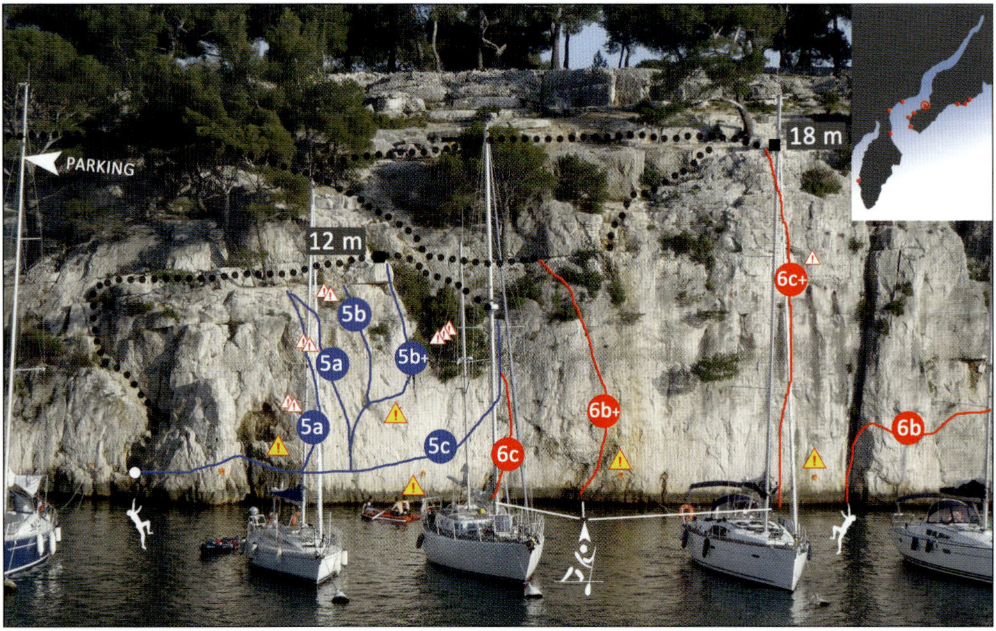

TOPOGRAPHIE AMARRAGES PILIERS GAUCHE

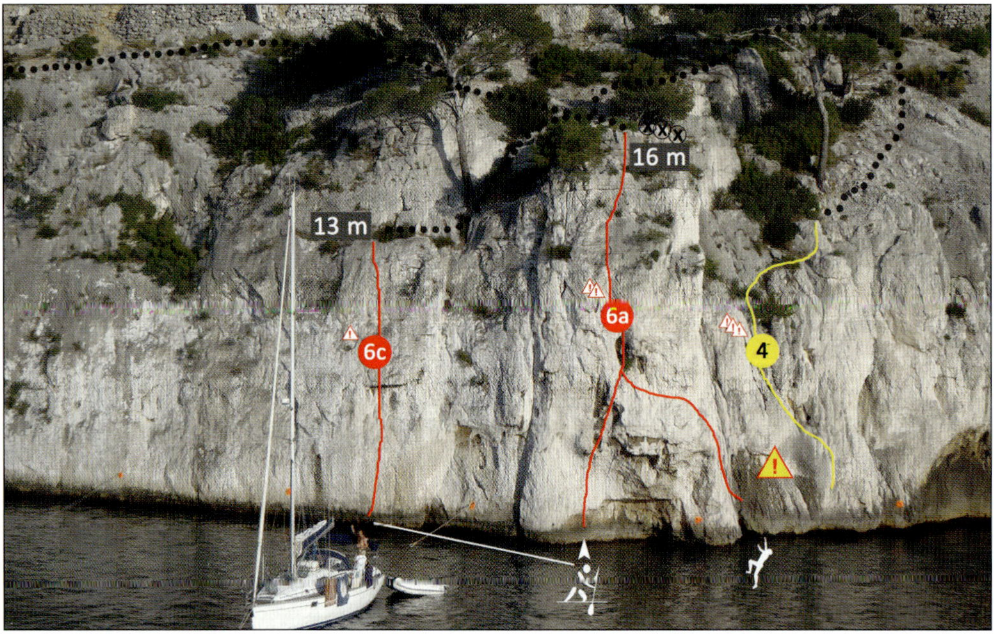

TOPOGRAPHIE AMARRAGES PILIER DROITE

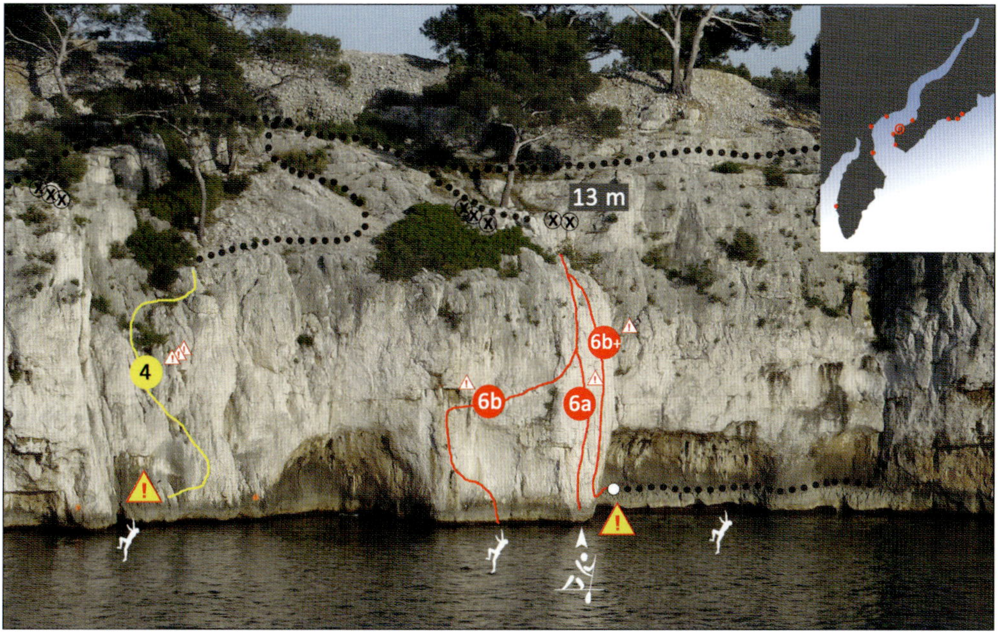

TOPOGRAPHIE AMARRAGES POINTE

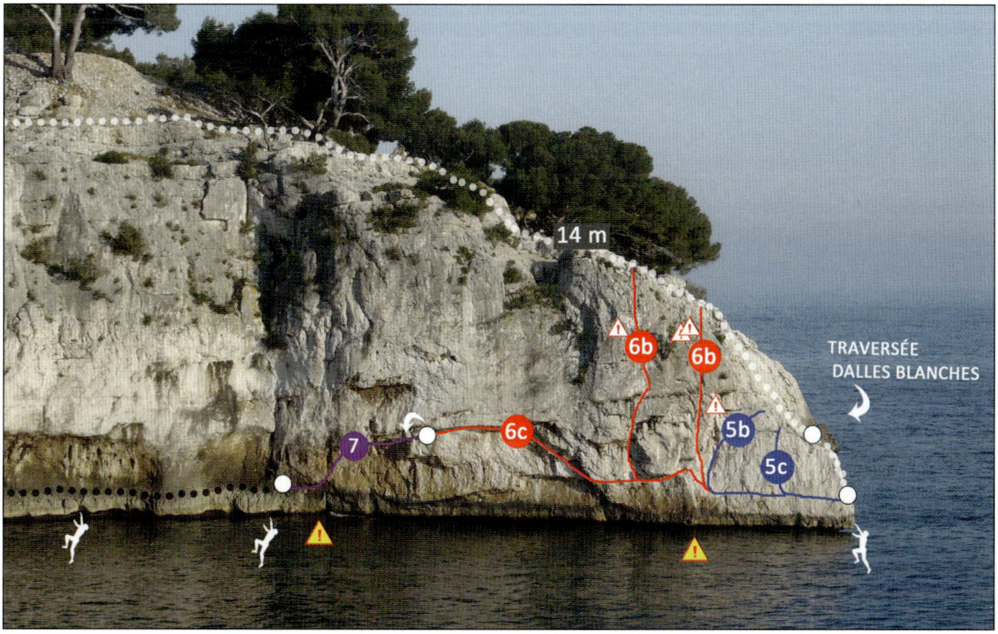

Cap Câble (Presqu'île)

18.2 Traversée des Dalles Blanches

GPS : 43.203533, 5.514125

Orientation : Sud-Ouest

Hauteur maximum : 3 m

Niveau de difficultés : 5b-6a

Vent et houle : sensible

Greg sur le pilier © Nicholas Armstrong

PRÉSENTATION

Cette traversée de niveau accessible évolue à quelques mètres seulement au-dessus de l'eau. Elle est recommandée pour découvrir l'activité en douceur. Attention à quelques passages exposés (mauvaise chute sur rocher ou encorbellement au niveau de l'eau). Possible dans les deux sens. La Presqu'île de Cassis est aussi nommée Cap Câble sur les cartes ou encore Cap Notre-Dame en référence à la chapelle de Notre-Dame de Bon Voyage localisée sur ce bras de terre.

ACCÈS PÉDESTRE (10 MINUTES)

Du parking de la Presqu'île (arrêt de bus « Presqu'île »), rejoindre les restaurants de la Presqu'île. Traverser l'esplanade et rejoindre l'extrémité ouest de la presqu'île (Cap Câble) en longeant la calanque de Port-Miou.

This traverse is a perfect line for those who want to discover this sport without any stress close to the water level. Be careful with a few dangerous passages (possible fall onto shallow rocks or ledges). This line can be climbed as a one way or a return traverse. Pedestrian access (10 minutes) : from the car park at the Presqu'île peninsule (bus stop "Presqu'île"), walk down to the restaurants on the peninsula. Walk past the tennis courts and follow the calanque of Port-Miou towards the west. À trail goes to the end of the peninsula, where the traverse is located.

Nassim, 5c © Nicholas Armstrong

TOPOGRAPHIE TRAVERSÉE DES DALLES BLANCHES

18.3 Plage Bleue

GPS : 43.205055, 5.519007

Orientation : Ouest

Hauteur maximum : 8 m

Niveau de difficultés : 5a-6c

Vent et houle : très sensible

PRÉSENTATION

Voilà un secteur branché et touristique, face au large et en vue du public ! Vous trouverez ici plusieurs lignes accessibles en niveau, idéal pour impressionner sa copine qui regarde depuis les dalles blanches juste en face ! Voilà aussi un spot idéal pour se prélasser au soleil sur les « roches plates » après la grimpe et avant d'aller boire l'apéro à la Brasserie du Tennis. Et, cerise sur le gâteau, le secteur propose une superbe voie déversante digne de Cliffhanger. **Attention cependant à la dalle de rocher peu profonde sur la gauche du spot qui rend certains itinéraires vraiment très exposés (S3) et réservés aux grimpeurs avertis !** Premières ascensions connues en solo : Nathan Ermacora en 2014.

ACCÈS PÉDESTRE (5 MINUTES)

Du parking de la Presqu'île (arrêt de bus « Presqu'île »), rejoindre le restaurant La Plage Bleue. Rejoindre la mer par un escalier juste à l'Ouest du restaurant.

This is a trendy place in front of the sea and in sight of spectators! This small spot proposes some easy lines, perfect to impress your girlfriend looking at you from the white slabs in front! This place is also very pleasant to sunbathe on the flat rocks before heading to the nearby cocktail bars. The most difficult line is worthy of Cliffhanger, so get set! **Nevertheless, beware of the shallow slab on the left side of the cliff. Some lines are therefore very dangerous (S3 grade) and intended for experienced climbers only!**

Pedestrian access (5 minutes) : from the car park at the Presqu'île peninsule (bus stop "Presqu'île"), walk down to the restaurant called Plage Bleue on the peninsula. Go down some stairs (west from the restaurants) to get to the seaside.

TOPOGRAPHIE PLAGE BLEUE

Cap Câble (Presqu'île)

18.3 Mur

GPS : 43.205103, 5.519543

Orientation : Sud à Sud-Est

Hauteur maximum : 7 m

Niveau de difficultés : 5b-6c

Vent et houle : très sensible

PRÉSENTATION

Ce secteur propose de nombreuses traversées et lignes verticales très agréables de tous les niveaux. L'escalade se déroule sur un rocher arrondi le long de trous et fissures. Sur la large vire de départ, une des fissures « souffle » lorsqu'il y a de la houle, essayez de la trouver ! Premières ascensions connues en solo : Damien Masson en 2016.

ACCÈS PÉDESTRE (5 MINUTES)

Du parking de la Presqu'île (arrêt de bus « Presqu'île »), rejoindre le restaurant La Plage Bleue. Longer la côte vers l'Est sur 50 mètres, le secteur se trouve après le grand mur de pierres.

This small spot offers plenty of nice traverses and vertical lines, along rounded cracks and holes. Pedestrian access (5 minutes) : from the car park at the Presqu'île peninsule (bus stop "Presqu'île"), walk down to the restaurant called Plage Bleue on the peninsula. Follow the seaside towards the east for 50 meters. The spot is located after the big stone wall.

Traversée Dalles Blanches © Olivier du Chastel

TOPOGRAPHIE MUR SUD-EST ET ZOOM SUD-EST

TOPOGRAPHIE MUR SUD-OUEST

Laurène sur les Dalles Blanches © Nicholas Armstrong

DWS plaisir au secteur Amarrages © Nicholas Armstrong

18.3 Proue

GPS : 43.205408, 5.520035

Orientation : Est

Hauteur maximum : 9 m

Niveau de difficultés : 5a-6b

Vent et houle : sensible

6a à la Rivière Souterraine © Nicholas Armstrong

PRÉSENTATION

Ce secteur plus petit que les autres propose quelques belles lignes. **Attention aux dalles de rocher peu profondes sous les voies les plus hautes (cotations S1-S2) !** D'autres lignes de niveau 5b-c se situent à l'Est de la plateforme de départ. Le spot est aussi connu pour son superbe saut de près de 10 mètres de haut !

ACCÈS PÉDESTRE (5 MINUTES)

Du parking de la Presqu'île (arrêt de bus « Presqu'île »), rejoindre le restaurant La Plage Bleue. Longer la côte vers l'Est sur 50 mètres, le secteur se trouve au niveau d'une grande faille dans la côte rocheuse. Rejoindre une plateforme au-dessus de l'eau, juste à l'est de la faille.

CURIOSITÉS

Dans la large faille se cache un « trou souffleur » ! Facile à trouver s'il y a de la houle car le trou siffle assez fort.

This tiny cliff proposes a few interesting lines. **Beware of some shallow slabs below the higher routes (S1-S2 grades)!** Some more 5b-c lines are possible on the east side of the starting platform. Pedestrian access (5 minutes): from the car park at the Presqu'île peninsule (bus stop "Presqu'île"), walk down to the restaurant called Plage Bleue on the peninsula. Follow the seaside towards the east for 50 meters. The spot is located close to a large fault in the coast. Go down to the platform, on the east side of the fault.

TOPOGRAPHIE PROUE

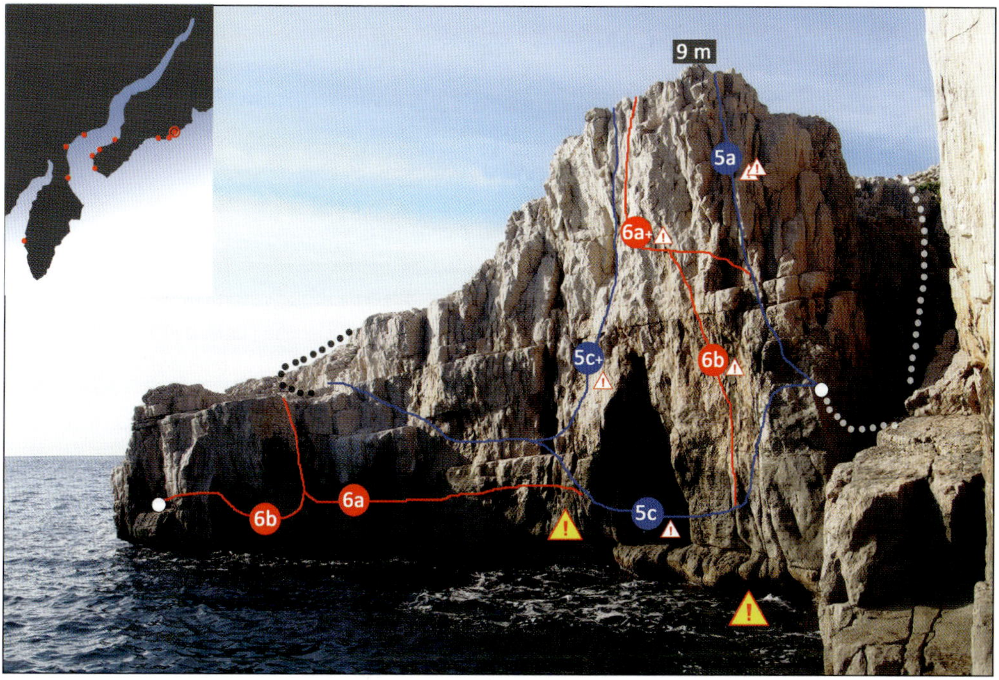

Nico sur le pilier à Port-Miou © Guillaume Miraillet

MASSIF DES CALANQUES

CASSIS

19 Bestouan

GPS : 43.213534, 5.532847

Orientation : Sud-Est

Hauteur maximum : 4 m

Niveau de difficultés : 7b+max
Exposition : S2/3

Vent et houle : protégé

PRÉSENTATION

Cette ancienne ligne de DWS, aussi connue sous le nom de « Harbour Entrance », est présentée ici pour son côté historique et légendaire. Elle se situe juste à l'Est de la plage de Bestouan, accessible à pied depuis le centre-ville de Cassis. Cette traversée libérée en 1990 par le britannique Neil Gresham propose une belle escalade athlétique mais très exposée de niveau 7b+ max. Les grimpeurs britanniques ont sûrement été les premiers à explorer les spots de DWS de Cassis bien avant les locaux !

Premières ascensions connues en solo : Neil Gresham et ses amis en 1990 !!

Ne vous lancez pas dans cette traversée sans repérage et sans le niveau requis (6c obligatoire minimum) ! L'intégralité de l'escalade est réellement exposée à une chute dangereuse sur blocs rocheux peu profonds (cotations S2-S3).

ACCÈS PÉDESTRE (5 MINUTES)

Du parking de la Plage de Bestouan (arrêt de bus « Plage de Bestouan »), rejoindre la plage puis emprunter les escaliers à gauche de celle-ci pour accéder à la plateforme rocheuse face au port. La traversée démarre à gauche.

CURIOSITÉS

L'eau de la plage de Bestouan est souvent fraîche à cause des résurgences d'une rivière souterraine d'eau claire.

This old traverse, also known as "Harbour Entrance", is only presented here for historical interest. It is located to the east of the Bestouan beach and easily accessible by foot. It was first climbed by british climber Neil Gresham in 1990, and is an athletic and exposed line. Interestingly, the British DWS climbers were possibly the first to have explored the coast around Cassis! Do not climb this traverse without preparation and the required level (at least 6c french grade)! This line is really exposed because of numerous shallow boulders (S2-S3 grades).

Secteur la Pointe, Port-Miou © Nicholas Armstrong

TOPOGRAPHIE BESTOUAN

« Le Don de Soi »,
La traversée intégrale des Calanques

La traversée intégrale du littoral des Calanques entre Callelongue et Port-Miou est un itinéraire imaginé puis réalisé en mai 1998 par Henri Michel Vincens, Guide de Haute Montagne et grimpeur amoureux du massif des Calanques. Son initiative a été principalement guidée par sa passion pour l'escalade et sa volonté de faire la promotion du don d'organes et de sang. Henri Michel Vincens nous livre ici son aventure de 14 jours d'escalade. Il fut accompagné de copains grimpeurs lors de cette aventure, dont Jean-Jacques Vaillant, Yann Codan, Francis Elichabe et Nicolas Bergasse. Ce parcours a permis la découverte de nombreuses zones encore inexplorées à l'époque et dont certaines restent très peu parcourues de nos jours, conservant pleinement tout leur caractère aventureux. Nous détaillons ici les différentes sections des Goudes jusqu'à Port-Miou.

Henri Michel Vincens © Daniel Gorgeon

• La première section de ce périple évolue sur le littoral rocheux peu élevé entre Callelongue et la calanque de l'Escu et représente environ 1,5 km d'escalade sur 3,8 km de côte. Elle emprunte notamment la traversée de la Poulidette (« Gaffe aux Piranhas », Vaucher et Kelle, 1982-1983) et celle des falaises de l'Hauture (« l'An 1 », Vaucher, 1978). Cette section se termine par la traversée de l'Escu au bord de l'eau.

• L'escalade s'intensifie ensuite dans la deuxième partie à partir de Cortiou et jusqu'à l'anse de la Galère dans la calanque de Sormiou. Ce tronçon représente 3,7 km d'escalade et permet de découvrir des lieux méconnus par les grimpeurs. Ce tronçon, nommé « Soleil Couchant », représente l'une des plus longues voies de France. Elle inclut les traversées Yann puis Kelle (Jacques Kelle, 1973) entre le Vallon du Pignet et le col de Luï d'Aï. La suite fait le tour du Bec de Sormiou par le bord de mer (Bernard-Nessi, 1924).

• La troisième partie, nommée « 20 000 lieues sous les mers » combine une traversée de 3,9 km entre la Palée à Sormiou et le Col du Renard à Morgiou. Cette traversée rejoint d'abord la calanque du Cancéou par un cheminement au bord de l'eau, puis suit la traversée « Magilou » (Gras-Guiot-Lignan, 1980), évolue sous la falaise du Levant et enchaîne avec les traversées du « 8 Mai » (Bouscasse-Charles-Eyraud-Vaucher, 1974) puis de la « Triperie » (Kelle-Cassin, 1968) avec une variante de sortie vers la Pointe de la Voile. L'itinéraire attaque ensuite la traversée de l'Anse de la Triperie et poursuit avec les traversées « Face au Large » (Charles-Vaucher, 1973), « Pen Duick » (Balestra-Fauquet-Guiot-Pailheret, 1978), « Bora Bora » et « Marie-Jacqueline » (Charles-Vaucher, 1974), « Super Trempe » (Avit-Fenouil-Jamin, 1981) et « Ivan » (Vaucher-Fenouil, 1977) jusqu'au Col du Renard !!!

• La quatrième partie démarre de la calanque de Sugiton et explore les falaises maritimes sous la Grande Candelle et la Concave, incluant l'Envers du Vieux Phoque (Mennereau-Monti-Vingut, 1984). L'escalade continue ensuite dans un terrain beaucoup plus sauvage le long de la traversée du « Vieux Phoque » (Ricciardi-Vaucher, 1975) jusqu'au Devenson.

Henri Michel Vincens © Daniel Gorgeon

Henri Michel Vincens et Francis Elichabe sur la Pointe de la Voile au Cap Morgiou © Daniel Gorgeon

• La cinquième partie parcourt la zone la plus sauvage du massif des Calanques : cirque du Devenson, chenal de l'Aiguille de l'Eissadon, tour de la Pointe de l'îlot et creux de l'Oule jusqu'au Trou du Canon.

• La sixième partie propose l'une des escalades les plus intéressantes de l'aventure. Elle démarre du Trou du Canon à la Brèche de Castelvieil par la « Traversée Maritime de Castelvieil » (ancêtre de la voie « Au Fil de l'Eau »), et continue le long de la « Traversée Sans Retour » (Bourges-Kelle, 1963), la « Grande Croisière » (Kelle et amis, 1965-66) et la « Tabarly » (Biju Duval-Kelle-Mandin-Roque, 1968) avec quelques variantes pour éviter de remonter sur le plateau. L'itinéraire rejoint alors la calanque d'En Vau par une traversée sur sa rive droite, incluant la célèbre « Traversée Gary Hemming » (Bourgeois-Guillot-Hemming-Möch, 1964-65). L'ensemble entre l'Eissadon et En Vau est nommé « Cœur de Sang » et représente 3 km d'escalade soutenue.

• La dernière et septième partie évolue sur la rive gauche d'En Vau, passe ensuite la Pointe d'En Vau, rejoint Port-Pin puis fait le tour de la Pointe Cacaù avant de rentrer dans la calanque de Port-Miou ! Bravo, bel enchaînement !!

Greg dans l'accès à la voie du Toit Branlant à Castelvieil © Olivier du Chastel

« Le don de soi, parcours d'escalade au plus près de l'eau entre Marseille et Cassis.

Je voudrais préciser quelques éléments qui me semblent importants pour situer cette traversée dans son contexte, dans son éthique et sa vérité. Premièrement il s'agissait d'un rêve : grimper longtemps, sur du bon rocher, et sans limites si ce n'est celles du corps et/ou de l'esprit. C'était goûter et se plonger dans l'ambiance de grimpe la plus caractéristique des Calanques, le mariage du rocher, de la mer et du soleil. À l'époque, on ne grimpait pas beaucoup au raz de l'eau (on se méfiait des vagues ?), l'UCPA à Sormiou le faisait, on grimpait également à la Piade près de Toulon ou sur la Côte Bleue. Les traversées historiques type grande croisière restaient de l'escalade falaise encordés.

Ce projet, d'autres grimpeurs l'avaient en tête et certains ont été déçus de ne pas en faire la première. Ce qui explique sans doute l'ignorance dans laquelle il a été tenu, y compris dans les topos d'escalade. De plus, la médiatisation dont il a bénéficié visait surtout la promotion régionale d'actions caritatives et ne visait pas uniquement le monde de la grimpe. Aussi c'est aussi une sorte de première d'en parler aujourd'hui, de l'insérer dans un topo et de révéler ses caractéristiques : 21 km d'escalade (c'est le plus long parcours d'escalade connu et il est dans les Calanques), les 3 voies rocheuses les plus longues de France sont également dans les Calanques (20 000 lieues sous les mers 3,9 km, Soleil couchant 3,7 km, Cœur de sang, 3 km). Cette traversée a amené 6,5 km de nouvel itinéraire connu.

Ma motivation était comme pour toutes les démarches de ce genre : se donner un challenge, aller chercher ses limites, trouver dans un projet une manière de s'accomplir, être le premier à réaliser ce parcours. Et donner du sens au projet en y associant un autre sujet qui me tenait à cœur puisque j'étais donneur de sang et d'organe. René Desmaison s'est d'ailleurs associé au projet, présent sur un bateau pour une conférence de presse au beau milieu de la calanque de la Triperie. Une augmentation de 10 % des dons du sang a été constatée dans la région dans les semaines qui ont suivi.

Mon fil de conduite a donc été de rester au maximum au plus près de l'eau afin d'avoir un parcours ayant à la fois le meilleur rocher et collant le plus à l'ambiance rocher/mer, en essayant de ne pas prendre des itinéraires hauts. Les reconnaissances (145 jours répartis sur 4 ans) m'ont permis de constater que cela était possible sur quasiment tout le parcours. Les seuls endroits ou ça n'était pas possible, éviter par le haut (par des chemins ou des traversées connues) aurait cassé la ligne que je m'étais fixée. Aussi j'ai pris l'option d'équiper les quelques passages où je ne me sentais pas de passer en libre : il y en a sur les 21 km d'escalade seulement 80 m, ce qui fait en moyenne moins de 4 m au km d'escalade. Sur ces portions, une bonne partie peut-être passée en libre, grimpeurs ne pas s'abstenir ! Le seul endroit où j'ai dérogé à la règle a été d'éviter un long pan de rocher lisse et surplombant situé sous la traversée des écureuils, le passer en tirant aux points aurait été long, fastidieux et dégradant même l'intérêt de la traversée... Sinon, 250 points en tout ont été posés, destinés à l'escalade libre dans les parties où j'ai progressé encordé avec un copain ou pour 28 rappels.

Bref c'était une belle aventure sportive et humaine, avec peu de moyens mais réalisée en équipe et avec des amis. »

Henri Vincens, Guide de Haute Montagne

INFOS PRATIQUES POUR LE DWS

PRÉSENTATION

Cet itinéraire se parcourt au plus près de l'eau sans corde sur la majorité du littoral mais certaines sections trop difficiles ou trop hautes nécessitent l'encordement ou l'évolution par la technique d'escalade artificielle. Ce parcours est seulement indiqué ici pour son caractère historique. En effet, les points de progression en place sont trop fragiles de nos jours (corrosion marine) pour envisager un parcours encordé. De plus, le bivouac étant interdit dans le massif des Calanques, il n'est plus possible aujourd'hui d'envisager cette expédition dans son intégralité. La pratique de l'escalade solo à proximité de l'eau et sans équipements n'est donc pas recommandée sur l'intégralité du parcours.

Orientation : toutes
Niveau de difficultés connues : 6c+ max (sinon passages à l'eau)
Exposition : de nombreux passages en S3 !
Vent et houle : très sensible sur l'ensemble du littoral

SECTIONS

• Calanque de Callelongue vers Calanque de l'Escu : 2,8 km de côte pour 1,5 km d'escalade, 6b max (S2/3). Idéal pour découvrir ce morceau de côte en aller-retour.

• Calanque de Cortiou vers Calanque de Sormiou (ou « Soleil Couchant ») : 3,7 km d'escalade, 6c max (S2/3). Certaines sections sont trop exposées et s'évitent à la nage (traversée Yann notamment, Anse de la Galère) mais l'enchaînement est globalement adapté au Deep Water Soloing. Attention à l'engagement très important de cette partie face au large. Ne pas parcourir cette zone lors des périodes de nidification des oiseaux, de novembre à mai.

• Calanque de Sormiou vers Calanque de Morgiou ou (« 20000 lieues sous les mers ») : 3,9 km d'escalade, 7b max (S2). Cette section se pratique en psicobloc mais nécessite une forte expérience et un très bon niveau. Certaines sections trop exposées ou difficiles peuvent s'éviter à la nage. Attention à l'engagement très important de cette partie face au large. Ne pas parcourir cette zone lors des périodes de nidification des oiseaux, de novembre à mai.

• Calanque de Sugiton vers Calanque du Devenson : 6c max. Cette section se réalise en deep water soloing et les passages les plus hauts s'évitent à la nage (notamment dans le Vieux Phoque). Attention à l'engagement très important de cette partie reculée du massif.

• Calanque du Devenson vers Calanque de l'Oule. Cette section étant très reculée, sa réalisation nécessite une forte détermination et une grande préparation.

• Calanque de l'Oule vers Calanque d'En Vau (ou « Cœur de Sang ») : l'enchaînement n'est pas adapté au psicobloc car certains passages sont exposés et bien trop hauts.

• Calanque d'En Vau vers Port-Miou : 6c max (S2). Cette section est facilement accessible, très longue et comporte de nombreuses échappatoires. Elle est donc un projet intéressant pour découvrir les 3 calanques d'En Vau, Port-Pin et Port-Miou en mode DWS. Les zones les plus difficiles s'évitent à la nage.

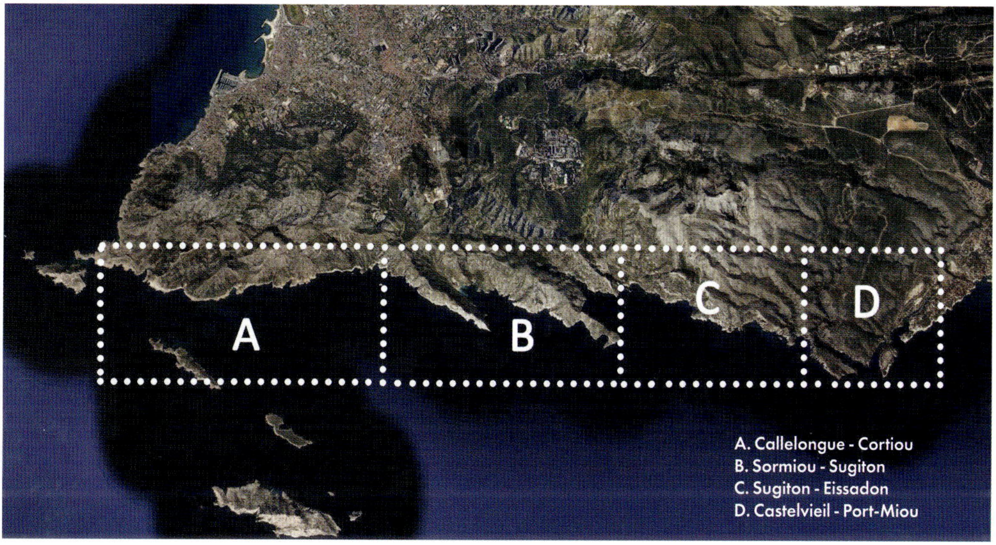

L'Oule © Olivier du Chastel

A. CALLELONGUE - CORTIOU

B. SORMIOU - SUGITON

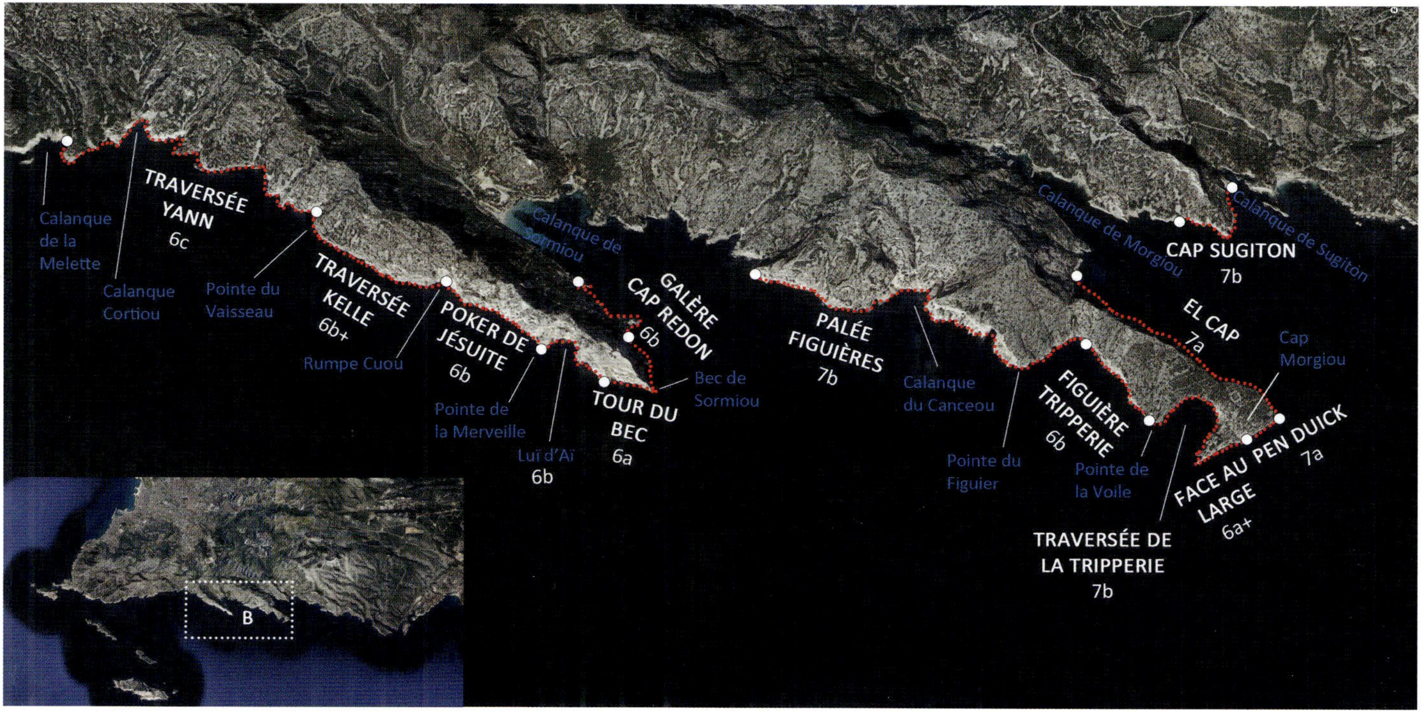

C. SUGITON - EISSADON

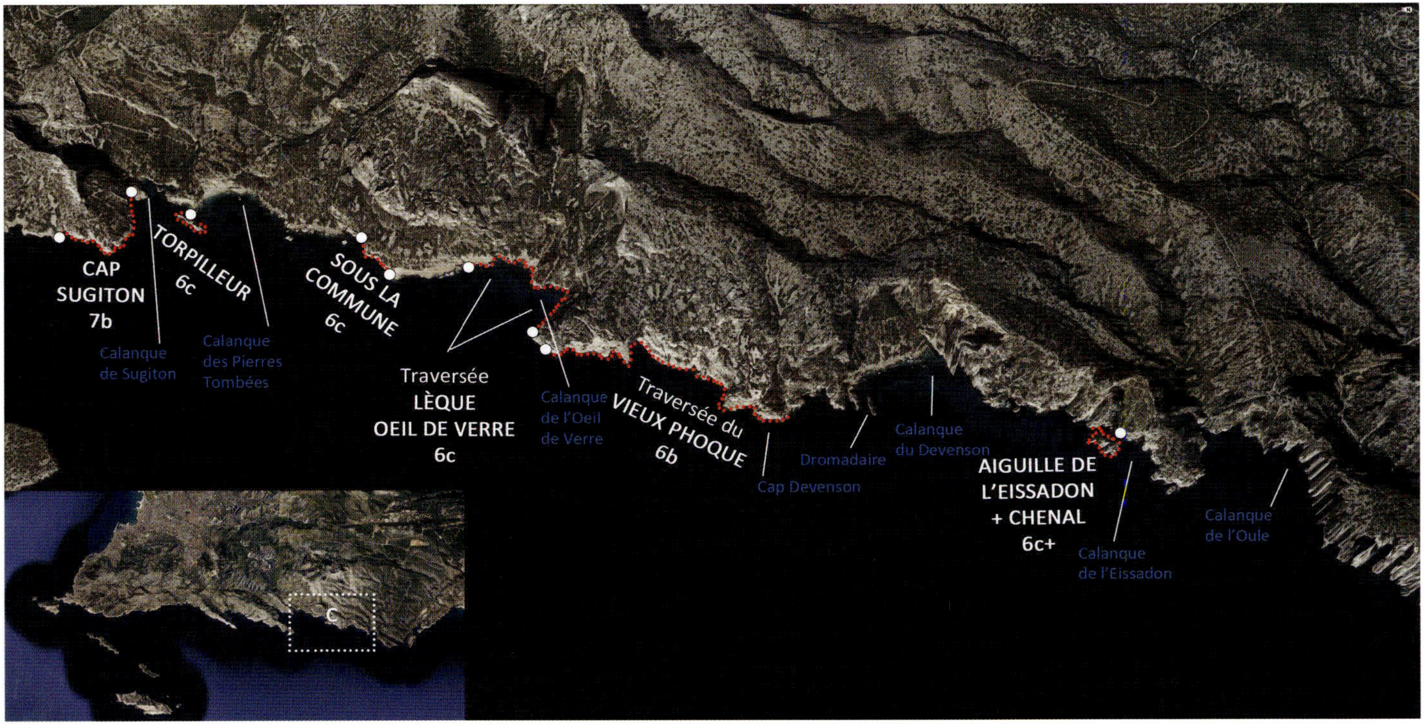

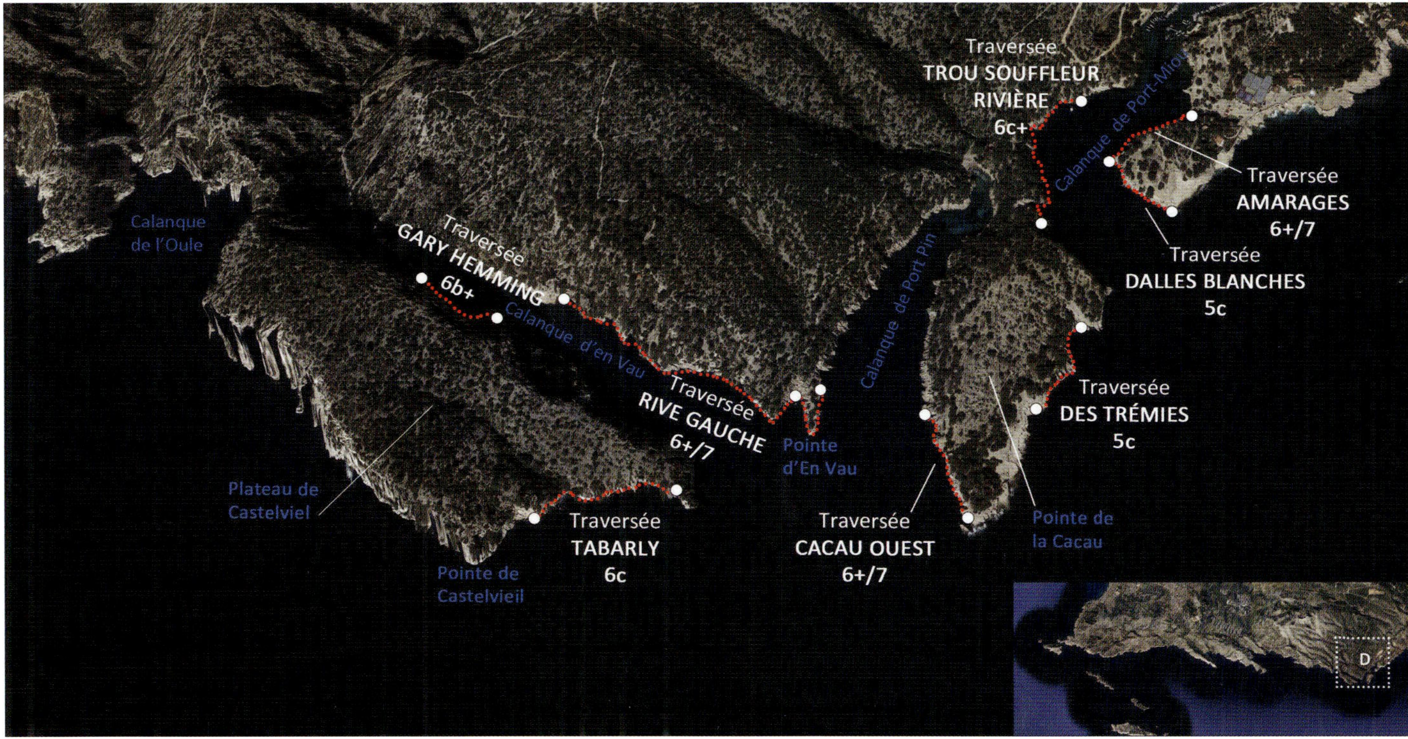
Traversée
TROU SOUFFLEUR
RIVIÈRE
6c+
Calanque de Port-Miou
Traversée
AMARAGES
6+/7
Traversée
DALLES BLANCHES
5c
Calanque de l'Oule
Traversée
GARY HEMMING
6b+
Calanque d'en Vau
Calanque de Port Pin
Traversée
RIVE GAUCHE
6+/7
Pointe
d'En Vau
Traversée
DES TRÉMIES
5c
Plateau de
Castelviel
Traversée
TABARLY
6c
Traversée
CACAU OUEST
6+/7
Pointe de
la Cacau
Pointe de
Castelvieil
D

Pilier Est Eissadon © Olivier du Chastel

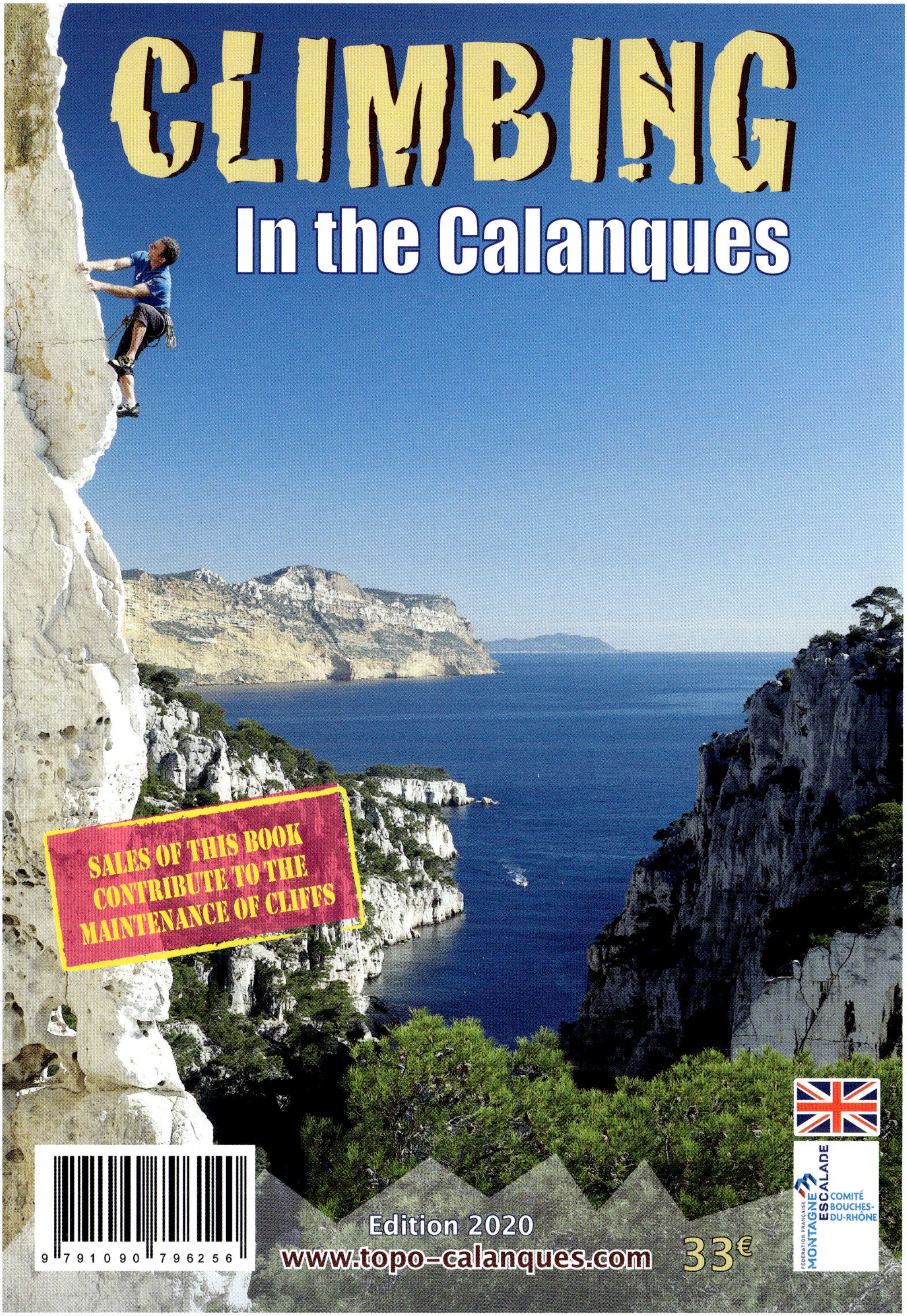
CLIMBING
In the Calanques
SALES OF THIS BOOK CONTRIBUTE TO THE MAINTENANCE OF CLIFFS
Edition 2020
www.topo-calanques.com
33€
9 791090 796256
FÉDÉRATION FRANÇAISE MONTAGNE ESCALADE
COMITÉ BOUCHES-DU-RHÔNE

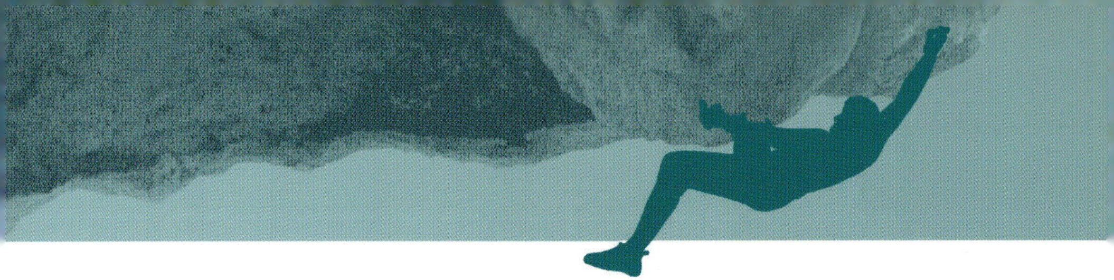

LA CIOTAT

20 Anse du Cannier
- **20.1** Grotte des Tablettes
- **20.2** Traversée Cannier-Tablettes

21 Calanque de Figuerolles

22 Trou du Diable

23 Anse du Sec

Situé à l'Est du parc national des Calanques, le petit port de La Ciotat est connu pour être le berceau du cinéma mondial depuis les années 1890 à l'instar des frères Lumière. Mais La Ciotat est aussi connue pour l'invention du jeu de Pétanque avec le premier tournoi organisé en 1910 ! Ce port se spécialise aussi dans les chantiers navals dans les années 1850 et propose désormais l'entretien des yachts de luxe. La commune de La Ciotat offre de belles plages mais surtout de magnifiques criques et calanques le long des côtes de conglomérat autour du Bec de l'Aigle. Ce rocher formé à base de galets et sédiments marins est unique sur un littoral maritime et encore plus spécial pour la pratique du psicobloc ! Ce rocher atypique a fait surface il y a fort longtemps suite à l'affaissement d'un gouffre souterrain. Le psicobloc sera donc une très bonne excuse pour aller visiter ce morceau de côte très apprécié pour ses spots de pêche, de plongée, de kayak ou stand-up paddle et surtout pour la baignade ! Le secteur a d'ailleurs été exploré en mode deep water solo et topographié dès les années 90 essentiellement par Christophe Gaillard et Pierre Coquillon, puis dans les années 2000 par Eric Valls et ses amis. Notez que le site du Bec de l'Aigle est protégé par le Conservatoire du Littoral et cogéré entre la mairie de la Ciotat, le Parc national des Calanques et l'Office National des Forêts. Ce paysage est aussi inscrit aux sites Natura 2000 visant à protéger ses habitats et espèces naturelles.

INFOS PRATIQUES

Rocher : conglomérat de galets, grès.
Commodités : Calanque de Figuerolles (restaurant, robinet d'eau potable sur le parking), parc botanique et Anse du Mugel (toilettes, restaurant et robinet d'eau potable à l'entrée du parc botanique).
Propriétaires : les secteurs à l'Ouest de l'Anse du Cannier appartiennent au Conservatoire du Littoral et à l'Office National des Forêts ; les secteurs de Figuerolles et du Trou du Diable

Olivier sous le conglomérat du Cap Canaille © Nicholas Armstrong

Svana Bjarnason au Trou du Diable © Jan Novak

se trouvent sur la propriété de l'Office National des Forêts (l'accès depuis l'Avenue des Falaises est la propriété de la commune de La Ciotat) ; le Bec de l'Aigle est la propriété de la commune de La Ciotat; le secteur de DWS de l'Anse du Sec se trouve sur les terrains du Département.

RÉGLEMENTATIONS

• Mairie de la Ciotat :
L'arrêté municipal EV/BG/RM/2011/ N° 387 interdit la pratique de l'escalade dans le parc du Mugel (il semblerait que les falaises maritimes soient en dehors du périmètre du parc botanique et donc sur la propriété du Département).

• Parc national des Calanques :
Le PNC régule les pratiques et les accès selon une charte et ponctuellement selon des arrêtés de protection (notamment nidifications d'oiseaux pour les falaises). Pour plus d'informations consultez le site internet www.calanques-parcnational.fr ou téléchargez l'application mobile Mes Calanques.

Voici les principales règles à suivre lorsque vous évoluez dans l'enceinte du parc :

1. circulation pédestre interdite la nuit,
2. aucun usage du feu n'est permis (cigarettes, feu et barbecue),
3. bivouac ou camping/caravaning sauvage strictement interdits (cœur de massif, routes et chemins),
4. utilisation de drones interdite,
5. génération de bruits artificiels interdits (musique, instruments),

6. respecter les zones de quiétude,
7. ramener ses déchets,
8. pose de slackline interdite,
9. ne pas sortir des sentiers balisés et
10. ne pas parcourir les éboulis (qui hébergent la Sabline de Provence, plante protégée),
11. l'escalade est strictement interdite sur toutes les îles du parc (Frioul, Maïre et son Tiboulen, Jarre, Riou, Plane, Verte).

Mobilité douce : le PNC fait la promotion de la mobilité douce. Il est donc autorisé de circuler dans le cœur du parc à vélo ou en kayak/stand up paddle (l'assistance électrique n'est pas autorisée).

Bateaux à moteurs de plaisance : le PNC régule la navigation privée de plaisance dans le cœur du parc. À ce titre, votre embarcation doit être autorisée par le parc afin de pouvoir circuler dans le cœur maritime. Le débarquement est autorisé sur le littoral excepté sur les trottoirs protégés à algue Lithophyllum lichenoides, dans les zones interdites à la navigation (arrêtés municipaux et réglementations portuaires) et lorsque le massif est soumis à un fort risque incendie (arrêté préfectoral).

Protection des oiseaux : arrêtés temporaires d'interdiction d'escalade à l'Anse du Cannier notamment, de décembre à avril (consulter www.calanques-parcnational.fr).

• Préfecture des Bouches du Rhône : durant la saison estivale de juin à septembre, la Préfecture des Bouches du Rhône régule les accès aux massifs forestiers selon le risque incendie (périodes sèches et par fort vent). Il est donc important de consulter les autorisations d'accès aux massifs, disponibles sur le site internet de la préfecture des Bouches du Rhône, sur www.myprovence.fr/enviedebalade et sur l'application smartphone Mes Calanques.

The Lumière brothers shot a short silent film of a train entering the La Ciotat train station in 1895. The film was screened at the Eden Theatre in La Ciotat in September 1896, one of the first screenings of a motion picture. But La Ciotat also has another claim to fame! The game of Pétanque was invented in La Ciotat, and first tournament was held there in 1910. This small, quiet fishing port grew to become a large naval port in the 1850s and now specialises in the maintenance and repair of luxury yachts. The coast around La Ciotat is mainly composed of large beaches to the east, and smaller coves and calanques along the rocky shore to the west of the city. The rock here consists of a conglomerate of pebbles with layers of sandstone and marine sediment. This type of coastal rock formation is unique, and so a fantastic area to practice DWS. This part of the coast is in a protected area, and there are many well known spots for swimming, hiking, kayak, stand-up paddle, diving and fishing. DWS climbers first explored this area during the 90s. There is a water tap in the calanque of Figuerolles car park, and at the entrance of the Mugel botanical garden. Public toilets are available at the Mugel cove. Regulations :

• Don't forget to check the fire risk in this mountain range between June and September. The prefecture of Bouches du Rhône regulates access to this area during periods of severe drought and strong wind (fire risk). Check this out at www.myprovence.fr/enviedebalade or on the smartphone application "Mes Calanques" before setting out.

• Calanques national park regulations: Pedestrian and climbing access to the sea cliffs is forbidden during the nesting season of several species of birds from January to June (visit www.calanques-parcnational.fr for more information). The use of motor boats within the national park is subject to authorisation by the park (check this before renting a boat). Here are the main rules you must follow in the park: do not walk around at night, do not use any type of fire (cigarette, barbecue, lighter, stove), do not bivouac/camp, do not use drones, do not play music or any musical instruments, do not practice slackline, take your trash with you when you leave, follow the marked trails (do not run down screes), do not practice climbing on the islands inside the park.

VOIES RÉFÉRENCÉES

Secteur	4a-4c	5a-5c	6a-6c+	7a-8a	8b-8c	Exposition
Cannier-Tablettes	1	3	8	8	-	S0-S2
Calanque de Figuerolles	13	5	4	-	-	S0-S2
Trou du Diable	-	3	5	5	6	S0-S2
Anse de Sec	-	4	5	2	-	S0-S1

CARTE DE LA CIOTAT

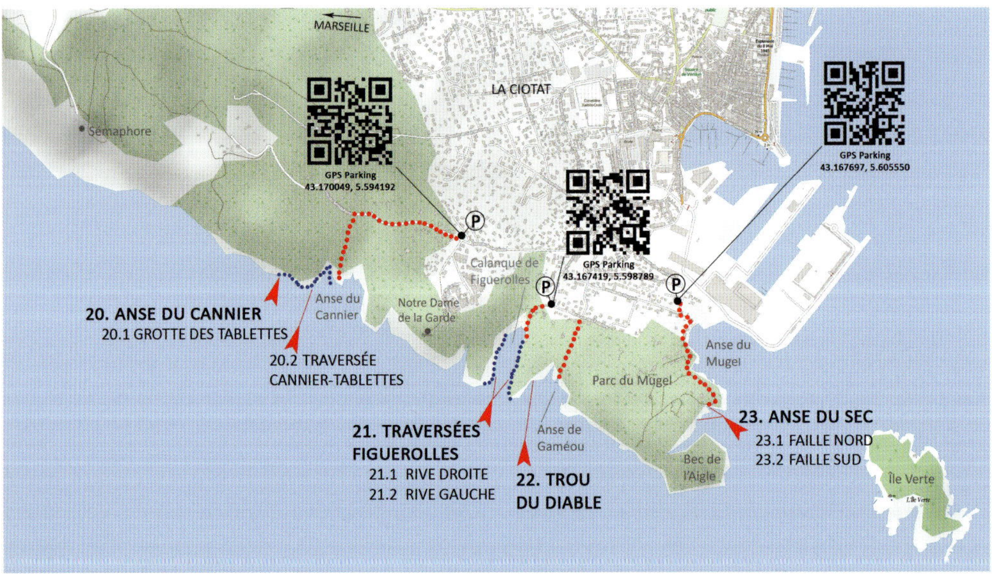

PROPRETÉ DES CALANQUES

club alpin francais
Marseille Provence

partenaire
Parc national
des Calanques

En 2019, des grimpeurs du Club Alpin de Marseille Provence s'associaient au Parc National des Calanques pour retirer plus de 30 tonnes de déchets au pied des falaises de Soubeyranes au Cap Canaille au cœur du Parc National des Calanques, mobilisant 1 hélicoptère et 30 personnes. Le budget de 18 000 euros a été financé par le Parc National des Calanques avec le soutien de la DREAL SUD-PACA, nécessitant l'hélitreuillage des carcasses de voiture et autres objets insolites. 16 bénévoles du CAF accompagnés par les agents du Parc national des Calanques ont nettoyé le secteur attenant à la mythique voie d'escalade Ouvreur de bouses. Les déchets ont été hélitreuillés jusqu'au sommet de la falaise avant d'être acheminés par camion en déchetterie puis valorisés. Au total, 40 big bags sur 2 secteurs principaux représentant 30 tonnes de déchets et la carcasse entière d'une voiture récente ont été extraits du site. Une attention particulière a été observée pour limiter le piétinement de la flore remarquable du Cap Canaille. Les 40 rotations de l'hélicoptère ont été concentrées sur une durée d'1 h 30 afin de limiter l'impact environnemental de l'opération. Ce projet a reçu un Huit d'or en 2021 décerné par la Fédération Française des Clubs Alpins de Montagne (FFCAM).

L'hélicoptère de Helitec © Olivier du Chastel

Au pied du Secteur Ouvreur Bouses © Parc National des Calanques

Les bénévoles du Club Alpin de Marseille © Olivier du Chastel

Total de 40 big bags © Olivier du Chastel

LA CIOTAT

ANSE DU CANNIER

20.1 Grotte des Tablettes

GPS : 43.169077, 5.584012

Orientation : Sud-Ouest

Hauteur maximum : 12 m

Niveau de difficultés : 5b-7c

Vent et houle : très sensible

PRÉSENTATION

Cette grotte est un lieu sauvage face au large, accessible seulement en kayak sinon par une longue escalade au-dessus des flots au terme de la traversée Cannier-Tablettes (voir secteur suivant). L'approche est déjà une belle sortie, récompensée par un bon nombre de lignes soutenues et déversantes dans la grotte ! Le rocher est un superbe grès à strates orange et ocre, parfois sableux et parsemé de gros galets. À visiter absolument !! Cette grotte tire son nom des prises orangées de la forme de petites tablettes suspendues. Premières ascensions connues en solo : Pierre Coquillon et son beau-frère Marc Dumont en 1994. Les voies les plus dures ont ensuite été imaginées et gravies par Eric Valls et ses amis dans les années 2000.

ACCÈS PÉDESTRE (1 HEURE)

Voir le secteur « Traversée Cannier-Tablettes » pour rejoindre l'Anse du Cannier et suivre le parcours de la traversée Cannier-Tablettes. Après avoir passé la petite crique du Trou de Jeannette, rejoindre la grande grotte des Tablettes à l'Ouest. Suivre une vire en 5c pour atteindre le cœur de celle-ci et le départ de nombreuses autres lignes.

ACCÈS PADDLE/KAYAK (RECOMMANDÉ)

Se mettre à l'eau à la Calanque de Figuerolles et longer la côte vers le Nord-Ouest. Passer successivement la faille de l'Espinon (émissaire de la station d'épuration), le petit canyon dit de La Garde puis la grande Anse du Cannier (incluant la faille de l'Obus à droite et la Crique de Ferrand à gauche et enfin plus loin la petite crique du Trou de Jeannette. Le Grotte des Tablettes se trouve environ 150 m plus loin.

This cave is located in a wild and isolated area facing the sea. It is only accessible by kayak or after a long traverse (see Traversée Cannier-lablettes on the following pages). This cave offers some great athletic lines. The rock is composed of orange and ochre strata of sedimentary rock and sandstone incrusted with large pebbles. This place really is worth a visit!!

Pedestrian access (1 hour): see Traversée Cannier-Tablettes on the following pages to access Anse du Cannier and follow the traverse towards the Tablettes cave. Beyond the small cove called Trou de Jeannette, climb toward the west to the large Tablettes cave. Follow a 5c ledge to reach its heart and the beginning of numerous lines.

Kayak/stand-up paddle access (recommended): prepare your watercraft in the calanque of Figuerolles. Navigate along the coast towards the north-east. Go past the fault of Espinon (wastewater sewage), the small canyon of La Garde, the large Anse du Cannier cove, and then the small cove called Trou de Jeanette. The Tablettes cave is located approximately 150 m further on.

Pierre Coquillan plus de 25 ans après la découverte du site © Olivier Leroy

TOPOGRAPHIE GROTTE DES TABLETTES

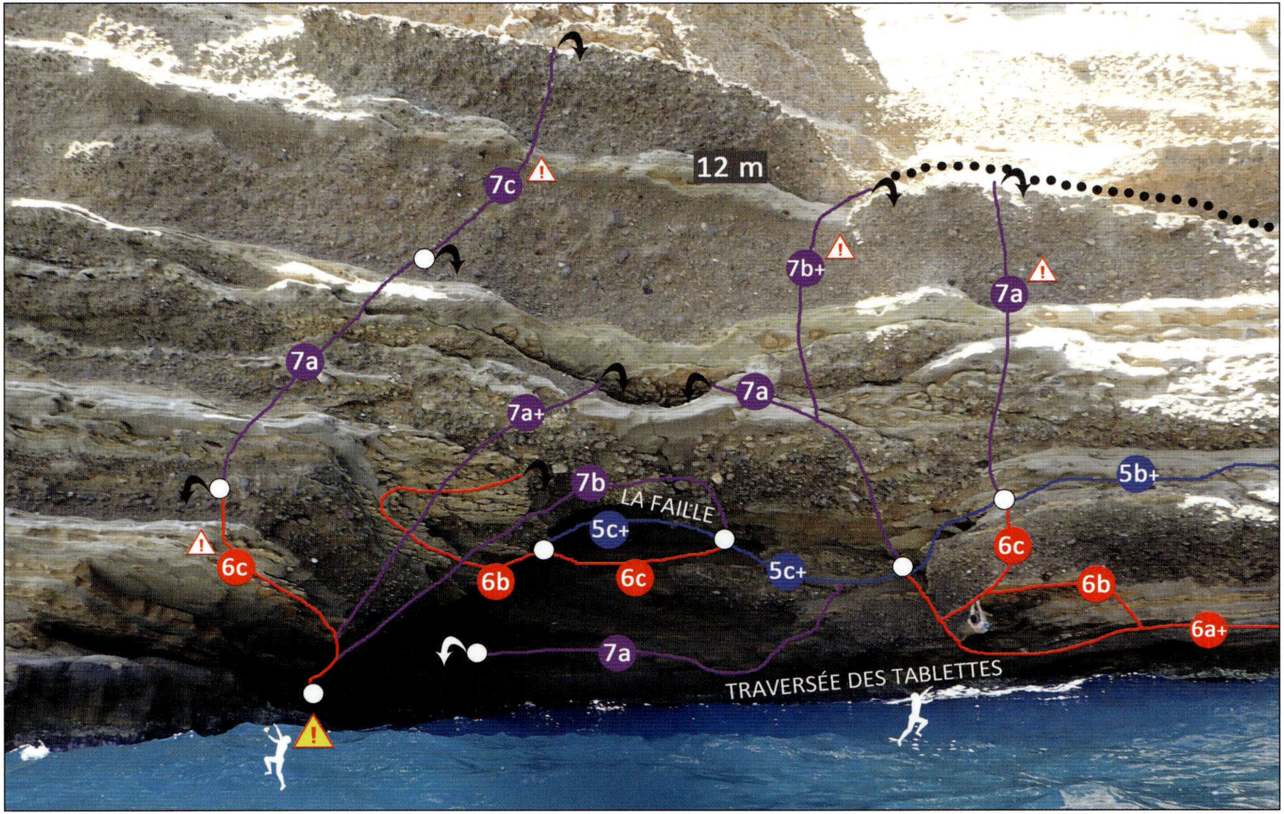

PARKINGS

• Pour l'accès pédestre, se garer sur le Chemin Notre Dame de la Garde sans gêner la circulation - le stationnement est interdit le long du Chemin du Sémaphore (GPS = "43.170059, 5.594192"; Plus Code Google Maps = "5HCV+2M La Ciotat").

• Pour l'accès en kayak, se garer au parking de Figuerolles sur l'Avenue Figuerolles.

TRANSPORTS EN COMMUN (RECOMMANDÉ)

Ciotabus n° 30 arrêt Sémaphore

Car parks:

• Pedestrian access: park your car along Avenue Notre Dame de la Garde (do not obstruct the road; it is forbidden to park along Chemin du Semaphore). GPS = "43.170059, 5.594192".

• Access by kayak: the car park is located on Avenue Figuerolles.

Public transports (recommended): take Ciotabus n° 30 and get off at the Semaphore stop.

Olivier sur les superbes tablettes à gauche, 6c © Nicholas Armstrong

20.2 Traversée Cannier-Tablettes

GPS : 43.168552, 5.585923

Orientation : Est à Ouest

Hauteur maximum : 5 m

Niveau de difficultés : 5c-6c

Vent et houle : très sensible (ne pas entreprendre si la mer est agitée)

PRÉSENTATION

Cette traversée propose une belle balade de niveau accessible sous les canyons secs de la Ciotat. L'Anse du Cannier est un spot de pêche réservé aux pêcheurs les plus aventuriers. La traversée entre l'Anse du Cannier et le Trou de Jeannette fut grimpée dès 1994 par Pierre Coquillon et son beau-frère Marc Dumont. La suite permet de rejoindre la Grotte des Tablettes, superbe secteur sauvage face au large. Prévoir le matériel nécessaire pour parcourir ce type de traversée isolée (sac étanche, baudrier/poulie métallique pour la tyrolienne...).

ACCÈS PÉDESTRE (20 MINUTES)

Remonter vers l'Ouest le Chemin de Notre Dame de la Garde et continuer sur le Chemin du Sémaphore. Rejoindre une citerne verte dans un virage (GPS : 43.171192, 5.589530). De la citerne verte, suivre un sentier marqué qui descend vers la mer (Sud) et rejoint un point de vue au centre de l'Anse du Cannier (à gauche se situe la faille de l'obus et à droite la crique du Trou Souffleur). Descendre alors vers la mer par un couloir à gauche, sous le belvédère, puis un suivant un système de rampes **et vires exposées** sur la droite (broches scellées ; corde vivement recommandée). Depuis la pointe rocheuse au bord de l'eau au centre de l'anse, rejoindre à droite (vers le Nord) la Crique de Ferrand et son Trou Souffleur.

PARCOURS

Grimper autour de la petite crique circulaire (6b, S2), sinon traverser la crique à l'aide de la tyrolienne (baudrier et poulie métallique nécessaires). **Ne pas piétiner les rebords d'algues qui sont très fragiles!** Poursuivre en grimpant vers l'Ouest, passer sous la Cascade des Pirates (4c) et continuer face au large (variantes 4-5) jusqu'à la crique du Trou de Jeannette. Une section dans une grotte (6c) permet de rejoindre le fond de la crique, sinon traverser à la nage. Continuer ensuite à grimper vers la gauche pour rejoindre une autre petite grotte qui s'évite aussi à la nage. Poursuivre l'escalade (5a, S2) jusqu'à parvenir à droite de la large grotte des Tablettes, composée d'un tunnel au fond de celle-ci à gauche. Voir le secteur « Grotte des Tablettes » pour profiter des itinéraires de psicobloc dans ce grand toit.

CURIOSITÉS

Ce morceau de côte propose plusieurs très beaux canyons et cascades secs à parcourir sans hésiter, dont notamment le Trou Souffleur, l'étonnant Trou de Jeannette, la superbe Cascade des Pirates ou encore le Canyon Michel Simon. Tous ces itinéraires sont décrits dans le topoguide « Cascades et Canyons secs littoraux à la Ciotat ». À noter que la Cascade des Pirates se grimpe en solo sur le premier tiers avec un joli saut pour la descente (niveaux 6/7, 10-15 m) !

This pleasant traverse passes below the dry canyons of La Ciotat. It begins with the Anse du Cannier, a paradise for adventurous fishermen, and ends in the small Trou de Jeannette cove. Prepare specific equipment for this little adventure (waterproof bag, harness/metal pulley for the tyrolean...). **Do not climb along this traverse if the sea is rough.**

Pedestrian access (20 minutes) : walk towards the west along Chemin Notre Dame and then Chemin du Sémaphore until you reach a green water tank (GPS : 43.171192, 5.589530). Then follow a trail down the hill towards the south. From the promontory in the centre of the Anse du Cannier large cove, go down to the sea via a steep gully on the left. Follow some **exposed ledges** towards the right (fixed anchors, rope is highly recommended). When you are close to the water, walk towards the north (on the right) to reach the circular Crique de Ferrand creek.

Itinerary : climb around the circular natural pool, or traverse using the tyrolean (harness and metallic pulley are necessary). **Do not walk along the fragile ledges at sea level.** They are covered with protected algae! Climb towards the west at sea level under the Cascade des Pirates dry waterfall (4c) to the small cove of Trou de Jeanette (4-5 climbing grade). Several small caves can be climbed (6c) otherwise swim across the cove. Continue on easy rock (5a, S2) until you reach the large Tablettes cave. See previous pages for the description.

Olivier dans le Cirque de Ferrand
© Nicholas Armstrong

TOPOGRAPHIE TRAVERSÉE CANNIER-TABLETTES

21 Calanque de Figuerolles

GPS : 43.166642, 5.597089

Orientation : Sud-Est et Nord-Ouest

Hauteur maximum : 3 m

Niveau de difficultés : 5c-6b

Vent et houle : protégé du vent d'Est, sensible au mistral

PRÉSENTATION

La Calanque de Figuerolles tire son nom de ses figuiers jadis petits (*figueirolo* en provençal) situés au fond de la calanque, sous le restaurant. Ce site propose deux traversées dans un cadre magnifique, sur chacune de ses rives (5c max à gauche et 6b max à droite). Ces lignes sont idéales pour découvrir l'activité et apprivoiser ce rocher si peu commun. L'escalade se fait en aller-retour et les passages difficiles ou exposés peuvent s'éviter à la nage. La traversée de gauche permet aussi d'accéder au secteur « Trou du Diable » (voir pages suivantes). Premières ascensions connues en solo : Christophe Gaillard et ses amis en 1998 qui grimpaient tout autour du Bec de l'Aigle.

PARKING

De l'entrée de la Ciotat, se diriger vers la route des Crêtes (D 141) puis vers les quartiers de La Garde et de Figuerolles (panneaux Calanques). Le parking de Figuerolles se trouve sur les avenues des Falaises et Figuerolles (GPS = "43.167419, 5.598789"; Plus Code Google Maps = "5H8X+XG La Ciotat").

TRANSPORTS EN COMMUN

Ciotabus n° 30 arrêt Figuerolles.

ACCÈS PÉDESTRE (2 MINUTES)

Du parking, descendre à la calanque par des escaliers glissants.

POLLUTION CONNUE

Émissaire de l'Espinon (station d'épuration) directement au Nord de la calanque de Figuerolles !

CURIOSITÉS

Depuis la calanque, impossible de ne pas apercevoir la Pointe du Capucin, ce rocher caractéristique qui culmine à droite. Pour les plus aventuriers, ce petit sommet est facile à escalader (corde utile, niveau 3) après une courte approche par un sentier sur la droite de la calanque.

The calanque of Figuerolles takes its name from the fig trees below the restaurant. This place proposes two round-trip traverses on both shores in a magnificent setting. The lines are adapted to beginners wishing to gain confidence on this unusual rock formation. The difficult or exposed sections can be avoided. The left side traverse is an alternative access to the following sector called Trou du Diable. Car park: from the entrance of La Ciotat, follow the signs towards « Calanques ». Park in the public car park along Avenue des Falaises and Avenue Figuerolles (GPS = "43.167419, 5.598789"). Public transport: Ciotabus line n° 30, stop at Figuerolles.

Eric traversée rive gauche 5C © Paul de Pins

TOPOGRAPHIE FIGUEROLLES RIVE DROITE

TOPOGRAPHIE FIGUEROLLES RIVE GAUCHE

22 Trou du Diable

GPS : 43.164648, 5.597627

Orientation : Toutes

Hauteur maximum : 15 m

Niveau de difficultés : 5b-8b

Vent et houle : protégé du vent d'Est

PRÉSENTATION

Le Trou du Diable se situe dans l'Anse du Gaméou à l'Est de la Calanque de Figuerolles. Cette face déversante de conglomérat propose des lignes athlétiques idéales pour la pratique du psicobloc. Aujourd'hui le Trou du Diable est un spot de référence dans le sud de la France et attire de nombreux grimpeurs amateurs et confirmés. **Ne pas rentrer au fond des grottes de part et d'autre du site afin de ne pas déranger les chauves-souris.** Premières ascensions connues en solo : Christophe Gaillard et ses amis en 1998 pour les traversées au bord de l'eau. Dès 2007, Sébastien Batel et ses amis exploitent les lignes verticales les plus difficiles.

PARKING ET TRANSPORTS EN COMMUN

Voir secteur « Figuerolles ».

ACCÈS PÉDESTRE (5 MINUTES; PASSAGES EXPOSÉS, CORDE UTILE)

De l'angle entre les avenues des Falaises et des Myrtilles, suivre l'impasse et monter dans la colline. Une fois face à la mer, descendre dans le vallon à droite puis sa faille de gauche jusqu'à la mer au cœur de l'Anse du Gaméou. Le secteur de psicobloc est ensuite accessible à la nage, 50 m à droite. **Ne pas piétiner les rebords d'algues qui sont très fragiles !**

ACCÈS PADDLE/KAYAK (RECOMMANDÉ)

De la calanque de Figuerolles, rejoindre l'entrée de la calanque puis contourner à gauche le cap pour rejoindre l'Anse du Gaméou et le Trou du Diable sur la gauche derrière l'îlot.

The well known Trou du Diable DWS spot is located in the Anse du Gaméou cove to the east of Figuerolles. Its overhanging cliff composed of conglomerate rock offers athletic lines for strong climbers. It is a well known and popular cliff and accessible to DWS fans whatever their climbing skills. Do not enter the long narrow caves on both sides so as not to disturb the bats that inhabit the caves. Car park and public transport: see previous sector "Figuerolles". Pedestrian access (5 minutes; exposed passages, a rope is useful): from the crossroads of Avenue des Falaises and Avenue des Myrtilles, follow the dead end towards the south and walk up the hill along a track. Facing the sea, go down a trail into the valley on the right. Climb down the left side of the gully towards the sea in the centre of the cove. Swim 50 meters towards the right to reach the DWS cliff. Do not walk along the fragile ledges at sea level covered with protected algae! Kayak/stand-up paddle access (recommended): from the calanque of Figuerolles, navigate south and go round the end of the peninsula to the left to reach Anse du Gaméou, and Trou du Diable situated behind the islet on the left.

Audrey au Trou du Diable © Coll. Audrey Gohu

TOPOGRAPHIE DU TROU DU DIABLE

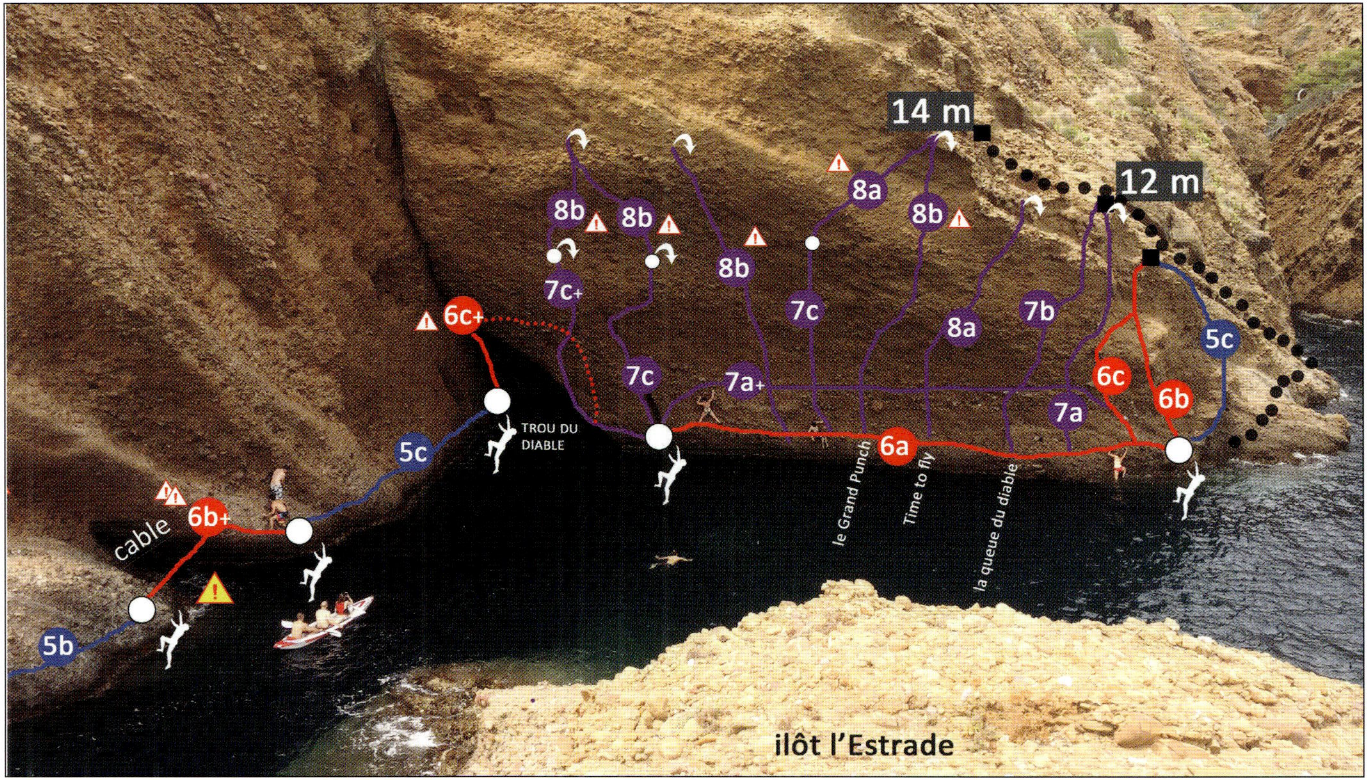

23 Anse du Sec

GPS : 43.163166, 5.606888

Orientation : Sud

Hauteur maximum : 8 m

Niveau de difficultés : 5a-7b

Vent et houle : protégé du mistral

PRÉSENTATION

L'Anse du Sec présente deux petites failles raides voire déversantes au-dessus d'une eau bleu turquoise : faille Nord et faille Sud. Le secteur est très apprécié des jeunes plongeurs qui se jettent dans l'eau d'environ 10 mètres de hauteur. Les quelques lignes de psicobloc plairont à tous les niveaux et tous les styles (mur, traversée, rampes...). Le nom « Sec » fait référence à l'îlot immergé au centre de cette grande crique, aussi appelé une sèche en jargon maritime. Les failles présentées ici se situent sur les terrains du Département.

Première ascension connue en solo : Christophe Gaillard et ses amis (notamment autour du Bec de l'Aigle).

PARKING

Parking payant municipal Le Mugel sur l'Avenue des Calanques (GPS = "43.167697, 5.605550"; Plus Code Google Maps = "5J94+37 La Ciotat").

TRANSPORTS EN COMMUN

Ciotabus n° 30 arrêt Mugel.

ACCÈS PÉDESTRE (10 MINUTES)

De l'angle entre l'Avenue du Mugel et l'Avenue des Calanques, descendre vers la mer en suivant une route étroite entre deux murs. Longer l'Anse du Grand Mugel jusqu'à l'entrée du parc botanique du Mugel. Entrer dans le parc et longer la mer vers la gauche (ne pas pénétrer dans le parc si celui-ci est fermé). Passer l'Anse du Petit Mugel et continuer jusqu'à la grande Anse du Sec. La faille Nord se trouve sous les barrières en bois, en bas de l'escalier. La faille Sud se trouve sous le Belvédère en pierres blanches qui surplombent l'Anse du Sec sur la droite. Pour y accéder, longer le bord de mer depuis la faille Nord (un passage 5b).

ACCÈS PADDLE/KAYAK (RECOMMANDÉ)

Se mettre à l'eau dans l'Anse du Grand Mugel puis longer la côte vers le Sud (à droite), passer les îlots de Nege Froume puis entrer dans l'Anse du Sec.

CURIOSITÉS

Le Bec de l'Aigle (ou Grand Sec) domine l'Anse du Sec de sa haute falaise de conglomérat. Il est possible d'accéder facilement sur les crêtes par la rampe droite de l'impluvium (aménagement en tuiles pour collecter l'eau de pluie sur la droite de la grande faille). Le sommet offre une superbe et impressionnante vue sur le large.

Attention, la crête est par endroits très fine et pourrait céder sous le poids d'un grimpeur trop curieux !!

Anse du Sec proposes two small DWS cliffs above turquoise water. Youngsters love jumping off the cliffs here. There are DWS lines here please all climbers (wall, traverse, ramps). Car park: Toll car park called Le Mugel on Avenue des Calanques (GPS = "43.167697, 5.605550").Public transport: Ciotabus line n° 30, stop at Mugel. Pedestrian access (10 minutes): from the angle of Avenue du Mugel and Avenue des Calanques, walk down a narrow road towards the sea. Go past the Anse du Mugel cove and enter the Mugel botanical park (do not enter if it is closed). Follow the seaside past the smaller Petit Mugel cove and go down to the large Anse du Sec cove. The North cliff is located below the wooden barrier. The South cliff is located to the south under the white stone belvedere. Kayak/stand-up paddle access (recommended): set out from the beach in the Anse du Mugel first cove. Navigate towards the right (south), go past several islets and enter the Anse du Sec cove.

Anse du Sec vue depuis le haut du Grand Sec © Nicholas Armstrong

TOPOGRAPHIE ANSE DU SEC NORD

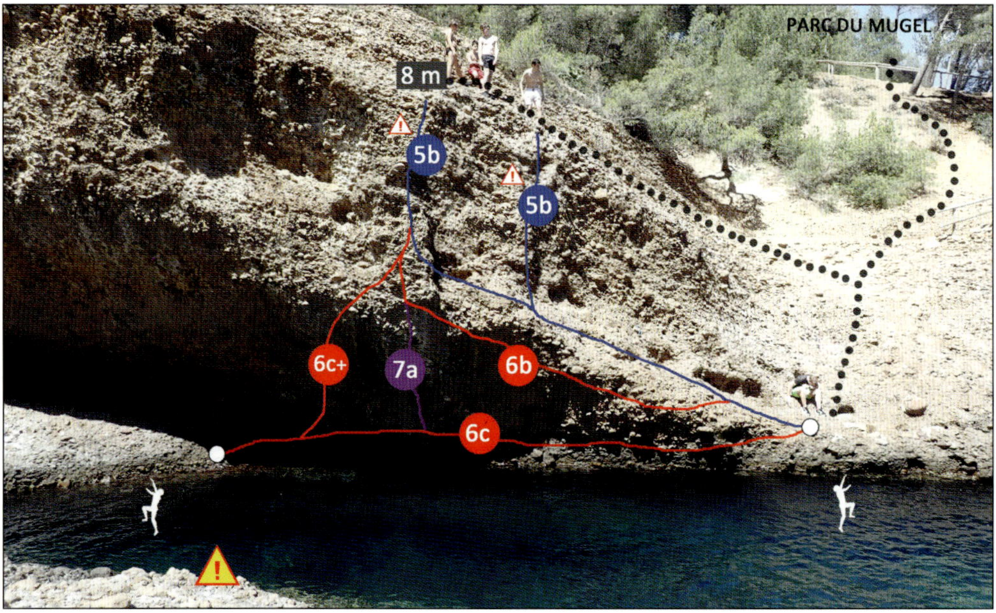

TOPOGRAPHIE ANSE DU SEC SUD

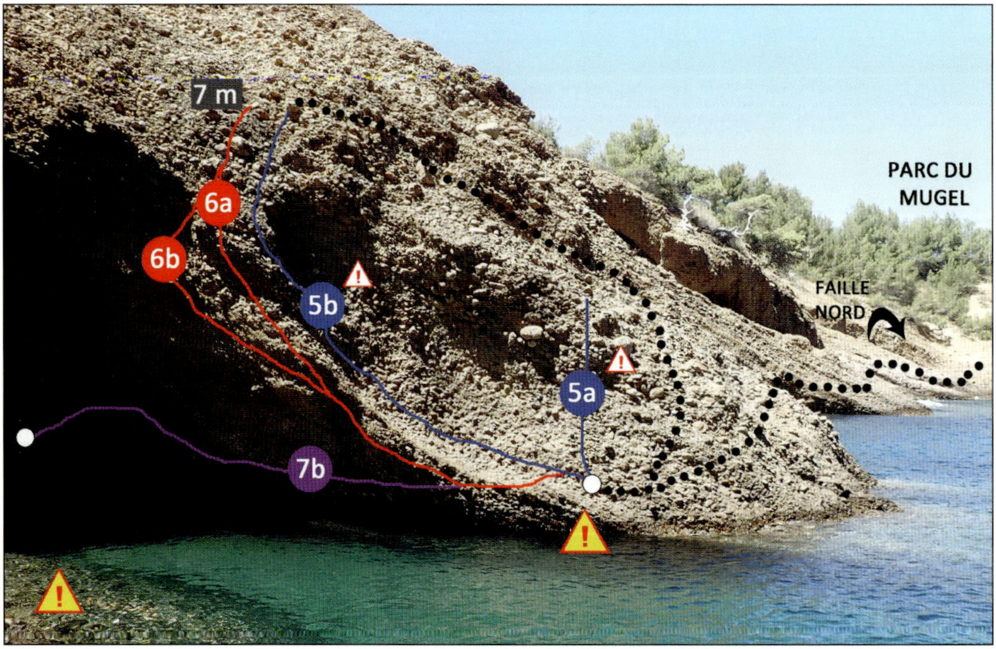

Au Nord des Tablettes © Nicholas Armstrong

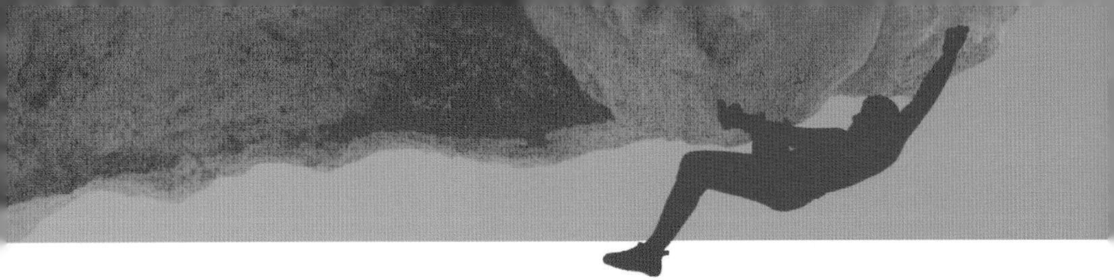

PORT D'ALON

24 Pointe des Termes
25 La Galère

La commune de Saint-Cyr-sur-Mer s'étend vers l'Est jusqu'à la Calanque de Port d'Alon et la Baie de la Moutte. Cette partie du littoral propose quelques secteurs de deep water soloing intéressants dans un cadre somptueux ! Ces falaises ont été explorées par des grimpeurs de la Ciotat dès les années 80. Mais les alentours de Port d'Alon seront aussi un terrain de jeu fantastique pour la randonnée, la plongée, le kayak ou le stand-up paddle. En résumé, vous trouverez sur ce bout de littoral de quoi vous évader et vous défouler face au large azur. Les terrains autour de Port d'Alon font partie d'un site Natura 2000 pour la protection de différents invertébrés, reptiles et mammifères sur ce territoire. La Galère n'est pas concernée par ce classement.

INFOS PRATIQUES

Parking : Calanque de Port d'Alon. Accès payant durant la saison estivale (GPS = "43.150631, 5.712781"; Plus Code Google Maps = "5P27+74 Saint-Cyr-sur-Mer"). Il est vivement conseillé d'arriver sur le site tôt dans la journée pour espérer trouver une place.
Transports en commun : aucun.
Rocher : Calcaire (pointe des Termes) et grès (Galère)
Commodités : Calanque de Port d'Alon durant la saison estivale (bar-restaurant, toilettes, camping du Port d'Alon à proximité).
Propriétaires : les secteurs présentés se trouvent sur les terrains du Conservatoire du Littoral.

RÉGLEMENTATIONS

- Conservatoire du littoral :

Sur le domaine de Port d'Alon - Nartette, il est interdit d'utiliser le feu (cigarettes, barbecue...), de cueillir des plantes et de camper. Il est demandé de ne pas laisser ses déchets sur place, de marcher sur les sentiers et de tenir ses chiens en laisse.

- Préfecture du Var :

Durant la saison estivale de juin à septembre, la Préfecture du Var régule les accès aux massifs forestiers selon le risque incendie (périodes sèches et par fort vent). Il est donc important de consulter les autorisations d'accès aux massifs, disponibles sur les sites internet de la préfecture du Var ou sur l'application smartphone Prévention Incendie. La calanque de Port d'Alon est

Sur la Galère © Nicholas Armstrong

accessible toute l'année sauf par risque incendie sévère (couleur rouge mention « sévère »). Notez qu'en été par fort risque d'incendie (couleur rouge), seule la plage est accessible (le sentier du littoral est donc interdit d'accès).

- Mairie de Saint-Cyr-sur-Mer :

L'arrêté municipal n°2001-05-777 interdit l'accès pédestre à la plage de la Galère pour cause d'éboulements.

The coastline between Saint-Cyr-sur-Mer and Bandol offers a few DWS spots in the splendid setting of the calanque of Port-d'Alon and the Baie de la Moutte. These cliffs were explored during the 80s by climbers from La Ciotat. The area surrounding Port d'Alon is a fantastic area to practice hiking, diving, kayak or stand-up paddle. It is therefore perfect if you need to escape and unwind by the deep blue sea. You will find a restaurant, some toilets and a campsite at the calanque of Port d'Alon.
Don't forget to check the fire risk in this area between June and September. The prefecture of Var regulates access to the coast during periods of severe drought and strong wind (fire risk). So stay alert! Check this information on the mobile app "Prevention Incendie" before setting out.
Please respect the following recommendations: it is forbidden to use any type of fire (cigarette, barbecue, lighter...), to collect plants or camp in the wild. Please take your trash away, follow the marked trails and keep your dog on a leash.

Car park: park your car at the only available car park (GPS = "43.150631, 5.712781"). Plan an early arrival to make sure you get a parking place.

VOIES RÉFÉRENCÉES

Secteur	4a-4c	5a-5c	6a-6c+	7a-8a	8b-8c	Exposition
Pointe des Termes	2	12	16	8	-	SO-S3
La Galère	4	5	3	-	-	SO-S2

Secteur Brasserie © Alexis Bottermer

Mesure de la hauteur des voies de la Galère © Olivier du Chastel

CARTE PORT D'ALON

24 Pointe des Termes

GPS : 43.144993, 5.704590

Orientation : Sud-Est à Sud-Ouest

Hauteur maximum : 12 m

Niveau de difficultés : 5b-8a

Vent et houle : sensible

© Alexis Bottemer

PRÉSENTATION

Ce bout de littoral fut en premier lieu connu par les pêcheurs (main courante d'accès). Christophe Gaillard, originaire de la Ciotat, y découvre plus tard la grotte marine de Port d'Alon avec ses amis et par la même occasion grimpe le long des falaises autour de la pointe des Termes. Ces dernières années, Alexis Bottemer a exploré l'ensemble des lignes du coin et partage sa topographie. Le site se décompose en deux secteurs de DWS : la Brasserie à l'Ouest (Mur) et la zone Anse des Artistes/Ardoise à l'Est (Grotte). Attention, le site est sensible à la houle et la grotte de l'Ardoise reste humide le matin. Pour profiter d'un rocher sec dans cette cavité, préférez une visite à partir de midi. Premières ascensions connues en solo : Christophe Gaillard et ses amis dans les années 80 pour la traversée entre la grotte marine et la pointe des Termes. Alexis Bottemer pour les lignes verticales dans les années 2000.

ACCÈS PÉDESTRE (20 MINUTES PASSAGES EXPOSÉS, CORDE UTILE)

Du parking, rejoindre la calanque et suivre le sentier du littoral sur la droite (balisage jaune). Passer la petite calanque de Jauffrey puis la Pointe des Termes. Le sentier monte ensuite en haut d'un éperon rocheux (marches en béton, clôtures de la luxueuse villa Mas Issuro). En haut de l'éperon, ne pas continuer sur le sentier et ne pas descendre le large vallon/pierrier plus loin à gauche. Du haut de l'éperon, poursuivre directement à gauche dans un terrain rocailleux suspendu en bordure de falaise. Une sente descend un petit vallon à droite, puis contourne ensuite la falaise par une vire à gauche entre les pins. Enfin une rampe escarpée descend à la mer vers la droite (main courante vétuste, **passage très exposé**, corde utile). Depuis la large terrasse au bord de l'eau, traverser à gauche jusqu'aux secteurs Anse des Artistes et Ardoises (passages 5b, **exposition S2**). Le secteur Brasserie (Mur) se trouve directement à droite.

ACCÈS PADDLE/KAYAK (RECOMMANDÉ SI LA MER EST CALME, 15 MINUTES)

De la plage, dépasser la calanque de Jauffrey puis contourner la Pointe des Termes à droite. Les secteurs se situent plus loin à droite sous une grande falaise. Possibilité d'accrocher les embarcations sur plaquettes ou lunules ou de placer les embarcations hors de l'eau.

CURIOSITÉS

De nombreuses lignes de slackline sont possibles grâce à la forme en croissant de lune de la calanque (5 waterlines entre 20 et 80 m le long). Elles ont toutes des ancrages naturels sur rocher, attention à toujours installer des backups de sécurité à l'arrière. Une visite de la grotte marine d'Alon est vivement recommandée. Cette large cavité se situe 50 mètres à l'ouest du secteur du Mur (accès facile depuis la base ou le sommet de ce secteur). Elle débouche sous le secteur du Mur par un siphon sous-marin.

This part of the shoreline was first known to local fishermen. During the 80s, climbers from La Ciotat explored the spot and the nearby marine cave. Recently, a local climber shared his topo of the latest DWS lines. The two main sectors are: Brasserie to the west and Anse des Artistes/Ardoise to the east. The entire spot is affected by the swell and the Ardoise cave is humid in the morning.

Pedestrian access (20 minutes - dangerous passages; rope can be useful): from the car park, walk to the beach and follow the coast trail on the right (yellow marks). Go past a small cove, then a peninsula. The trail goes up a rocky promontory (concrete steps). From the top, do not follow the trail, but walk down a rocky terrain on the left close to the cliff. Go down a short gully on the right and then follow a small trail on a ledge towards the left. À steep rock section goes down to the sea on the right (old fixed rope; dangerous passage, rope can be useful). From the large rock terrace above the water, traverse towards the left (Anse des Artistes/Ardoise) or the right (Brasserie).

Kayak and stand-up paddle access (recommended if the sea is flat, 15 minutes): from the beach go past the small cove on the right. Go round the peninsula, and follow the coast on the right. The DWS spot is located below the high cliffs. It is possible to attach water crafts to anchors or park them on rock platforms.

• SECTEUR BRASSERIE (LE MUR)

Ce secteur est le spot sur lequel passer la journée puisqu'il est le point de départ des waterlines et donne un point de vue direct sur le mur de la traversée « Poisse Caille » puis sur le reste de l'anse et de l'Ardoise. On peut s'y installer sur une grande terrasse de pierre au soleil ou plus loin dans une cavité de pierre à l'ombre et à plat. **Notez que la plupart des lignes de ce secteur sont exposées à une chute très dangereuse sur des dalles ou encorbellements de rocher faiblement immergés (cotation S1-S3).**

Here is the beginning platform for water slacklines. It offers a great view of the "Poisse Caille" traverse and the Ardoise sector. **Most of the lines here are dangerous because of shallow rock slabs or ledges (S1-S3 grades).**

TOPOGRAPHIE SECTEUR BRASSERIE (LE MUR)

• SECTEUR ANSE DES ARTISTES

Secteur qui présente un intérêt si on l'aborde comme une traversée entre la plateforme d'accès et la grotte marine d'Alon. Vous trouverez sur ce secteur une traversée basse et une traversée haute qui valent le détour, ainsi que des voies qui montent très haut et desquelles on préférera ne pas tomber. **Notez que les lignes de gauche sont exposées à une chute dangereuse sur une dalle de rocher peu immergée (cotation S1-S2).**

Nice traverses and high lines. **The lines on the left are dangerous because of a shallow rock underneath (S1-S2 grades).**

TOPOGRAPHIE SECTEUR ANSE DES ARTISTES

• SECTEUR ARDOISE (LA GROTTE)

La gauche du secteur est accessible en escalade depuis l'Anse des Artistes jusqu'à une confortable plateforme, et les traversées permettent l'accès à la partie de droite. Sinon, la nage est aussi une option pour rejoindre l'autre côté. La plateforme permet le départ des traversées et de la mythique ligne « Tarzan à la mer » mais les autres voies se font plus simplement depuis l'eau. La partie de droite est marquée par une sublime grotte déversante qui se savoure à grandes tasses. Ici se trouvent des lignes difficiles qui donneront du fil à retordre, au-dessus d'une mer d'huile plus claire encore que le ciel. On peut se reposer dans la grotte et y laisser le sac à magnésie mais cette cavité est toujours à l'ombre. **Notez que les lignes de gauche présentent un risque de chute dangereuse (bloc immergé ; cotations S1-S2).**

The left side of this sector can be accessed by a traverse from the Anse des Artistes sector. From a comfortable platform, another traverse can be followed to reach the right side. The cave on the right offers some athletic lines, unfortunately in the shade for most of the day. **The lines on the left are dangerous in the event of a fall (shallow boulder ; S1-S2 grades).**

Pointe des Termes, 6c © Alexis Bottermer

TOPOGRAPHIE SECTEUR ARDOISE (LA GROTTE)

Parole à Alexis Bottemer, l'habitué du spot de l'Ardoise

Les falaises des ardoises balnéaires représentent la clarté et la douceur des eaux méditerranéennes arborées d'une splendide roche de calcaire vierge de tout achalandage. Dotée d'une texture à l'accroche irréprochable, la solidité et la pureté de la pierre laissent à rêver tard la nuit. Ses formes et ses dessins embrassent une tendance à la diversité : traversées plus ou moins simples sur des plats, dans des trous à croisements, dans des trous à bi-doigts, lignes sacrées évidentes et difficiles depuis le fond de la cavité, mais aussi diverses traversées verticales solides plus ou moins en hauteur, appelant à des techniques subtiles sur un caillou parfois blanc, parfois rouge ou rose, parfois orange ou marron, parfois jaune, peint d'une variété de couleurs tout juste incroyable. On y trouve aussi de hautes voies magnifiques ascendant le grand mur et dont la sortie se fait à une quinzaine de mètres.

La plupart des problèmes ont été explorés, certains difficiles et plus ou moins engagés sur le grand mur et dans la grotte, d'autres plus simples comme les traversées d'échauffement sur la partie gauche. Son accès restreint évoque la difficulté à y apporter du matériel et on y préférera de simples chaussons et un mental en place. Les sensations se réveillent à l'accueil des hautes voies de l'Ardoise et les tapis d'eau pour la réception sont de grande qualité avec une dizaine de mètres de profondeur directe, ce qui devrait fort bien donner joie aux apnéistes.

C'est un lieu de Deep Water Soloing très peu voire pas du tout connu du monde de l'escalade, il est important de le garder privilégié. Je n'ai jamais observé l'ombre d'un grimpeur sur ces roches, ni une trace quelconque de magnésie, c'est un lieu qu'il faut considérer comme sacré et s'en tenir à la hauteur. Il est difficile d'accès et même les bateaux ne s'y aventurent que très peu souvent, son usage devrait rester le plus discret possible afin de ne pas éveiller de mauvais regards quant à sa classe « Natura 2000 ». Il existe une grotte marine par laquelle se fait l'accès à pied qui est parfois achalandée mais qui reste tout de même méconnue du grand public. Il y a aussi plusieurs possibilités pour installer des waterlines.

Merci d'être à l'image du lieu et de le respecter en prenant soin de ramener tous déchets, en se faisant discret afin d'en préserver l'intimité. Souhaitant que l'orgueil n'ait pas à trouver sa place ici, que la grimpe puisse y rester la simple danse esthétique et naturelle qui est si chère à notre expression, que seules la bienveillance et le respect soient élevés au sein de ce paradis perdu.

À vous de jouer !!

Secteur Ardoise © Alexis Bottermer

25 La Galère

GPS : 43.145874, 5.719631

Orientation : Nord-Ouest

Hauteur maximum : 10 m

Niveau de difficultés : 4-6b

Vent et houle : très sensible au mistral

Baie de la Moutte © Nicholas Armstrong

PRÉSENTATION

Le rocher de la Galère est situé à l'Ouest de la calanque de Port d'Alon dans la Baie de la Moutte. Cette longue étrave rocheuse est surtout connue et appréciée par les baigneurs qui viennent sauter depuis ses différents plongeoirs naturels. Le site est d'ailleurs plutôt connu sous le nom de « Sous-Marin ». Ce secteur est adapté aux débutants en DWS et idéal pour se faire plaisir au-dessus d'une eau azur et sur du grès fracturé et stratifié. **Attention à quelques itinéraires dangereux (S1-S2) qui nécessitent de l'expérience (chute sur plateforme rocheuse acérée notamment).** N'oubliez pas que la falaise principale est orientée Nord-Ouest et sera ensoleillée en fin d'après-midi seulement. Notez qu'une traversée le long de la face Sud-Est est envisageable (5c).

L'accès pédestre étant interdit par arrêté municipal (pour cause d'éboulements sur la plage), il est recommandé d'accéder au site par kayak ou paddle. À pied, il est possible d'admirer la Baie de la Moutte et le rocher de la Galère depuis le sentier du littoral à l'Est de la calanque de Port d'Alon. Du parking du bas, remonter un large chemin vers l'Est qui permet de rejoindre le sentier du littoral (balisage jaune). Suivre le balisage à gauche puis plus loin un sentier qui descend à droite et rejoint un belvédère surplombant la baie de la Moutte (vue sur le rocher de la galère) ; sinon poursuivre à droite pour revenir à la calanque de Port d'Alon.

ACCÈS PADDLE/KAYAK (RECOMMANDÉ)

Du parking, rejoindre la plage en bas de la calanque. Depuis la plage, contourner à gauche un large cap pour entrer dans la grande baie de la Moutte. Le rocher de la Galère se trouve à droite de la plage de galets sous de grandes falaises orange. **Débarquement interdit sur la plage par arrêté municipal (pour cause d'éboulements sur la plage).**

CURIOSITÉS

Le sentier du littoral permet de découvrir la côte sauvage entre Saint-Cyr-sur-Mer et Bandol, environ 12 km de randonnée qui se parcourt en 3 h 30. Plus d'informations auprès des Offices de Tourisme.

The Galère islet is located to the east of the calanque of Port d'Alon. Local youngsters who jump from the higher ledges appreciate this long submarine-like type rock. This spot is ideal for DWS beginners and is a great place to enjoy some solo climbing on fractured sandstone above blue water. The main cliff is orientated north-west and is only in the sun at the end of the day. A traverse along the south-east face is a good challenge (5c French grade). **Some lines are dangerous and require some experience (S1-S2 grades; potential fall onto ledges with sharp rock!).** Pedestrian access is forbidden via the nearby beach because of a municipal bylaw (rock fall hazard); access by swimming, kayak or stand-up paddle is recommended. On foot, you can admire the bay and its Galère rock from the coastal trail. From the car park, walk up a large track towards the east. From the crossing follow the trail along the coastline (yellow marks) on the left. Then, go down a large trail on the right to reach a belvedere above the bay.

Kayak or stand-up paddle access (recommended): from the car parks go to the beach and navigate towards the south-east, go round the peninsula and enter a large bay on the left. The DWS rock is located to the right side of the pebble beach at the foot of the orange colored cliffs. **Disembarkation on the beach is forbidden (rock fall hazard; municipal by-law).**

Nicholas par forte mer, 6b © Olivier du Chastel

TOPOGRAPHIE DE LA GALÈRE

TOULON - HYÈRES

CARTE TOULON - HYÈRES

26 Anse de San Peyre

L'anse de San Peyre propose une escapade sauvage à deux pas des villes de Toulon et de La Garde. Ce lieu discret est source de calme et propose de superbes secteurs d'escalade sur un bon rocher et au-dessus d'une eau claire. San Peyre est depuis plus de 50 ans le laboratoire des grimpeurs toulonnais et un spot de DWS réputé. Ces falaises se situent sur le littoral protégé du Parc National de Port-Cros (communes de La Garde et Le Pradet qui sont dans l'aire d'adhésion du parc). Il convient donc de respecter le milieu naturel et la quiétude des lieux (ramener ses déchets, ne pas faire de bruit...) afin de pouvoir continuer à grimper ici !

La discrète Anse de San Peyre abrite depuis plus de 100 ans un minuscule port entouré de petits cabanons de pêcheurs. Le site a été popularisé en 1982 par Patrick Edlinger pour la pratique de l'escalade, à travers le documentaire « La Vie au bout des doigts » de Jean-Paul Janssen. Ce documentaire est à regarder absolument avant de se rendre à la Piade ! Mais la pratique se précise ici dès 1967 avec les premières explorations par Jean-Louis Bonin et Pierre « petit » Louis qui ont à cette époque découvert la grande traversée de la Piade. Par la suite, Jean-Marc de Robert alors adolescent venait les années suivantes accompagné par ses amis Christian Crespo, Robert Nicod puis Martine Broche pour grimper entre amis. Plus tard et sûrement inspirés par la Piade, Jean-Louis Bonin et Jean-Marc deviendront guides de haute montagne et Robert Nicod photographe et cinéaste notamment au sujet de Patrick Edlinger. Le site, indémodable, a depuis vu passer de nombreux grimpeurs dans ses grottes ou le long de ses traversées. Le toit de la Grotte des Amoureux avait été d'abord gravi en artif par Robert et ses amis, puis en libre par Patrick Edlinger. La ligne a été enchaînée en solo intégral en 2013 par Olivier Letourneux, un grimpeur local. Cette dernière décennie, de nombreuses lignes verticales ont été inventées pour la pratique du solo, notamment par Guillaume Ladislas, Nicolas Peleau, Robin Revest, Bruno Pancrazi, Coline et Étienne Seppecher, Niko Lantier. Aujourd'hui la nouvelle génération continue à apprécier ce spot exceptionnel.

Les secteurs se trouvent autour de la Pointe Sainte-Marguerite, à proximité directe de l'Anse de San Peyre située sur les communes de La Garde et Le Pradet à l'est de Toulon. Le secteur est souvent appelé « La Piade » en référence à la Grande Traversée. Vous trouverez des informations supplémentaires sur le blog en ligne http://lapiade.canalblog.com.

The San Peyre cove is a wild area close to the cities of Toulon and La Garde. This remote and restful area offers some very nice and famous climbing lines on good rock above crystal water. For more than 50 years, San Peyre has been "the place to be" for climbers from Toulon and has become a well-known spot for its DWS king lines. The cliffs are located on the protected coastline of the National Park of Port-Cros. It is therefore important to follow the regulations when climbing there.

San Peyre was a tiny, secluded port surrounded by small fishing sheds until 1982, when the climbing was featured in a documentary called "la vie au bout des doigts" showing Patrick Edlinger climbing above the water along the Piade traverse. Try and watch this film before going to la Piade! However, this long traverse was first discovered by climbers exploring the coast in 1967. The large roof of Grotte des Amoureux was first aid climbed and then free climbed with a rope by Edlinger. It was free climbed (solo) by Olivier Letourneux in 2013, a local climber. Over the last 10 years, many new vertical DWS lines were invented by local climbers. This unique climbing area remains very popular with the new generation of climbers.
The sectors are located along the Pointe Sainte-Marguerite peninsula, to the west of the San Peyre cove. This area is often called "la Piade" by climbers, referring to its "Grande Traversée".

VOIES RÉFÉRENCÉES

Secteur	3c-4c	5a-5c	6a-6c+	7a-8a	8b-9a	Exposition
Grande Traversée	2	9	5	-	-	SO-S2
Grotte des Amoureux	-	3	25	8	-	SO-S2
Pointe Sainte Marguerite	2	5	3	-		SO-S3
Siphons et Cube	-	4	2	1		SO-S3
Ouest	-	1	2	1		S1
Muraille	-	6	7	-		SO-S2

PARKINGS

Quelques emplacements au niveau du numéro 614 de l'Avenue Commandant Houot (GPS = "43.106665, 5.993890"; Plus Code Google = "4X4V+MH La Garde"), sinon le long de la rue Auguste Aiguier (GPS = "43.107830, 5.989142"; Plus Code Google = "4X5Q+4M La Garde").

TRANSPORTS EN COMMUN

Du réseau Mistral de la métropole de Toulon : Bus ligne 23 arrêt « La Garde Saint-Pierre » ou ligne 6 arrêt « La Garde Terre Promise ».

ROCHER

Calcaire triasique du Muschelkalk (ou calcaire coquillier contenant des coquilles de mollusques).

COMMODITÉS

Centre-ville de La Garde ou du Pradet. Point d'eau potable sur le Square François Lluch sur la rue Auguste Aiguier.

ACCÈS PÉDESTRE (10 MINUTES)

De l'Avenue du Commandant Houot, rejoindre le Chemin de l'Anse San Peyre puis suivre ce chemin étroit jusqu'au petit port.

RÉGLEMENTATIONS

• Préfecture du Var :
Durant la saison estivale de juin à septembre, la Préfecture du Var régule les accès aux massifs forestiers selon le risque incendie (périodes sèches et par fort vent). Il est donc important de consulter les autorisations d'accès aux massifs, disponibles sur le site internet de la préfecture du Var ou sur l'application smartphone Prévention Incendie.

• Mairie de La Garde :
L'arrêté municipal n° 2018/0754 du 16/10/2018 interdit l'accès aux falaises de la Pointe Marguerite depuis le port de San Peyre pour risque d'éboulement.
L'arrêté municipal n° 2015/0604 du 17/08/2015 interdit accès, stationnement et cheminement sur la plage et sous la falaise de Massacan à l'ouest de l'Anse de San Peyre (à l'ouest des secteurs La Chute t'attire et Far Ouest). Notez que les chiens sont interdits à l'anse de San Peyre.

POLLUTION CONNUE

L'anse de San Peyre peut être impactée après un épisode de pluie par une pollution des eaux de ruissellement du fleuve côtier de l'Eygoutier juste à l'Est.

L'anse et le port de San Peyre © Nicholas Armstrong

CURIOSITÉS

• La Pointe Sainte-Marguerite regorge de tunnels, siphons, galeries pour un total de 5 grottes de surface ou sous-marines. Les grottes de la Piade sont documentées sur le site internet du CDS83.

• La Pointe Sainte-Marguerite accueillait auparavant un château qui est devenu un fort militaire maintenant en partie disparu. Ce fort regroupait des batteries de tir et des galeries souterraines. Il est de nos jours le siège du CROSS MED, l'organisme qui coordonne les opérations de sauvetage en mer.

Car park: There are a few parking places in front of no. 614, Avenue du Commandant Houot (GPS = "43.106665, 5.993890"). You can also park along the rue Auguste Aiguier (GPS = "43.107830, 5.989142")

Public transport: take the Mistral bus, line 23 to "La Garde Saint-Pierre" or line 6 to "La Garde Terre Promise".

Pedestrian access (10 minutes): From Avenue du Commandant Houot, walk to the Chemin de l'Anse de San Peyre, then walk down the narrow stairs to the small port.

Regulations:

• Don't forget to check the fire risk between June and September. The prefecture of Var regulates access to this area during periods of severe drought and strong wind (fire risk). Check with local tourist offices, or directly on the smartphone application "Prevention Incendie" before setting out.

• La Garde Town Hall: two municipal decrees regulate the access to the coast in this area. It is forbidden to access the cliffs of Pointe Sainte-Marguerite from the port of San Peyre because of the risk of rock falls. It is also forbidden to access and walk on the beach below the cliff of Massacan, to the West of the San Peyre cove and DWS sectors. Dogs are not allowed at the San Peyre cove.

CARTE DE SAN PEYRE

26.1 Grande Traversée - La Piade

GPS : 43.104289, 5.992949 (départ)

Orientation : Est à Ouest

Hauteur maximum : 5 m

Niveau de difficultés : 6b max (variantes plus difficiles au plus près de l'eau)

Vent et houle : très sensible

PRÉSENTATION

Cet itinéraire a été nommé « La Piade » par Jean-Louis Bonin qui venait ici pour pêcher et qui a été sûrement le premier à avoir grimpé le long de ces falaises. Ce cheminement permet la visite de tous les secteurs autour de la Pointe Sainte-Marguerite (Mur, Grotte, Mouettes, Siphons, Cube, La Chute t'Attire, Far Ouest) au départ du port de San Peyre. Le mot provençal *piàdo* signifie « trace de pas » ou est utilisé par les pêcheurs pour désigner le Bernard-l'Hermite. La Piade est donc un nom qui convenait très bien à cette escalade maritime. Le parcours d'environ 600 m passe toujours au plus facile et présente **quelques passages dangereux et exposés (chute sur rocher, cotation S2/3)** mais ne dépasse pas le 6b. L'itinéraire le plus facile emprunte systématiquement les vires tandis que les variantes les plus difficiles se réalisent au plus près de l'eau. **Rappel : ne pas circuler sur la large plage à l'Ouest de cette traversée pour risque très important de chutes de rochers, voire de la falaise entière (accès interdit selon arrêté municipal de La Garde n° 2015/0604 du 17/08/2015).**
Premières ascensions connues en solo : Jean-Louis Bonin et Pierre « petit » Louis dès 1967 puis Robert Nicod, Christian Crespo et Jean-Marc de Robert entre 1970 et 1972. Patrick Edlinger grimpera sur cet itinéraire seulement à la fin des années 70.

ACCÈS

Démarrer l'escalade au sud du petit port de San Peyre.

PARCOURS

Le départ depuis le port de San Peyre propose, après un court accès pédestre, deux sections courtes (5c puis plus loin 6b au ras de l'eau) pour accéder au Mur à droite de la Grotte. La traversée de la base du Mur est délicate et patinée (6b), puis la traversée de la grotte se déroule sur un rocher moins usé et plus franc (5b+ puis 6b S1 au-dessus de la petite grotte, sortie de la grande grotte 5b S1). Une section facile mais exposée (4 S1) permet de rejoindre la Pointe Sainte-Marguerite. La traversée au plus près de l'eau (5c S1) permet de connecter avec le premier tunnel (qui se contourne au bord de l'eau en 5b+ S1). Le second tunnel se contourne par une traversée en 5b (S1). La suite s'effectue à pied jusqu'au fond du cirque encombré de blocs rocheux immergés. La traversée reprend par une section technique exposée à la chute (5c+ S2). Reprendre la marche jusqu'à la prochaine section exposée : au plus près de l'eau (6a+ S3) ou 5b (S3) par la vire plus haut. Depuis une terrasse au bord de l'eau, rejoindre et traverser les secteurs Siphons et Cube par le bas (5b puis 6a+) ou le haut (5a puis marche). La traversée se poursuit vers la plagette sous une large grotte (court passage 5b) puis continue par trois passages entrecoupés de sections de marche : 6b ou 6c à gauche de la plage (secteur La Chute t'attire), 5b plus loin au secteur Far Ouest, puis 6b dans une faille exposée à la chute sur blocs immergés (S2). Le dernier passage n'est pas recommandé car dangereux. Retour par le même itinéraire ou à la nage.

This itinerary was named "la Piade" by Jean-Louis Bonin who came here to fish, was probably the first person to climb along these cliffs. This traverse passes through all the sectors around Pointe Sainte-Marguerite (Mur, Grotte, Mouettes, Siphons, Cube, La Chute t'Attire, Far Ouest) starting from the port of San Peyre. The Provençal word pìàdo means footprint and is used by local fishermen to designate the Hermit Crab. Therefore, the name Piade fits well with this traverse above water. It is about 600 meters long, and follows the easiest parts with a few dangerous sections (S2-S3). The highest grade is 6b. The easiest route follows the ledges and the harder routes stay close to the water. Reminder : don't go to the extreme West of this traverse because of a high risk of rock falls. Access to the beach is forbidden by municipal decree. Access : start climbing from the South of the small port of San Peyre. Traverse : To the south of the small port, the traverse starts with two short climbing sections before the sector called Mur (5c then a little further 6b at water level). The traverse at the bottom of this first sector is delicate and polished (6b). The traverse of the large cave (Grotte des Amoureux) is on better rock (5b then 6b S1 above the small cave, and 5b S1 to exit the large cave). An easy but exposed section (4 S1) brings you to Pointe Sainte-Marguerite. Traverse close to the waterline (5c S1) in order to connect with the first tunnel (walk through or climb around just above the water 5b+ S1). The second tunnel can be also avoided by climbing around it, along a 5b S1 traverse. Then, walk around the cove on large boulders. The next section is an exposed, athletic traverse (5c+ S2). Walk along the shore to reach another exposed section (closer to the water 6a+ S3 or along the upper ledge 5b S3). From a large ledge just above water, climb across the Siphon and Cube sectors : either stay close to water (5b then 6a+) or follow the upper ledge (5a then walk). The traverse continues with a short 5b section towards a small beach under a cave, then three other climbing sections separated by a stretch of moderately difficult climbing : 6b/6c at the left of the beach (sector la Chute t'attire), 5b further (sector Far West), then 6b in an exposed fault with potential falls onto underwater rocks (S2). The final section is not recommended because it is too dangerous. Climb back along the same traverse or swim back.

TOPOGRAPHIE GRANDE TRAVERSÉE - ACCÈS

TOPOGRAPHIE GRANDE TRAVERSÉE - GROTTE ET POINTE

TOPOGRAPHIE GRANDE TRAVERSÉE-POINTE

TOPOGRAPHIE GRANDE TRAVERSÉE - SIPHON CUBE

TOPOGRAPHIE GRANDE TRAVERSÉE - SECTEURS OUEST

Saut de la Mort 6b © Olivier du Chastel

26.1 Grotte des Amoureux

GPS : 43.103775, 5.992611

Orientation : Sud-Est à Nord

Hauteur maximum : 21 m

Niveau de difficultés : 5c-7c

Vent et houle : protégé du mistral (exposé au vent d'Est)

PRÉSENTATION

La Grotte dite des Amoureux est le secteur principal de la Piade et offre de nombreuses lignes du 5c au 7c. Le grand toit a d'abord été gravi en artif au début des années 70 puis libéré en solo intégral dans les années 2000. Attention à la hauteur de certaines voies qui montent à 14 m à droite (Mur) et jusqu'à 21 m en haut de la falaise au-dessus de la grotte. À droite de la cavité, le Mur est le secteur le plus pratiqué à San Peyre car il est facilement accessible et les lignes sont toutes intéressantes et peu d'itinéraires sont exposés. Malheureusement les lignes les plus faciles sont très patinées. La falaise passe à l'ombre en fin de matinée et le site est protégé de la houle de mistral en provenance de l'Ouest.

Premières ascensions connues en solo :

- Guillaume LADISLAS (Moby Dick 6b+),
- Coline SEPPECHER (Tombola 6b),
- Étienne SEPPECHER (Cordée de Choc 7b, Poseidon 7b, Géronimo 7b+),
- Robin REVEST (Tu mutes ou tu butes ! 6c, Buffalo Cojones 7a+),
- Olivier LETOURNEUX (L'Araignée au Plafond 7c en 2013).

Parole à Olivier Letourneux, grimpeur local et répétiteur de l'Araignée au Plafond : « Une fois sur la corniche : faire le plein de motivation avec un soupçon de folie pour un départ sans retour. Sur une horizontalité pleine de prises à bras, le parcours est long avec deux repos possibles à mi-plafond (en fonction de votre souplesse...). Si les prises abondent jusqu'au mousqueton, la sortie réclame un max de sang-froid pour s'engager en dévers avec des pieds peu stables sur une réglette main droite et mouvement dynamique à gauche pour un plat main gauche. L'exercice est périlleux, les conseils : travaillez d'abord la sortie par le haut (corniche accessible par le coté gauche de la grotte), maîtrisez votre (vos) chute(s), toujours avoir une tierce personne pour la sécurité (la chute est à l'image de la voie... longue...). »

ACCÈS (+10 MINUTES)

Rejoindre à droite du port le départ de la Grande Traversée. Grimper au-dessus de l'eau jusqu'à arriver dans la grotte (6b max).

ACCÈS PADDLE/KAYAK (RECOMMANDÉ)

Descendre à l'Anse de San Peyre et se mettre à l'eau dans le petit port, puis naviguer vers le Sud.

The 'lovers' cave (Grotte des amoureux) is the main sector at San Peyre and offers many climbing lines from 5c to 8a. This great roof had first been "aid" climbed in the early 70's then "free soloed" during the noughties. Beware of the lines that go as high as 14 meters on the right (sector le Mur), and 21 meters above the cave (Grotte). On the right of the cave, the Mur sector is the most practised at San Peyre because of its easy access and a large number of safe and interesting lines. Unfortunately, the easiest lines are very polished. The cliff is in the shade from late morning onwards and is protected from the swell and the westerly wind.
Access (10 minutes): The start of the Piade traverse is on the right of the small port. Climb above the water until you reach the large cave (6b max). Paddle/kayak access (recommended): From the small port of San Peyre, navigate towards the South.

Nicholas dans the Arch 6b © Olivier du Chastel

TOPOGRAPHIE MUR

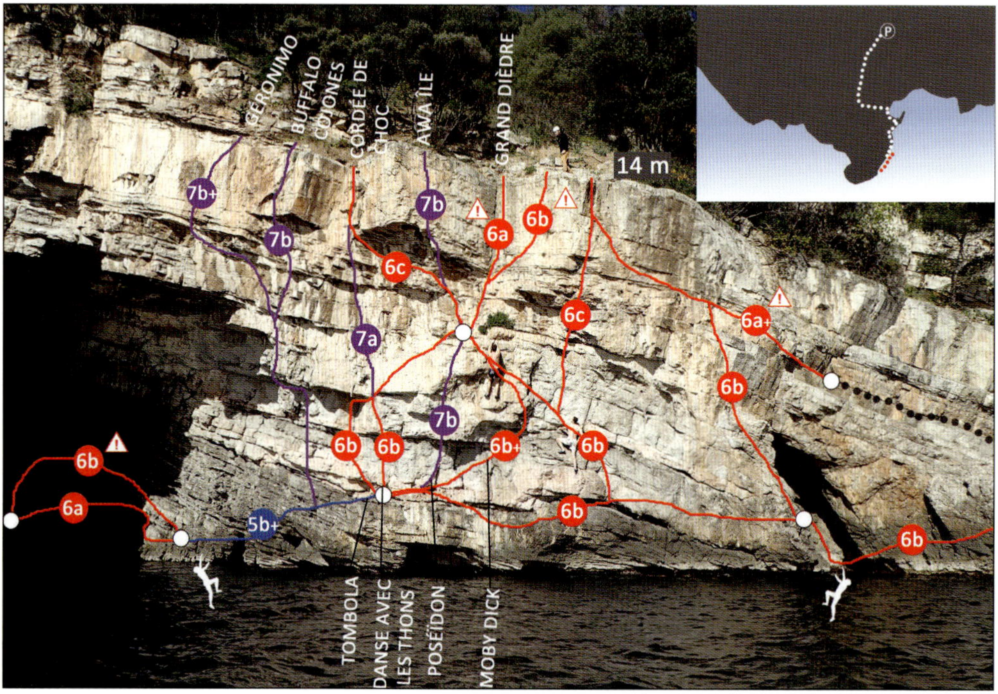

TOPOGRAPHIE GROTTE DES AMOUREUX

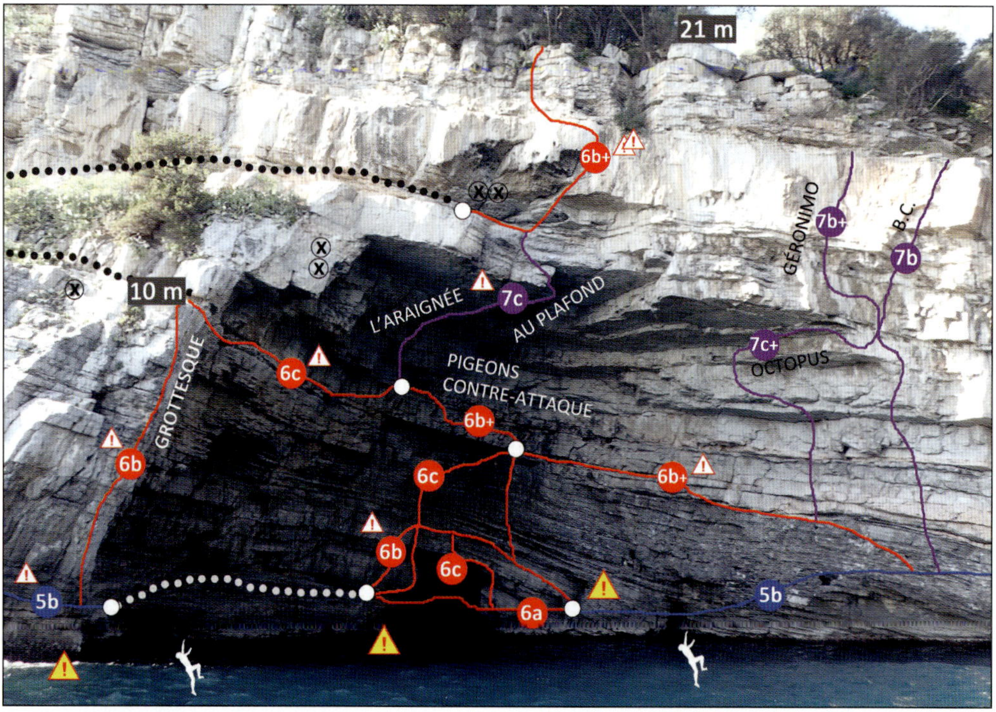

Olivier Letourneux dans l'Araignée au plafond © Olivier du Chastel

Svana Bjarnason, 6c © Jan Novak

TOPOGRAPHIE GROTTE DES AMOUREUX DROITE

TOPOGRAPHIE GROTTE DES AMOUREUX GAUCHE

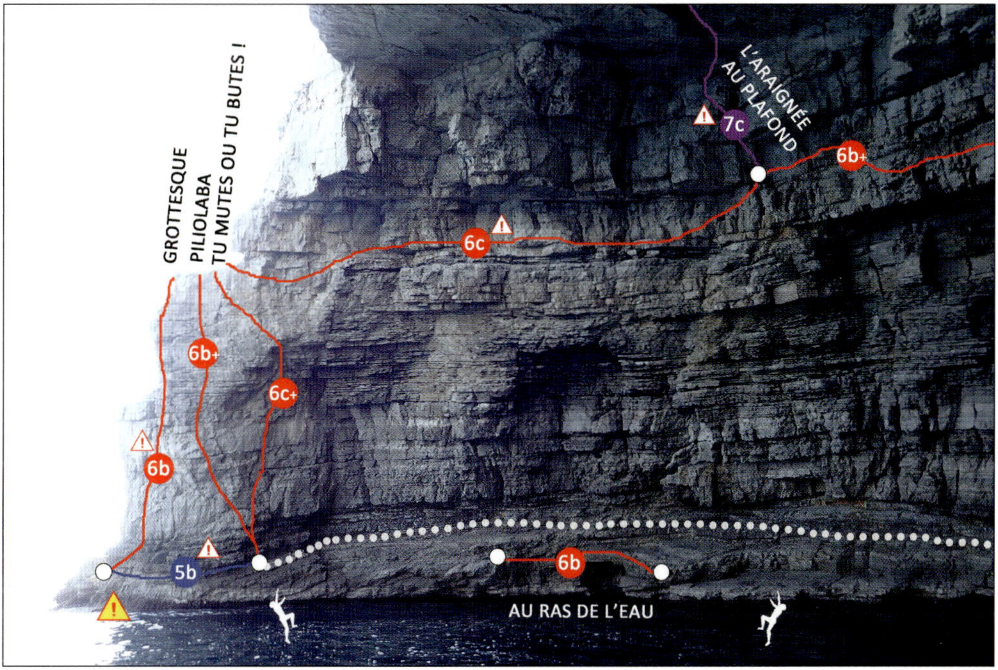

26.1 Pointe Sainte-Marguerite

GPS : 43.103463, 5.991818

Orientation : Sud-Ouest

Hauteur maximum : 7 m

Niveau de difficultés : 5a-6c

Vent et houle : très sensible

PRÉSENTATION

Ce secteur sauvage, aussi dénommé « Spartacus » ou « Mouettes » par les locaux, se situe sur l'extrémité de la Pointe Sainte-Marguerite. Il propose quelques lignes intéressantes dont certaines majeures mais **dangereuses car exposées à la chute sur rocher acéré (Spartacus et La Rumeur, S3).** N'oubliez pas de visiter les superbes tunnels naturels ! Premières ascensions connues en solo : Niko Lantier (La Rumeur).

ACCÈS (+ 20 MINUTES)

Voir secteur « Grotte des Amoureux » puis dépasser celle-ci en escalade et rejoindre les falaises sur l'extrémité de la Pointe Sainte-Marguerite.

ACCÈS PADDLE/KAYAK (RECOMMANDÉ)

Descendre à l'Anse de San Peyre et se mettre à l'eau dans le petit port. Naviguer vers le Sud, dépasser la grotte puis contourner la Pointe Saint-Marguerite.

This wild sector is also named "Spartacus" or "Mouettes" by local climbers. It is located at the very end of Pointe Sainte-Marguerite. It offers a few interesting lines including some epic but dangerous routes. **There is a danger of falling onto sharp rocks along these routes so take extra care here (Spartacus and la Rumeur, S3).** Don't forget to visit the amazing natural tunnels! Access (+ 20 minutes) : See the "Grotte des Amoureux" sector then climb to the left the above water until you reach the cliffs at the very end of Pointe Sainte-Marguerite. Paddle/kayak access (recommended) : From the small port of San Peyre, navigate towards the South, go past the large cave and go around the Pointe Sainte-Marguerite.

TOPOGRAPHIE POINTE SAINTE-MARGUERITE EST

TOPOGRAPHIE POINTE SAINTE-MARGUERITE OUEST

Anse de San Peyre

26.1 Siphons et Cube

GPS : 43.104346, 5.990750

Orientation : Sud-Ouest

Hauteur maximum : 9 m

Niveau de difficultés : 5a-7a

Vent et houle : très sensible au mistral

PRÉSENTATION

Le secteur des « Siphons » est célèbre pour son « Saut de la Mort », véritable jeté athlétique vers un gros bac au-dessus de l'eau... Juste à l'Ouest, le secteur dit du « Cube » offre quelques lignes intéressantes le long desquelles Patrick Edlinger s'entraînait dans les années 1980. Le nom « Siphons » provient des multiples siphons sous-marins localisés dans cette zone et qui permettent d'accéder à une longue grotte sous-marine, aussi appelée « grotte bleue ». Premières ascensions connues en solo : Patrick Edlinger au secteur Cube.

ACCÈS (+ 30 MINUTES)

Voir secteur « Grotte des Amoureux » puis dépasser celle-ci en escalade. Passer par le secteur « Pointe Sainte-Marguerite » et continuer la traversée. Le secteur « Siphons » se distingue par un toit caractéristique au-dessus d'une large vire. Plus loin, le renfoncement carré indique le secteur « Cube ».

ACCÈS PADDLE/KAYAK

Descendre à l'Anse de San Peyre et se mettre à l'eau dans le petit port. Naviguer vers le Sud, dépasser la grotte puis contourner la Pointe Saint-Marguerite puis rentrer dans l'anse qui suit.

The Siphons sector is famous for its "Saut de la Mort" (Death jump), a real athletic Superman jump to a big hold above the water... Just to the West of this sector, Cube offers some interesting lines. Patrick Edlinger used to train along some of them in the 80s. The name "Siphons" comes from the underwater siphons located in this zone. They provide access to a long underwater cave called "the blue cave". Access (+ 30 minutes) : See "Grotte des Amoureux" then climb past the sector Pointe Sainte-Marguerite and keep on traversing left. The Siphons sector is easily recognised with its horizontal roof above a wide ledge. À little further on, a big square shaped recess indicates the Cube sector. Paddle/kayak access (recommended) : From the small port of San Peyre, navigate towards the South, go past the cave and Pointe Sainte-Marguerite, then enter the next cove.

TOPOGRAPHIE SIPHONS

TOPOGRAPHIE CUBE

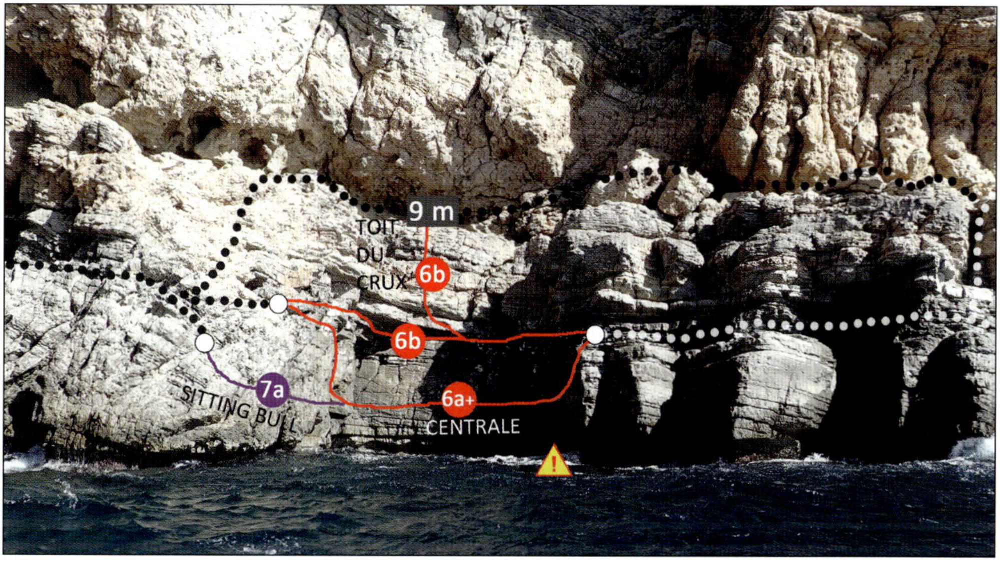

Traversée à droite du Cube © Olivier du Chastel

Olivier dans la Centrale du Cube, 6a+ © Nicholas Armstrong

26.1 Secteurs Ouest

GPS : 43.104629, 5.989853

Orientation : Sud-Ouest

Hauteur maximum : 14 m

Niveau de difficultés : 5b-7a+

Vent et houle : sensible

PRÉSENTATION

L'extrémité Ouest de la grande traversée est ponctuée de deux petits secteurs intéressants qui proposent de belles lignes au-dessus d'une eau profonde. Juste à l'Ouest de la plagette se trouve le petit secteur, nommée « La chute t'attire » et connu pour ses deux variantes qui font partie de la Grande Traversée de la Piade (voir le secteur « Grande Traversée » pour le topo). Le secteur « Far Ouest » propose quelques très jolies lignes dont un 5b plein gaz ! Premières ascensions connues en solo : Fred (6b+ et 7a+).

ACCÈS (+ 45 MINUTES)

Voir secteur « Siphons et Cube » puis dépasser la plagette sous une large grotte. Le premier secteur se trouve juste à gauche de la plage et le suivant 50 m plus à l'Ouest.

ACCÈS PADDLE/KAYAK (RECOMMANDÉ)

Descendre à l'Anse de San Peyre et se mettre à l'eau dans le petit port. Naviguer vers le Sud, dépasser la grotte puis contourner la Pointe Saint-Marguerite puis rejoindre les secteurs à l'Ouest de l'anse rocheuse.

Two very nice sectors can be found at the western end of the Piade traverse. To the West of the small beach below a large cave, there is the small sector called "la Chute t'attire" (the fall attracts you!), known for its two lines that are part of the Piade traverse (see sector "Grande Traversée" for the topo). The Far West sector offers some interesting lines including "hairy" 5b!
Access (+ 45 minutes) : See sector Siphons and Cube then go past the small beach under a large cave. The first sector is located just to the left of the beach and the following sector 50 meters to the West. Paddle/kayak access (recommended) : From the small port of San Peyre, navigate towards the South, go past the cave, go around Pointe Sainte-Marguerite then reach the western sectors located to the West of the rocky cove.

TOPOGRAPHIE SECTEUR FAR OUEST

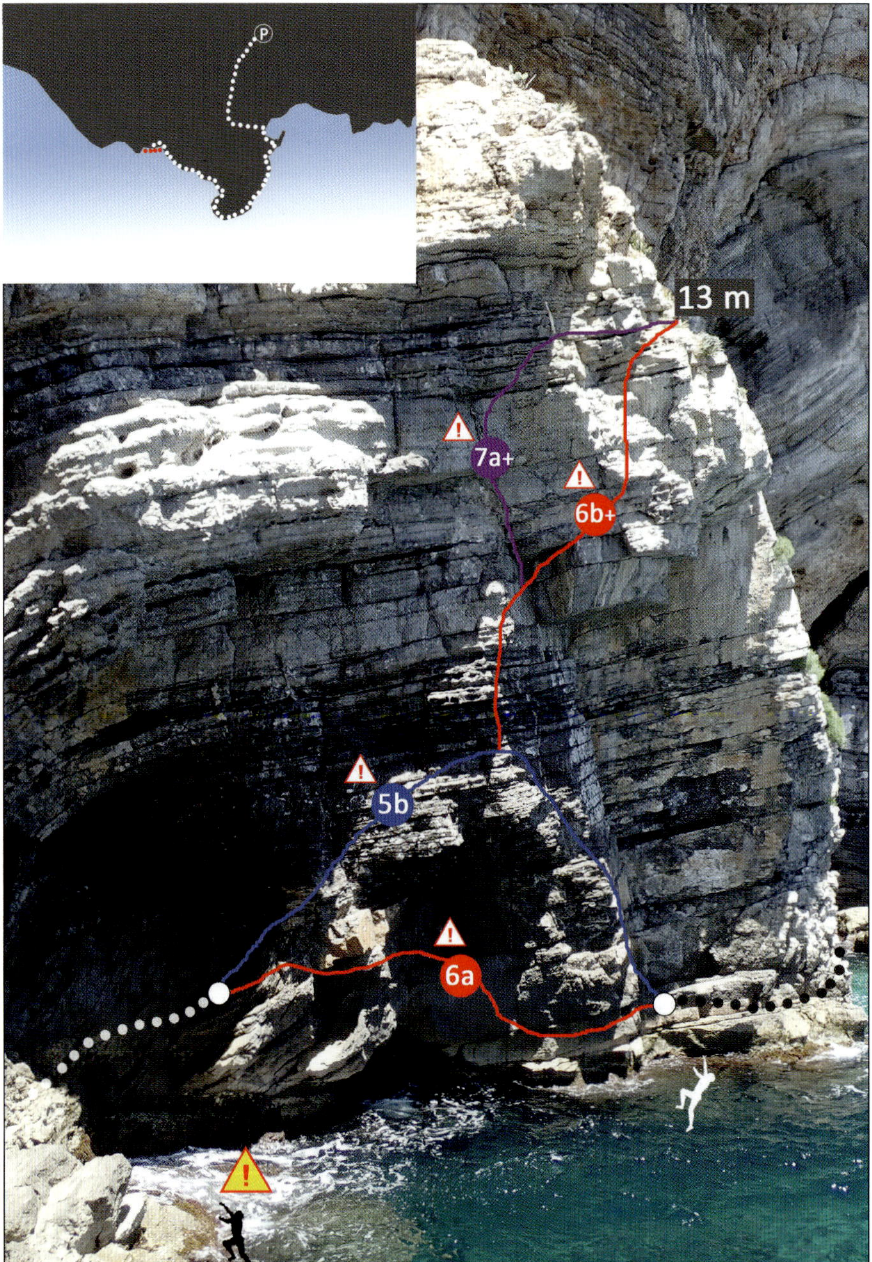

Nicholas dans le 6b+ du secteur Far West © Olivier du Chastel

Parole à Philippe Guinet, jeune grimpeur local dans les 80's

« Au milieu des années 80, minots de Toulon, on prenait le bus ou la mobylette pour aller à un endroit auquel on donnait au moins 4 noms, selon l'activité qu'on y pratiquait. Pour tenter de draguer, c'était Sainte Marguerite, pour pêcher au harpon et sauter des falaises dans l'eau, c'était San Peyre, quand on explorait la moindre faille sous-marine, c'était la grotte bleue et pour grimper, c'était La Piade... Un terrain de jeu idéal où nous avions chacun nos points forts: plus ou moins à l'aise dans l'eau, avec les filles ou pour grimper sur le caillou... Pour cette dernière activité, ceux qui avaient des Converse étaient un peu privilégiés car c'était la gomme qui accrochait le mieux... Mais ils le payaient cher le lundi, quand, de retour en cours au collège les chaussures encore poisseuses d'eau de mer, les filles trouvaient que ça sentait vraiment le poisson mort sous le pupitre et allaient s'asseoir ailleurs...

Peu à peu, les challenges en escalade sont devenus de plus en plus difficiles, on passait toute la grotte en traversée au bord de l'eau sans tomber et on commençait à monter un peu plus haut sur les lignes faciles, d'autant plus qu'un trapèze était parfois installé, mais sans jamais aller taquiner les toits, ça ne nous venait pas à l'idée, même si on voyait les sangles qui y pendouillaient...

On était plutôt des grimpeurs de grande voie, mais horizontale. Notre Graal: prendre le bus 23, descendre à l'arrêt « Terre Promise », descendre à la Piade et revenir aux plages du Mourillon sans tomber une seule fois et en enchaînant toutes les falaises calcaires puis schisteuses: terre promise, Magaud, Méjean, puis le cap Brun... Plusieurs centaines de mètres de deep water solo... Entre les falaises, on traversait les plages, sûrs d'être des aventuriers modernes. Un jour où je n'étais presque pas tombé, hyper fier, j'avais l'impression que tous les gens sur la plage me regardaient avec admiration parce qu'ils savaient la qualité de ma prestation. En fait, quand je suis rentré chez moi, j'ai vu dans la glace que j'avais une posidonie collée sur le front, mes potes ne m'avaient pas prévenu, 650 estivants s'étaient foutus de moi, l'amitié, c'est moche parfois...

Une autre fois, à la falaise de terre promise, on était confronté au « dernier grand problème des Alpes » avec Yann. Une espèce de bombé tout con à passer de droite à gauche, y avait moyen, mais c'était marée basse (« 20 cm au moins, sinon ça passait crème ») et le caillou déchiqueté 2 mètres en dessous disait pas seulement qu'on pouvait se croûter, il disait « si tu lâches dans le bombé, tu viendras tout pile fracasser ta colonne vertébrale sur mes dents aiguisées creusées par l'eau de mer et ta mère, elle finira le travail après à l'hôpital tellement elle sera en colère »... On réfléchissait, ça avait l'air de passer, fallait oser, mais on n'était pas à l'aise, stressés...

Que faire ? On lève la tête et là, on voit une espèce d'ange en caoutchouc, bandeau sur la tête, sac à pof à la taille, grimper à au moins 11 mètres de haut en passant régulièrement son pied gauche derrière son oreille droite : Patrick Edlinger, le blond en action, tranquille, concentré, silencieux, la classe. Ça nous a fait le même effet à tous les deux, sans se le dire, on a plongé dans l'eau et on est allé voir plus loin si y avait pas un rocher plein de bacs bien profonds... Mais la semaine d'après, on est allé s'inscrire dans un club et ils nous avaient prêté des chaussons montants, le début d'une nouvelle ère au cours de laquelle on a découvert le Baou, le Faron, le Coudon et où les filles du collège nous parlaient même le lundi... »

Collection © Philippe Guinet

26.2 Muraille

GPS : 43.104965, 5.995104

Orientation : Sud à Ouest

Hauteur maximum : 8 m

Niveau de difficultés : 4c-6c

Vent et houle : sensible

PRÉSENTATION

Ce petit secteur sympathique se situe à l'Est de l'Anse de San Peyre. Il est accessible rapidement à pied (ou par quelques passages d'escalade faciles au bord de l'eau). Le secteur propose plusieurs lignes de niveaux abordables mais **souvent exposées à une chute dangereuse (S1 à S2).** Premières ascensions connues en solo : Nicolas Pelea (Jah Jah Wifi 6b+).

Texas corner © Olivier du Chastel

ACCÈS (+ 10 MINUTES)

Du port, longer le littoral vers la gauche. Passer une petite plage de galets, contourner un éperon rocheux et rejoindre un grand mur déversant. Ensuite deux options : 1. gravir les barreaux métalliques à gauche puis longer le haut des falaises jusqu'à la pointe entre les zones gauche et droite du secteur Muraille. 2. longer le bord de mer jusqu'au secteur de gauche (quelques passages exposés en 4).

This small sector is located to the East of the San Peyre cove. Access on foot is very rapid (or a few easy climbing moves are necessary along the waterline). There are a few accessible lines on this cliff but with potential dangerous falls (S1 to S2). Access (+ 10 Minutes) : from the port, walk along the coastline to the East (left). Beyond a small pebble beach, go around a rocky outcrop until you reach an overhanging wall. Then there are two options : 1/ climb the metal bars on the left then follow a trail along the cliffs to reach the peninsula between the left and right zones of the Muraille sector. 2/ Follow the coastline to reach the sector on the left (a few easy but exposed climbing zones).

TOPOGRAPHIE MURAILLE OUEST

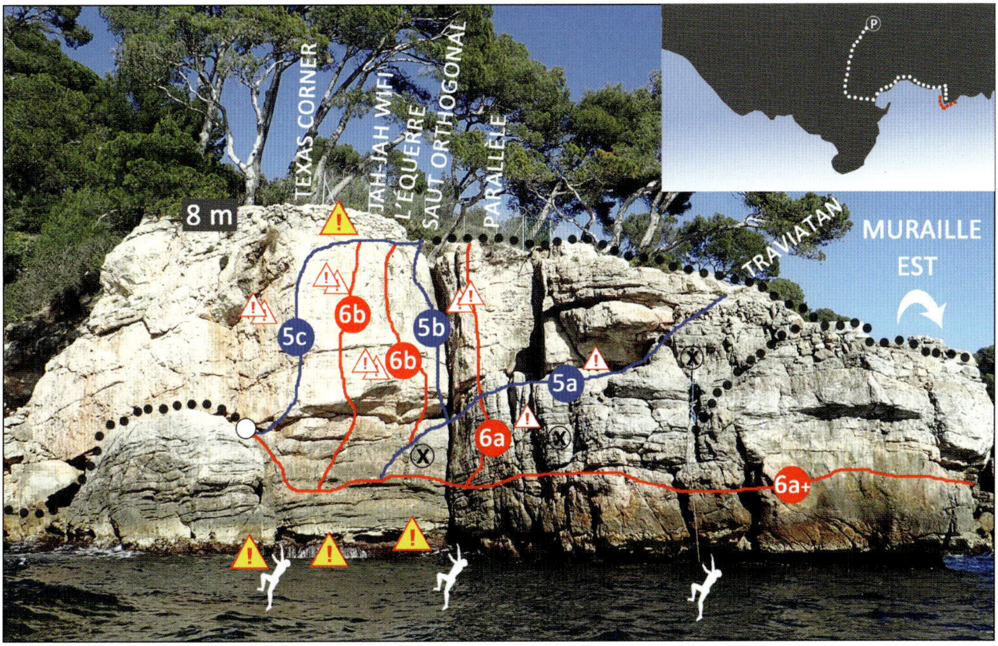

TOPOGRAPHIE MURAILLE EST

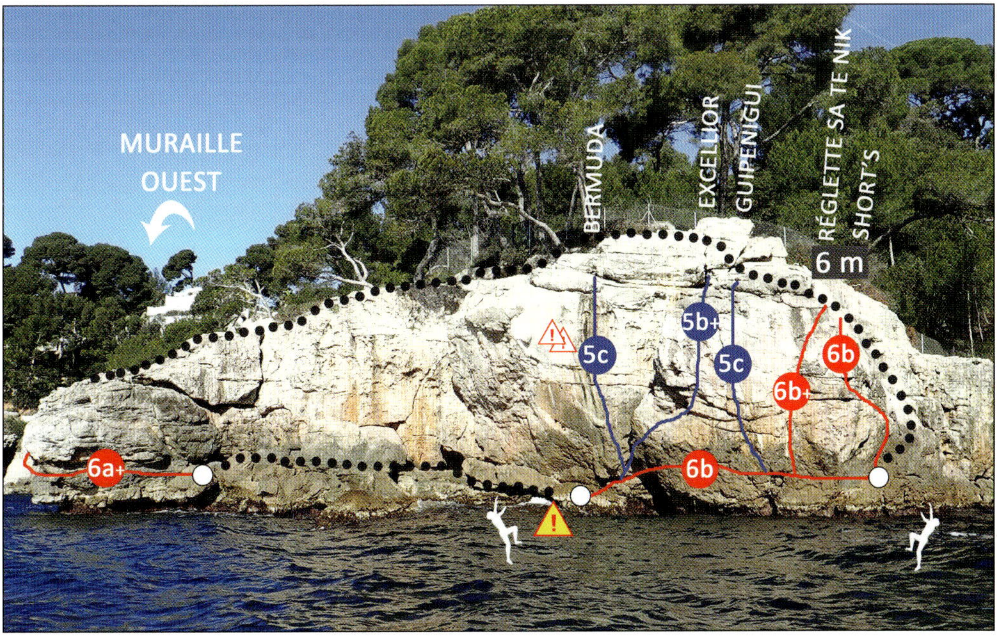

27 Presqu'île de Giens

La Presqu'île de Giens est le point le plus méridional de la côte provençale. Elle se situe sur la commune d'Hyères et son massif est géré par la commune, le Conservatoire du Littoral et le Parc national de Port-Cros. Ce territoire fait d'ailleurs partie de l'aire d'adhésion du parc. Ce bout de terre offre un paysage sauvage avec vue imprenable sur la mer et la côte varoise. Cette partie de littoral est prise d'assaut par les touristes lors de la période estivale, alors préférez une visite au printemps ou à l'automne. Les deux petits secteurs présentés proposent seulement quelques lignes et peuvent être visités à la journée ou combinés avec une randonnée pédestre ou en kayak/paddle. La Presqu'île de Giens est entourée d'un espace maritime Natura 2000 dont la mission est la protection des oiseaux.

INFOS PRATIQUES

Rocher : schistes avec des veines de quartzites (ou nommés phyllades localement). Le rocher est abrasif et parfois cassant. Il est généralement solide dans les zones touchées par les vagues.

Commodités : villages de la Madrague et de Giens (supérette, restaurants). Robinet d'eau potable à l'angle du Chemin de la Table Ronde et de la Route de la Madrague.

Propriétaire : Conservatoire du Littoral.

RÉGLEMENTATIONS

- Conservatoire du littoral :

Sur la pointe occidentale de Giens, il est interdit d'utiliser le feu (cigarettes, barbecue...), de pratiquer le VTT sur le sentier du littoral, de cueillir des plantes et de camper. Il est demandé de ne laisser aucun déchet sur place et de tenir ses chiens en laisse.

- Préfecture du Var :

Durant la saison estivale de juin à septembre, la Préfecture du Var régule les accès aux massifs forestiers selon le risque incendie (périodes sèches et par fort vent). Il est donc important de consulter les autorisations d'accès aux massifs, disponibles sur le site internet de la préfecture du Var ou sur l'application smartphone Prévention Incendie.

PARKINGS

Depuis le centre-ville d'Hyères, rejoindre au Sud la Presqu'île de Giens et se rendre au bout de la route à l'Ouest du port de la Madrague. Se garer sur un petit parking

Sentier du littoral © Nicholas Armstrong

en terre le long de l'Avenue René de Knyff juste avant le camping Olbia (GPS = "43.040356, 6.105425"; Plus Code Google Maps = "24R4+45 Hyères"). Sinon, un grand parking gratuit est accessible sur le Chemin de la Plage sur la commune de Giens ou le long de la Route de la Madrague devant le Camping International. C'est d'ailleurs le départ du bus pour la Madrague (GPS = "43.040008, 6.131224"; Plus Code Google Maps = "24RJ+2F Hyères").

TRANSPORTS EN COMMUN (RECOMMANDÉ)

Ligne 68 arrêt numéro 10 « Parc Chevaliers » depuis l'arrêt « Camping International » sur la Route de la Madrague. Cette ligne est disponible de 9 h à 19 h l'été. Hors saison, elle devient une ligne « appel bus » qu'il faut réserver la veille auprès du Réseau Mistral.

CURIOSITÉS

Le sentier du littoral de la presqu'île de Giens, ancien sentier des Douaniers, propose une superbe randonnée. La Pointe des Chevaliers offre une boucle de 6 km (3 heures, balisage jaune) entre littoral escarpé, points de vue, vestiges militaires et plages, au départ du camping Olbia. La presqu'île est pourvue d'anciens équipements militaires. Le plus intéressant est la batterie d'Escampo Bariou sur la Pointe des Salis. Initialement, le site accueillait un phare à bain d'huile. De nos jours, les vestiges d'un profond puits et d'une galerie technique témoignent de cette époque. Le site a été ensuite utilisé lors de la Seconde Guerre mondiale.

The Presqu'Île de Giens is the southern peninsula of the Provencal Coast. It is located on the commune of Hyères. This piece of land offers some incredibly wild landscapes and breathtaking views of the sea and the Var coast. This area is overcrowded with tourists during summer time, so it is better to go there during spring or fall. The two small DWS sectors presented here offer only a few lines and can be visited in a single day, combined with hiking, kayaking or stand-up paddling. The area surrounding the Presqu'Île de Giens is a maritime area protected by Natura 2000, whose main mission is to protect birds. Regulations:

- Coastline conservatory: on the western part of Giens, it is forbidden to light fire (lighters, matches and barbecues are prohibited), to ride a mountain bike on the coastal trail, to collect plants and to camp. Don't leave trash behind and keep your dog on a leash.
- Var prefecture: The prefecture of the Bouches du Rhône regulates access to this area during periods of severe drought and strong wind (fire

risk) from June to September. Don't forget to check the fire risk in the area on the website of the Var prefecture or on the smartphone application "Prévention Incendie" before setting out.

Car park: from the center of Hyères, go to the South of Presqu'Île of Giens and then to the end of the road to the West of the "Madrague" port. You can park along Avenue René de Knyff just before the Olbia camping (GPS = "43.040356, 6.105425"). There is also a large car park at Chemin de la Plage on the commune of Giens or along the Route de la Madrague before the International camping site. You can catch the bus to Madrague here (GPS = "43.040008, 6.131224").

Public transport (recommended): line 68 from the bus stop "Camping International" on the road to Madrague to "Parc Chevalier" (stop 10). Route operates from 9am to 7pm during the summer. During the off season you will need to book a day in advance by contacting Réseau Mistral.

CARTE PRESQU'ÎLE DE GIENS

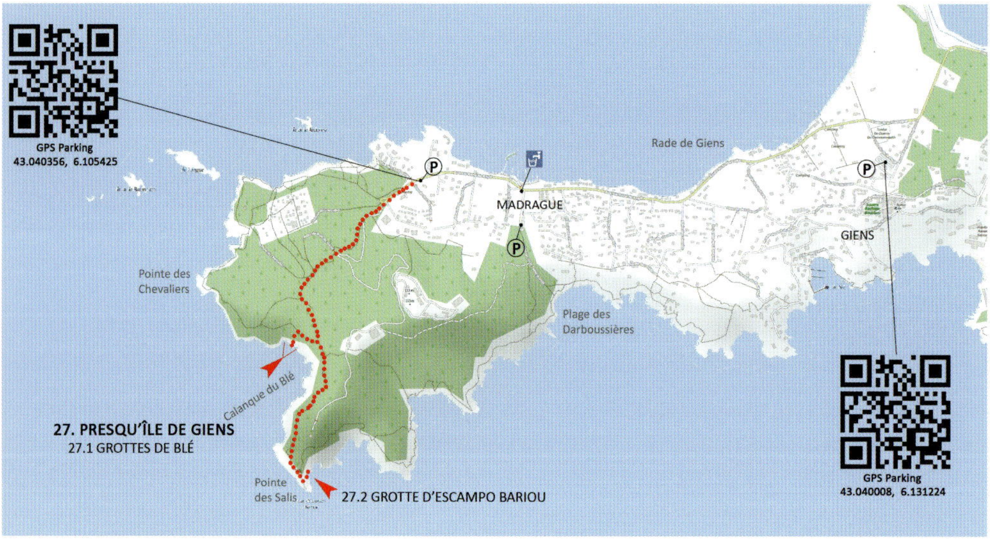

VOIES RÉFÉRENCÉES

Secteur	3c-4c	5a-5c	6a-6c+	7a-8a	8b-9a	Exposition
Grottes de Blé	1	2	3	2	-	S1-S3
Escampo Bariou	-	3	2	3	-	S0-S2

27.1 Grottes de Blé

GPS : 43.033255, 6.096726

Orientation : principalement Sud

Hauteur maximum : 6 m

Niveau de difficultés : 5b-6c

Vent et houle : très sensible au mistral (vent d'ouest)

PRÉSENTATION

La large calanque du Blé regorge de grottes marines qui font le bonheur des plongeurs, plaisanciers et kayakistes. Ces cavités sont situées en bordure d'une large faille géologique qui pourrait expliquer leur existence. Parmi les 5 grottes topographiées en 2014 par les spéléologues de SpéléH2O, seules deux permettent la pratique du Deep Water Soloing. Une dizaine de lignes de niveau accessible permet de s'amuser au-dessus d'une eau bleu azur et dans un décor peu commun et sauvage. **Notez que ces grottes hébergent des chauves-souris et qu'il est important de respecter la quiétude de ces cavités.**

La grotte à l'Ouest propose deux courtes traversées en 4c à gauche ou 6b à droite. La grotte à l'Est propose plusieurs lignes pour la plupart exposées à la chute sur rocher peu profond (S2-S3).

ACCÈS PÉDESTRE (20 MINUTES)

Passer devant le camping Olbia. À l'aire de retournement, poursuivre tout droit sur un chemin en terre à droite de la route militaire. Emprunter rapidement la première sente qui monte à gauche et rejoint la route militaire goudronnée. Poursuivre sur un sentier en contrebas de la route jusqu'à une intersection entre chemins et route goudronnée. Suivre le chemin vers le sud sur 15 m. Descendre à droite suivant un sentier (balisage jaune) jusqu'à une intersection avec un autre chemin. Poursuivre tout droit sur un large sentier (ne pas suivre le chemin à droite sur le pont). Plus loin, suivre la branche de gauche de la patte d'oie. Le sentier arrive à une dernière intersection (balise en bois). Poursuivre à droite (balisage jaune). Emprunter la deuxième sente à gauche qui descend à la calanque du Blé (sente escarpée). Les grottes se trouvent de part et d'autre une fois au bord de l'eau.

ACCÈS KAYAK/PADDLE (1 HEURE)

Le départ du port de la Madrague est recommandé pour visiter les grottes en embarcation. Location possible de kayaks sur place. Évitez cette approche par la mer en cas de vent !!

The wide Calanque of Blé contains many marine and underwater caves, much appreciated by divers, tourists with yachts and kayakers. These caves are located on the edge of a wide geological fault which could explain their existence. Only two of the five caves are adapted for the practise of Deep Water Soloing. There are about a dozen lines here, all with a level that is accessible to most climbers. Ilt is great fun climbing here above the deep blue water, in this unique and wild scenery. Be aware of the bats living in these caves. It is important to respect the peace and tranquillity of these places and to avoid making too much noise. The western cave offers two short traverses, 4c on the left and 6b on the right. The eastern cave has a few lines, most of them exposed with potential falls onto rocks just below the surface of the water (S2 - S3). Pedestrian access (20 minutes): go past the Olbia camping. From the roundabout, continue along the track on the right of the military road. Walk up the first trail on the left that joins the military road. Keep on walking along the path below the road until you reach the intersection. Follow a track to the South for 15 meters. Go down to the right and follow the trail with yellow marks until another intersection. Continue straight across the intersection on a wider trail. Don't take the track on the right (with a bridge). At the next intersection, follow the trail on the left until you reach the last intersection (wooden mark). Continue on the right (yellow marks) and go down the second trail on the left, to the Calanque du Blé (steep trail). The caves are on either side as you approach the water. Paddle/kayak access (1 hour): A start from the small port of Madrague is recommended to visit the caves from your watercraft. You can hire a paddle or a kayak in the port. Access via the sea is not recommended if there is a strong wind or a heavy swell!

Rocher atypique © Nicholas Armstrong

Sauvage Calanque du Blé © Olivier du Chastel

TOPOGRAPHIE GROTTE DE BLÉ EST

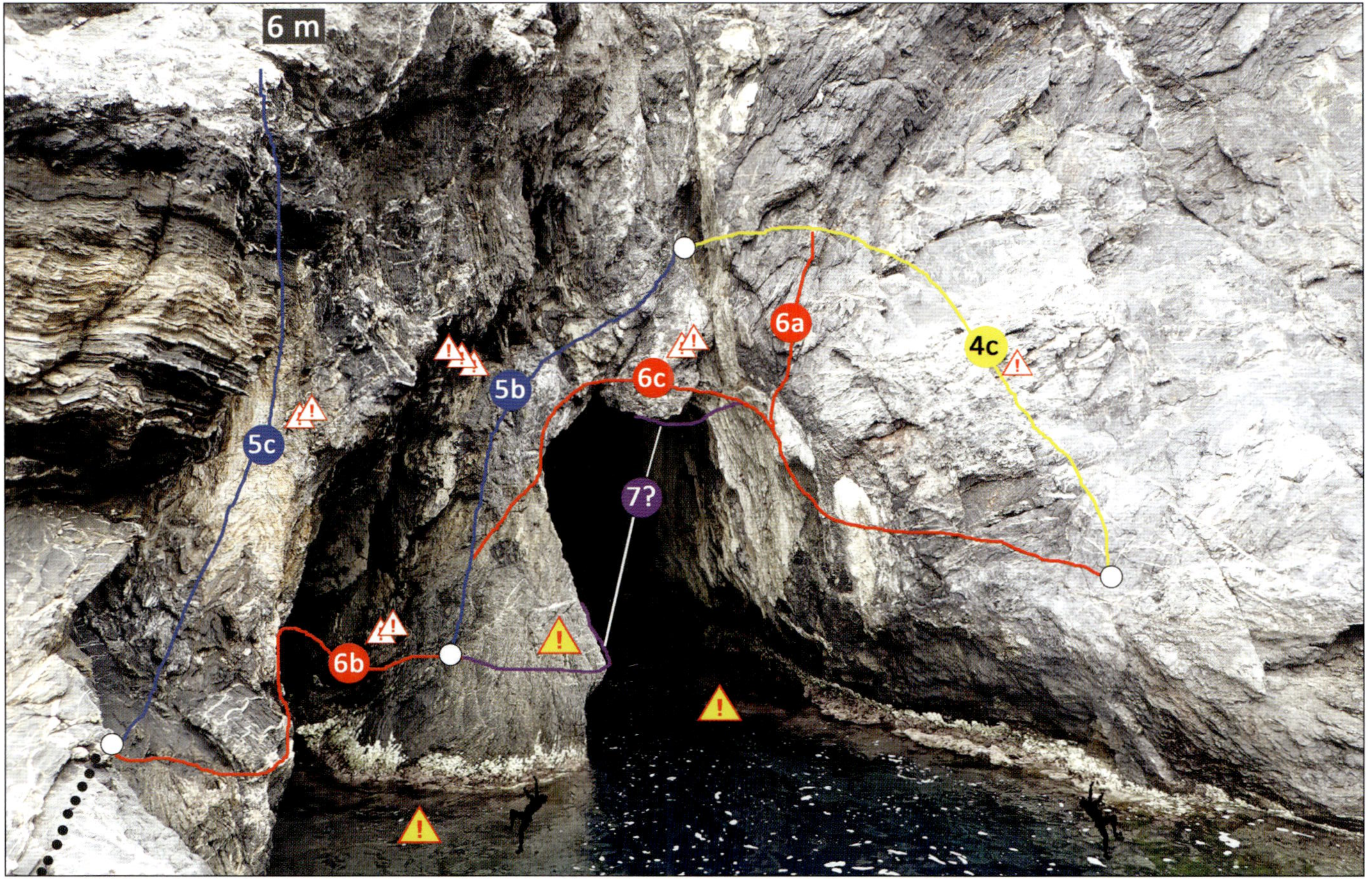

27.2 Grotte d'Escampo Bariou

GPS : 43.028136, 6.097481

Orientation : Sud

Hauteur maximum : 8 m

Niveau de difficultés : 5c-7b

Vent et houle : protégé du mistral mais sensible au vent d'est

PRÉSENTATION

Ce large porche propose quelques lignes intéressantes au-dessus d'une magnifique eau claire qui est d'ailleurs très appréciée par les plongeurs. Les itinéraires suivent les lignes de faiblesse (fissures, failles, incrustations de cristaux). Pour les plus forts grimpeurs, il y a encore de belles escalades difficiles à imaginer ici ! **Attention à la dalle peu profonde à gauche de la grotte, et au rocher cassant ou coupant dans la partie la plus haute de la falaise.** Escampo Bariou, signifiant baril renversé en provençal, provient de l'activité de l'ancienne batterie située sur la pointe rocheuse des Salis.

ACCÈS PÉDESTRE (30 MINUTES)

Suivre le cheminement d'accès aux grottes de Blé jusqu'au sentier du littoral (balise en bois). Continuer alors à gauche (direction Darboussière) par un sentier qui monte entre les arbres vers le Sud (balisage jaune) et rejoint une piste. Poursuivre sur cette piste à droite jusqu'aux ruines de la Pointe des Salis (ne pas suivre le tracé jaune qui monte avant les ruines). Descendre des escaliers raides et étroits sur la pointe jusqu'à un ancien puits, et à gauche jusqu'à la grotte.

Pointe des Salis © Nicholas Armstrong

This wide cave offers some interesting lines above a beautiful crystal clear water much appreciated by divers. The itineraries follow the most obvious features of the rock (cracks, crystals etc). For stronger climbers, there are a few more difficult lines to explore here! Beware of the shallow slab on the left of the cave, and some loose, and sharp rock in the upper part of the cliff. Escampo Bariou means "upside down barrel" in Provencal, probably from the old military base located at the very end of the rocky point of Salis. Pedestrian access (30 minutes): Follow the access trail to the caves of Blé until you reach the coastline trail (wooden mark). Keep going to the left (toward Darboussière) along a path going up through the trees to the South (yellow marks) to a track. Continue along this track to the right until you reach the ruins of Pointe de Salis (don't follow the yellow trail that turns up before the ruins). Go down the steep and narrow stairs to the foot of the peninsula; the cave is on the left at the end of the stairs.

TOPOGRAPHIE ESCAMPO BARIOU

TOULON-HYÈRES

28 Île de Porquerolles

28.1 Cap des Mèdes
28.2 Rochers des Mèdes

L'Île de Porquerolles fait partie du Parc national de Port-Cros et se situe sur la commune d'Hyères. Elle fait aussi partie d'un site Natura 2000 pour la protection des oiseaux. Cette superbe île offre aux locaux et touristes un cadre dépaysant et reposant. Quel bonheur de se promener à vélo sur les chemins aux senteurs d'eucalyptus, avec vue sur la mer ! Le Cap des Mèdes, quant à lui, se situe au Nord-Est de l'île et propose un magnifique panorama ainsi qu'un secteur de deep water soloing de qualité à fort potentiel. Ce cap tire son nom des manœuvres de voile délicates aux abords de ces falaises. Le mot « meude » utilisé auparavant par les navigateurs signifie « virer de bord ». De nos jours, ce cap est réglementé par le parc et il est important que chaque visiteur protège ce lieu.
Bien entendu l'accès à l'île puis au secteur des Mèdes n'est pas simple et plutôt onéreux comparé à d'autres secteurs sur la côte. Cependant ce secteur est vraiment magnifique et sa visite peut tout à fait se coupler avec une excursion sur l'île et une baignade touristique sur les plus belles plages de sable fin. Pour les plus aisés, un accès en bateau privé est la solution la plus confortable !

The island of Porquerolles is part of the national park of Port-Cros and is located in the municipality of Hyères. It is also registered as a Natura 2000 area for the protection of birds. This beautiful island is a great place for tourists and locals to relax and enjoy the scenery. The north eastern peninsula of Cap des Mèdes is an interesting DWS spot. The park regulates this area as it is important to protect this natural environment. Even though access to the peninsula is expensive and long, it is well worth a visit, especially if combined with a trip around the island and its beautiful beaches. The cliffs are made of schist and quartz. The rock is usually solid close to the waterline at the base of the cliffs. You will find shops, restaurants and a water tap at the port of Porquerolles.

INFOS PRATIQUES

Rocher : schistes, micaschistes avec des veines de quartzite. Le rocher est solide sur la partie basse des falaises (zones frappées par les vagues) et devient friable plus haut.
Commodités : port de Porquerolles (supérette, toilettes, restaurants, eau potable).
Propriétaire : Ministère de la Défense (en cours d'acquisition par le Conservatoire du Littoral).

Aude devant les Rochers des Mèdes © Nicholas Armstrong

RÉGLEMENTATION

• Parc national de Port Cros :
Le Parc national de Port-Cros régule les pratiques et les accès selon une charte et ponctuellement selon des arrêtés de protection. Le Parc fait la promotion de la mobilité douce. Il est donc autorisé de circuler sur les chemins de l'île à vélo (les sentiers du littoral sont interdits) ou en kayak/stand up paddle (les véhicules à moteur ne sont pas autorisés en mer). Il est demandé de respecter la période de nidification des goélands entre avril et juin, notamment au Cap des Mèdes. Pour plus d'informations consultez le site internet www.portcros-parcnational.fr.

Voici les principales règles à suivre lorsque vous évoluez dans l'enceinte du parc :

• aucun usage du feu n'est permis en dehors du village (cigarettes, feu et barbecue) : amende de 135 euros dans le cas contraire,
• bivouac ou camping sauvage interdits sur l'île,
• utilisation de drones interdite,
• génération de bruits artificiels interdits (musique, instruments),
• pas de déchets en dehors des conteneurs,
• chiens tenus en laisse et interdits sur les plages,
• pas de cueillette ni prélèvements de plantes et de roches.

• Préfecture du Var :
Durant la saison estivale de juin à septembre, la Préfecture du Var régule les accès aux massifs forestiers selon le risque incendie (périodes sèches et par fort vent). Il est donc important de consulter les autorisations d'accès aux massifs, disponibles sur le site internet de la préfecture du Var ou sur l'application smartphone Prévention Incendie. En effet, le chemin d'accès au Cap des Mèdes est malheureusement interdit par fort risque incendie. Dans ce cas, seul l'accès par la mer est possible (bateau, kayak/paddle).

ACCÈS EN NAVETTE MARITIME

• Accès au port : le trajet le plus rapide en navette maritime s'effectue depuis le port de la Tour Fondue sur la Presqu'île de Giens, accessible en bus avec la ligne 67 (Réseau Mistral). En voiture, se garer sur l'un des différents parkings payants sur l'Avenue des Arbannais à proximité du port (GPS = "43.028719, 6.154825" ; Plus Code Google Maps = "25H3+FW Hyères").

Prévoir environ 15-20 € la journée.

• Navette maritime : Réserver une traversée maritime entre la Tour Fondue (Giens) et le port de Porquerolles, auprès de la compagnie TLV-TVM (www.tlv-tvm.com - environ 20 € aller-retour).

• Accès VTT sur l'île (30 minutes) : du port, emprunter la Piste de Notre-Dame vers l'Est qui devient ensuite la Piste du Cap des Mèdes. Cette piste longe le littoral Nord de l'île au-dessus des plages de la Courtade puis de Notre Dame, et monte au Cap des Mèdes. Prévoir le double de temps à pied. Location de VTT au port de Porquerolles.

ACCÈS EN BATEAU PRIVÉ

Depuis le port de votre choix (Giens, Hyères, La-Londe-les-Maures, Bormes-les-Mimosas...), se rendre sur le Cap des Mèdes au Nord-Est de l'île de Porquerolles. Des bouées d'amarrages sont prévues à proximité des secteurs d'escalade pour le mouillage (bouées de plongée). Il est interdit de mouiller en dehors des bouées mises à disposition.

CURIOSITÉS

La batterie militaire située au Cap des Mèdes mérite une visite. Ces vestiges sont la mémoire des derniers ouvrages de défense construits sur l'île au XIXe siècle, en guise de protection de Toulon.

Regulations :

• Don't forget to check the fire risk on the island between June and September. The prefecture of Var regulates access to this area during periods of severe drought and strong wind (fire risk). Check with local tourist offices or directly on the smartphone application "Prevention Incendie" before heading out. During high fire risk periods, the access track to Cap des Mèdes is closed.

• Port-Cros national park regulations :
Leisure activities and access to the park are regulated by charter and temporary decrees. The park allows the use of bicycles on tracks (not on trails) and kayaks/stand-up paddles along the coast (water crafts with engines are not allowed). Please respect the nesting period of seagulls from April to May, especially at Cap des Mèdes. For more information, visit www.portcros-parcnational.fr.

Here are the main rules you must follow in the park: any use of fire is forbidden outside the village (135 € fine) ; bivouac and camping are

Géologie tourmentée au Cap des Mèdes © Nicholas Armstrong

forbidden on the island; the use of drones is forbidden; any type of artificial sounds are forbidden (music, instruments); deposit your trash in bins; dogs must be kept on a leash and are not allowed on beaches; collection of plants and rocks samples is forbidden.

Access with the shuttle: 1. Go to the Tour Fondue port on Presqu'île de Giens by bus (line 67 on Réseau Mitral) or by car (park your car in the private car parks at Avenue des Arbannai, GPS "43.028719, 6.154825"); 2. Book a return ticket to the island with the TLV-TVM company (www.tlv-tvm.com - about 20 € between Tour Fondue and Port de Porquerolles); 3. Cycle to the peninsula by mountain bike (30 minutes), or 1 hour on foot: from the port follow a large track to the east along the shore (Piste de Notre-Dame then Piste du Cap des Mèdes). The track climbs up to Cap des Mèdes at the end of the peninsula. Bikes can be rented at the port.

Access with a private boat: go to the Cap des Mèdes peninsula on the north-east tip of the Porquerolles island from any surrounding port (Giens, Hyères, La-Londe-les-Maures, Bormes-les-Mimosas, ...). Several mooring buoys are available around the spot (it is forbidden to anchor elsewhere).

CARTE DE L'ÎLE DE PORQUEROLLES

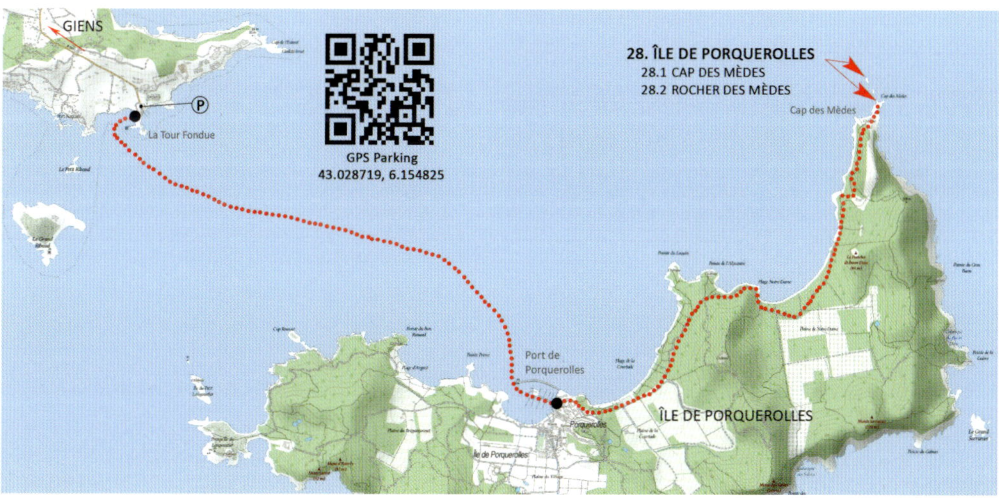

VOIES RÉFÉRENCÉES

Secteur	3c-4c	5a-5c	6a-6c+	7a-8a	8b-9a	Exposition
Cap des Mèdes Rocher des Mèdes	-	2	3	-	-	SO-S1

TOULON - HYÈRES

ÎLE DE PORQUEROLLES

28.1 Rochers des Mèdes

GPS : 43.027832, 6.241441

Orientation : toutes

Hauteur maximum : 10 m

Niveau de difficultés : 5c-6b

Vent et houle : : sensible à tous les vents ! ne pas grimper sur ces rochers par fort vent et forte houle.

Vestiges militaires © Nicholas Armstrong

PRÉSENTATION

Les Rochers des Mèdes sont au nombre de trois et proposent de belles traversées au bord de l'eau ainsi que quelques lignes verticales à découvrir. L'ambiance ici est fabuleuse face au large, et l'eau est d'un bleu profond. Chaque îlot permet une remontée facile depuis l'eau. Ces rochers font d'ailleurs partie d'un secteur de plongée réputé, idéal pour les débutants. La panoplie palme-masque-tuba suffira pour apprécier les fonds marins alentour.

ACCÈS

Rejoindre le secteur du Cap des Mèdes. À la nage, contourner le cap et traverser la passe vers les Rochers des Mèdes (attention aux bateaux !).

Il est aussi possible de se mettre à l'eau à la petite plage des Mèdes juste à l'Ouest du cap, sous la batterie. Dans ce cas, nager directement vers les rochers isolés.

- Rocher Sud : traversée de la face Est (6b max, S1). Grimper le long de la face Est au bord de l'eau ; possible dans les deux sens.
- Rocher Nord : traversée des faces Est et Nord (5c max, S1). Commencer au Sud de l'îlot, traverser vers l'Est puis remonter une proue pour éviter une face lisse (10 m).

De la brèche centrale, rejoindre la mer à droite pour continuer la traversée de la face Est. Contourner la face Nord et continuer sur la face Ouest, en face du petit îlot.

Three small sea stacks stand in front of the peninsula and offer some pleasant traverses. The setting is fantastic, surrounded by deep blue water. Don't forget your snorkel and flippers, this is a well known diving spot.
Access: go down to the Cap des Mèdes sector and swim around the peninsula to the left. Beware of boats travelling across the channel.
It is also possible to swim directly towards the sea stacks, from the small beach on the left of the peninsula below the military ruins.

- South Rock: traverse along the east face (6b, S1). One way or return.
- North Rock: traverse the east and north faces. From the south face, traverse to the right and climb up a spur (10 m) to avoid a steep wall. From the pass, climb down and go round the north face close to the water.

PLAN DES ROCHERS

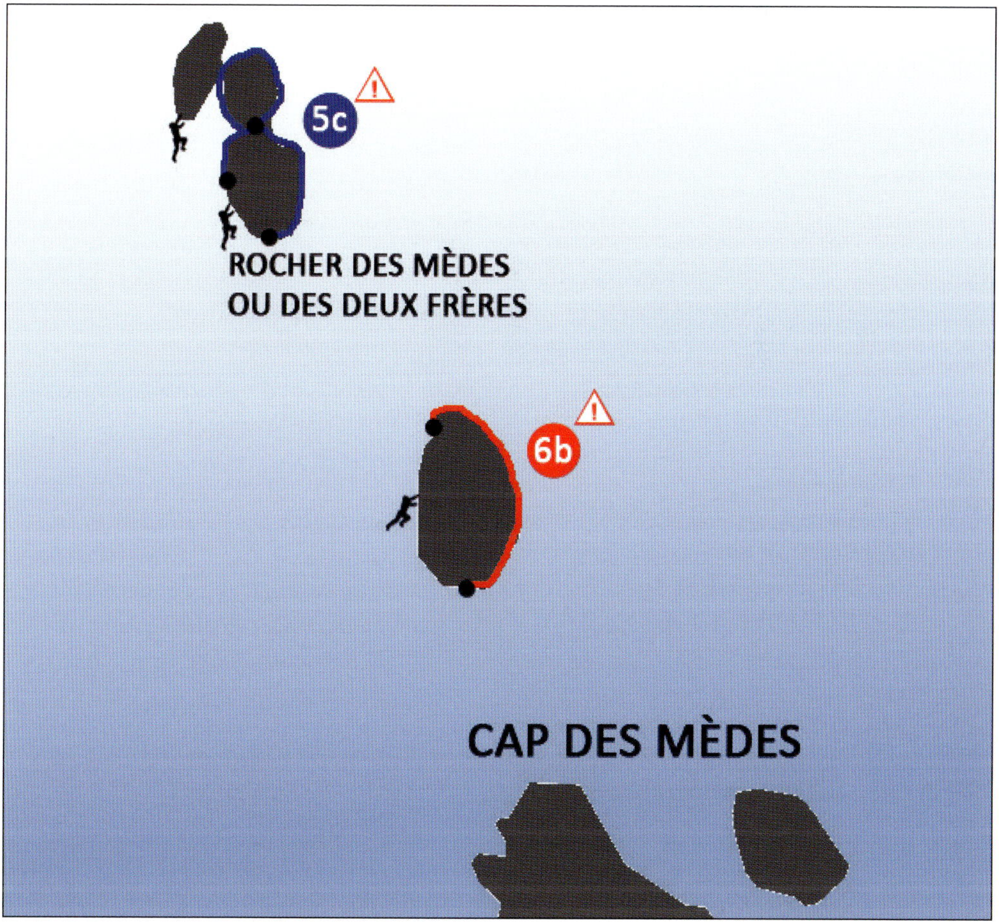

28.2 Cap des Mèdes

GPS : 43.026150, 6.242779

Orientation : Est

Hauteur maximum : 15-20 m

Niveau de difficultés : 5c-7+

Vent et houle : : très sensible au vent d'Est (protégé du mistral)

© Benjamin Lecomte

PRÉSENTATION

Ce secteur sauvage est composé d'une imposante proue rocheuse déversante au-dessus des flots. Le secteur ne propose aucune traversée facile mais de belles lignes verticales soutenues sur une face raide et sculptée. Le rocher propose un potentiel intéressant de lignes DWS à base de grosses prises plutôt arrondies et lisses... Aucun topo n'est connu à ce jour et les cotations sont à confirmer. À vous de créer vos lignes !

This spot offers some wild lines up a steep and sculpted prow above the sea. The climbing here is sustained along large but smooth holds. Enjoy!

ACCÈS

Sous le mur d'enceinte Nord-Ouest de la batterie basse des Mèdes, emprunter un sentier qui rejoint le cap. Ne pas monter sur le cap, mais descendre dans la crique à droite. Rejoindre la mer après la faille. Le secteur de DWS est accessible en traversée puis à la nage.

Access: when arriving at the military ruins, follow a path under the northwest wall. Climb down to the cove on the right of the peninsula, beyond a large fault. Traverse close to the water or swim to reach the overhanging cliff.

TOPOGRAPHIE CAP DES MÈDES

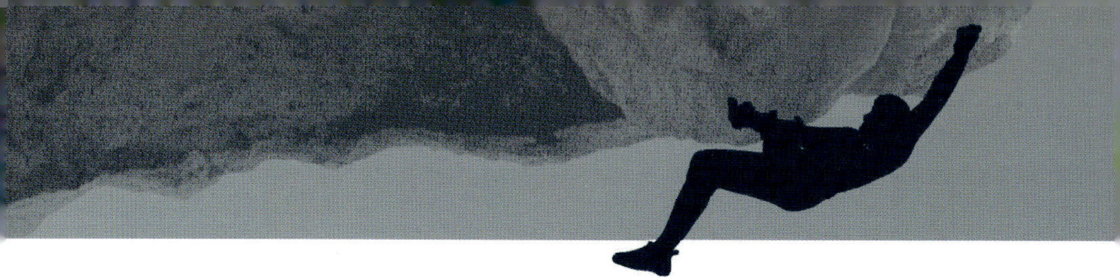

MASSIF DE L'ESTÉREL

29 Cap Dramont
- 29.1 Cathédrale
- 29.2 Chenal - Pointe du Dramont

30 Théoule-sur-Mer
- 30.1 Aiguilles
- 30.2 Chenal - Pointe de l'Aiguille
- 30.3 Arche intérieure et extérieure

Pointe du Dramont © Stéphane Silvestri

Le massif de l'Estérel est généralement associé à la Côte d'Azur mais ce territoire faisait partie du Comté de Provence dans les années 1000. Ces secteurs trouvent donc naturellement leur place dans ce topoguide. Ce massif qui s'étend de Fréjus à Théoule-sur-Mer est un site escarpé d'origine volcanique présentant des contrastes saisissants. Il mélange le rouge flamboyant de son rocher à base de rhyolite, le bleu azur de l'eau méditerranéenne et le vert des végétaux avec ses nombreux chênes-lièges caractéristiques de ce massif.
Les deux secteurs présentés ici sont situés sur des territoires classés du massif, pour leur formation naturelle remarquable. Le Cap Dramont fait partie du périmètre protégé du site Natura 2000 Estérel.

The Estérel area is usually associated with Côte d'Azur, but it fits well in this guidebook because it was once part of Provence. The Estérel mountain range extends from Fréjus to Théoule-sur-Mer, and is composed of green hills and volcanic rocks called rhyolite. The mix of blazing red rocks and the deep blue of the Mediterranean sea provides a unique contrast to the scenery. The two climbing crags presented in this guidebook belong to a regulated area protected because of the diversity of its wildlife. Cap Dramont is part of the protected area called Natura 2000 Esterel.

CARTE DU MASSIF DE L'ESTÉREL

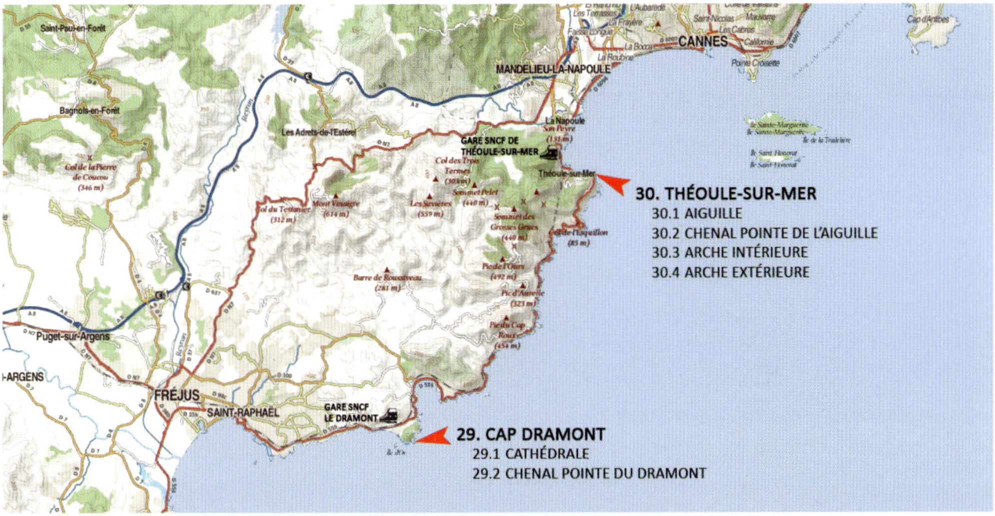

Jujujus, 7b+ à Théoule-sur-Mer © Félix Coxwell

29 Cap Dramont

Le Cap Dramont est réputé pour ses belles parois de rhyolite bien équipées. Il propose 5 falaises d'escalades sportives détaillées dans le topo « Escalade dans le Massif de l'Estérel ». Ce petit massif côtier est beaucoup moins connu pour la pratique du deep water soloing. Pourtant le site s'y prête à merveille et le niveau d'entrée est vraiment accessible. Nous vous proposons ici deux petits secteurs pour la pratique du psicobloc, dans un cadre vraiment fantastique mêlant roche rouge, ciel bleu et mer azur ! Pour les plus aventuriers, le site regorge de traversées très agréables de tous les niveaux autour du cap et de ses îlots. Ce massif est aussi réputé pour ses belles plongées sous-marines donc n'oubliez pas votre kit palme-masque-tuba ! Il fut également le théâtre d'une partie du Débarquement de Provence sur la plage du Dramont (opération Anvil Dragoon 15 août 1944).

PARKINGS

• Se garer sur le Boulevard du Sémaphore (en direction du Port du Poussaï) sans gêner la circulation (GPS = "43.415540, 6.849157").

• Sinon se garer sur le large parking au Sud de la gare SNCF sur la D559 (GPS = "43.417464, 6.843450", Plus Code Google Maps = "CR8V+X9 Saint-Raphaël"). Dans tous les cas, rejoindre à pied le port du Poussaï.

TRANSPORTS EN COMMUN (RECOMMANDÉ)

En Train Express Régional (TER), arrêt à la gare SNCF « Le Dramont ». Ensuite, marcher jusqu'au port du Poussaï (5 minutes).

ROCHER

Rhyolite et pyroméride volcaniques.

COMMODITÉS

Supérettes, boulangerie, snack, pizza et brasserie sur la D559 qui passe dans le village du Dramont. Snack-restaurant au port du Poussaï (en saison). Location de kayak et stand up paddle sur la plage du Débarquement.

RÉGLEMENTATIONS

• Natura 2000 et Office National des Forêts. Voici les règles énoncées par la charte « Natura 2000 Estérel » et le propriétaire des terrains du Cap Dramont :

• Suivre les sentiers et chemins réglementés (balisage),

L'île d'Or, Cap Dramont © Nicholas Armstrong

• Ramener avec soi tous ses déchets,
• Cigarettes et feux interdits,
• Camping interdit,
• Vélo interdit,
• Respecter et ne pas perturber les espaces naturels (faune et la flore),
• Respecter le calme et la tranquillité des lieux,
• Ne pas introduire ou prélever d'espèces végétales ou animales,
• Maintenir son chien en laisse sur le site,
• Respecter les aménagements pour la mise en défens des habitats naturels.

• Port du Poussaï :
Mise à l'eau et navigation interdite de kayaks, stand-up paddle et jet ski sur le port.

CURIOSITÉS

À l'ouest du cap Dramont se trouve la page du Débarquement, un lieu à la fois historique et anciennement industriel. En effet, cette plage a accueilli une partie du débarquement de l'opération « Anvil Dragoon » le 15 août 1944. De plus, elle a été un site d'extraction de l'Estérellite, un porphyre bleu unique au monde !
Le sentier d'interprétation numérique « Cap Nature au Dramont » propose une balade interactive entre la maison forestière ONF du Poussaï et Camp Long. Il fait partie de la route numérique nationale « De Rivages en Calanques ». Des balises « flashcode » permettent de découvrir faune, flore et géologie du Cap Dramont à l'aide de son téléphone portable.

Cap Dramont is well known for its beautiful rhyolite cliffs, well equipped for sport climbing. There are five climbing crags here, described in the guidebook "Escalade dans le Massif de l'Estérel". The DWS spots are not as well known although the peninsula offers great potential with several easy routes and traverses above the sea. The two DWS spots presented here offer a unique scenery, mixing red rocks, blue sky and the deep blue sea. This coastline is also famous for snorkelling. On the nearby beach, a part of the Provence Embarkment took place (Anvil Dragoon operation, 15th of August 1944). There are some shops along the D559 road in the village of Dramont and a snack bar in the Port du Poussaï. Car park: Park along the Boulevard du Sémaphore leading to Port du Poussaï, (GPS = "43.415540, 6.849157"). You can also park in the large car park south of the SNCF train station across the D559 road (GPS = "43.417464, 6.843450"), then walk to Port du Poussaï. Public transport: take the Train Express Régional (TER) and stop at the train station called "le Dramont", then walk to Port du Poussaï. Regulations: please follow the rules set by the Natura 2000 Estérel charter and the local land owners. Follow the marked trails, take your trash with you when you leave, do not light cigarettes or fires, do not camp or bivouac, do not ride your bicycle in this area, keep your dog on a leash, do not make noise and do not collect animals or plants. It is forbidden to use a kayak, stand-up paddle or jet-ski in the port.

CARTE CAP DRAMONT

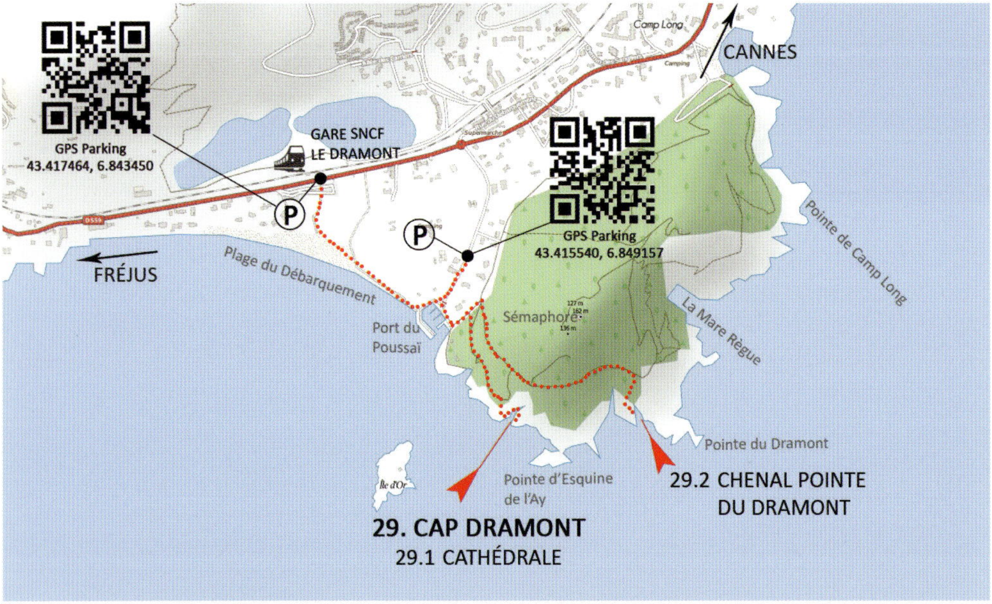

VOIES RÉFÉRENCÉES

Secteur	3c-4c	5a-5c	6a-6c+	7a-8a	8b-9a	Exposition
Cathédrale	-	3	2	-	-	SO-S3
Chenal - Pointe du Dramont	-	8	6	-	-	SO-S1

Cap Dramont © Olivier du Chastel

29.1 Cathédrale

GPS : 43.411825, 6.850447

Orientation : Ouest à Sud

Hauteur maximum : 15 m

Niveau de difficultés : 4c-6b

Vent et houle : sensible

PRÉSENTATION

Ce secteur situé face à l'île d'Or propose un bel éperon bien raide au-dessus de l'eau. Il tire son nom du secteur d'escalade équipé de la « Cathédrale » (aujourd'hui renommé Cucurbitacé). **Attention cependant aux chutes dangereuses pour les lignes sur cet éperon qui sont réservées aux grimpeurs avertis : la ligne historique équipée (« flageollet à la portière ») présente un départ et un final très exposés (S3) ; préférer la ligne sur le fil de l'éperon à droite, qui se termine sur les gargouilles (S1).** Une jolie traversée en 5c est recommandée autour de cette grande pointe rocheuse. Elle permet de relier aisément les deux criques, elles-mêmes accessibles par le sentier du littoral.

ACCÈS PÉDESTRE (10 MINUTES)

De Port du Poussaï, longer le littoral vers l'Est et remonter des escaliers vers une piste goudronnée (balisage jaune). Suivre le premier sentier à droite le long d'une clôture (aucun balisage). Passer plusieurs criques pour arriver au secteur, avant que le sentier ne remonte vers la large piste principale.

ACCÈS PADDLE/KAYAK

De la plage du Débarquement, longer le littoral vers l'Est. Passer entre l'île d'Or et la côte, puis dépasser un petit îlot à gauche. Le secteur se trouve juste après.

This spot facing the Île d'Or island is a steep spur above the water. It is named after the climbing crag just above. **Beware of dangerous falls from the lines on the spur, only reserved for experienced climbers. The historic line called « Flageolet à la Portière » has a very exposed start and finish (S3). It is safer to climb along the line on the right (S1).** A nice 5c traverse is recommended around the rocky point to link the two coves. You can also access these two coves on foot. Pedestrian access (10 minutes): From Port du Poussaï, follow the coastline to the East then climb up the stairs to a concrete track (yellow marks). Follow the first trail on the right along the fence (no marks). Go past several coves to reach the sector. Do not follow the trail going up the hill to the main track. Paddle and kayak access: from the Landing beach (Plage du Débarquement), follow the coastline to the East. Go past the island of Île d'Or and then another small islet on the left, enter the cove below the spur.

Olivier à la sortie de Flageollet à la Portière © Louis Demange

29.2 Chenal - Pointe du Dramont

GPS : 43.411870, 6.854484

Orientation : Ouest

Hauteur maximum : 10 m

Niveau de difficultés : 5-6c

Vent et houle : partiellement protégé

PRÉSENTATION

Ce secteur se situe directement à l'Ouest de la Pointe du Dramont, sous la forme d'un chenal. Il est le secteur le plus pratiqué et propose une jolie traversée ainsi que quelques lignes verticales de niveaux accessibles. Les chutes sont bonnes mais **attention aux quelques vires de départ.**
Attention aussi aux objets flottants qui encombrent parfois le fond du chenal et la grotte (troncs, branches...).
Le site se prête bien à la pose de slacklines et aussi à la bronzette ! À noter la présence d'un site nudiste dans la crique juste à l'Ouest pour les fans.

ACCÈS PÉDESTRE (15 MINUTES)

De Port du Poussaï, longer le littoral vers l'Est et remonter des escaliers vers une piste goudronnée (balisage jaune). Suivre la piste puis emprunter une autre piste à droite qui longe le littoral (balisage jaune). Plus loin, cette piste descend (section goudronnée) puis passe devant un site d'escalade (à gauche) et rejoint l'esplanade de la Pointe du Dramont. Rejoindre alors la mer à droite, par un sentier jalonné de piquets en bois. Le secteur se trouve dans la crique de gauche.

ACCÈS PADDLE/KAYAK

Rejoindre le secteur Cathédrale, puis continuer vers l'Est. Dépasser la Pointe de l'Esquine de l'Ay puis deux rochers isolés. Rejoindre le deuxième chenal à gauche avant les îlots de la Pointe du Dramont.

This spot is in a channel located directly to the west of Pointe du Dramont. It is the most visited spot for DWS in this area and includes a nice traverse and some accessible vertical lines. The falls are mainly good but take care on some ledges at the beginning of the routes. Moreover, pay attention to floating objects (wood, trunks or branches) that occasionally accumulate at the very end of the channel. Pedestrian access (15 minutes) : From Port du Poussaï, follow the coastline to the East then climb up the stairs to a concrete track (yellow marks). Follow this track then another one on the right along the coastline (yellow marks). The track goes down (concrete), goes past a climbing cliff on the left, and then reaches the Point du Dramont esplanade. Go down to the sea on the right along a trail between wooden poles. The spot is located in the cove on the left.

TOPOGRAPHIE POINTE DU DRAMONT CENTRE ET DROITE

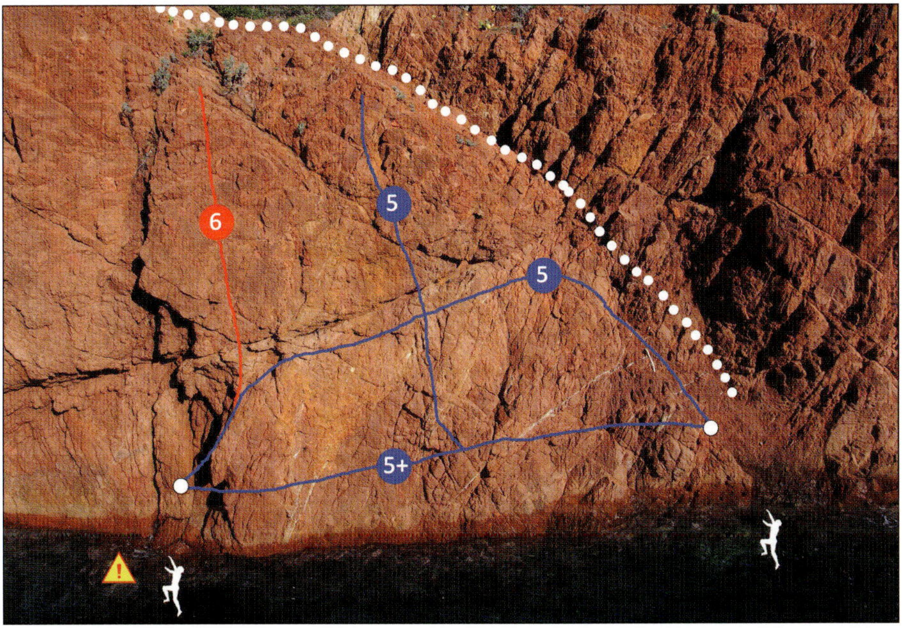

TOPOGRAPHIE POINTE DU DRAMONT GAUCHE

30 Théoule-sur-Mer

Ce secteur est détaillé à titre indicatif car la pratique de l'escalade est temporairement interdite sur les falaises du parc départemental de la Pointe de l'Aiguille compte tenu de l'arrêté municipal en vigueur. En effet, de nombreux accidents sont survenus après des plongeons et chutes depuis les falaises de la grotte de Gardanne. La pratique ici se fera à vos risques et périls, et une contravention vous coûtera 135 euros.

La Pointe de l'Aiguille, située à l'Est de Théoule-sur-Mer, fait partie du massif de l'Estérel et propose un littoral escarpé atypique à base de rhyolite de provenance volcanique. Ce site propose une nature luxuriante et des paysages à couper le souffle. Au Nord de cette pointe côtière, se situent les Aiguilles à proprement parler puis au Sud un chenal donnant sur une superbe arche naturelle, appelée Grotte de Gardanne. Outre les falaises, ce bout de littoral offre plusieurs superbes criques de galets. Le site propose une multitude de lignes du 5c au 8a jusqu'à 14 m de hauteur, et est plutôt destiné aux grimpeurs confirmés. Ce site est référencé dans le topo des Alpes Maritime et de nombreux grimpeurs visitent ces falaises depuis près de 20 ans...

PARKINGS

- Parking de la Pointe de l'Aiguille sur la route D6098 (boulevard de la Corniche d'Or) à l'Est de Théoule-sur-Mer (GPS : "43.505102, 6.952452" ; Plus Code Google Maps = "GX42+2X Théoule-sur-Mer").

- Parking sur le port de Théoule (GPS : "43.508436, 6.941168" ; Plus Code Google Maps = "GW5R+9C Théoule-sur-Mer").

TRANSPORTS EN COMMUN (RECOMMANDÉ)

Théoule-sur-Mer est accessible en train. Depuis la gare, suivre la promenade des Pradeyrol le long du littoral vers l'Est. Cette promenade se termine à l'Ouest du secteur des Aiguilles. Suivre un sentier qui remonte dans le parc départemental pour ensuite rejoindre les criques et les secteurs de psicobloc.

ROCHER

Rhyolite et pyroméride volcaniques.

COMMODITÉS

Restaurants au sud du parking de la Pointe et au centre de Théoule-sur-Mer.

ACCÈS PÉDESTRE (15 MINUTES)

De l'extrémité Nord du parking de la Pointe, suivre un sentier qui descend à droite à travers le Parc Départemental de la Pointe de l'Aiguille. Le sentier tourne ensuite à gauche et permet de rejoindre une petite plage orientée Nord. Les traversées des aiguilles se situent de part et d'autre de cette crique de galets. Pour les autres secteurs, rejoindre au Sud (à droite) la plus large plage de Gardanne (ou Crique de l'Aiguille) entre les Aiguilles et le chenal qui conduit à la Grotte de Gardanne (Arche).

RÉGLEMENTATION

• Parc Départemental de la Pointe de l'Aiguille :
Selon le règlement du parc arrêté le 17 décembre 2019, l'accès au site est autorisé seulement de 7 h à 20 h d'avril à octobre (8 h à 18 h de novembre à Mars).
Quelques règles à respecter selon cet arrêté (des gardes assermentés sont susceptibles de verbaliser les contrevenants) :

• Ne pas déranger la faune.
• Ne pas abandonner ses déchets ou quelconques déjections. Merci d'utiliser les containers prévus à cet effet.
• La pratique de l'aéromodélisme, de l'équitation, du vélo et de véhicules à moteur est interdite.
• Le camping et l'usage du feu sous toutes ses formes sont interdits.
• La cueillette ou le prélèvement de minéraux et végétaux est interdite.
• Les chiens doivent être tenus en laisse.
• La pratique de l'escalade est interdite.
• Les sauts et plongeons depuis les falaises sont interdits (en rapport avec l'arrêté municipal n° 3323 du 25 août 2009).

CURIOSITÉS

La grotte de Gardanne, représentée par le secteur Arche dans ce topo, était selon la légende un repaire de pirates, brigands et corsaires. Un trésor serait caché dans la grotte... L'anse de Théoule était d'ailleurs connue des navigateurs pour ses nombreuses aiguades (sources d'eau douce) en provenance de l'Estérel.
Les amateurs de palme-masque-tuba sauront apprécier le superbe sentier sous-marin qui s'étend entre la plage de l'Aiguille et la Pointe de l'Aiguille. Accessibles à tous, quatre bouées permettent de découvrir la faune et la flore sous-marine de la Méditerranée. Une plaquette explicative est disponible à l'Office de Tourisme de Théoule-sur-Mer.

This site is temporarily forbidden by local park regulations (departmental decree). Many accidents have already occured after jumps or falls from the top of the Grotte de Gardanne. So if you practise DWS, take extra care and be aware of the risks. À fine will cost you 135 €.

Pointe de l'Aiguille is located to the East of Théoule-sur-Mer, and it is a part of the Estérel mountain range, characterised by a steep coastline made of rhyolite, a volcanic rock. Landscape, sceneries and wildlife are breathtaking. North of this peninsula are some rock needles and to the south is a channel with a natural arch called Grotte de Gardanne. Besides the cliffs, this part of the shore offers some really nice beaches covered with pebbles. This DWS site has many lines ranging from 5c to 8a, and up to 14 meters high. Experienced climbers will find many projects here. Car park: Either park at the Pointe de l'Aiguille car park along the D6098 road, Boulevard de la Corniche d'Or, East of Théoule-sur-Mer (GPS: "43.505102, 6.952452"). Or park at the port of Théoule (GPS: "43.508436, 6.941168"). Public transport: Théoule-sur-Mer can be accessed by train. From the train station, go to the Pradeyrol promenade and follow it along the coastline to the East. This walk ends at the West of the Aiguilles' DWS sector. Then follow a path that enters the Departemental Park and leads to the coves and DWS spots. Pedestrian access: From the North of the Pointe de l'Aiguille car park, follow a trail going down on the right through the park. Then the trail turns left and reaches a small beach facing North. The rock needle traverses are located on each part of this cove covered with pebbles. For the other spots, walk to the South (to the right) until you reach the largest of the beaches between the needles and the channel. Regulations: According to a bylaw from December 17th 2019, the access to the departmental park is authorized only from 7am to 8pm from April to October (8am to 6pm from November to March). Please follow these rules. You risk a fine if you do not respect the following regulations:

- Don't disturb the wildlife;
- Don't leave your trash behind. Use the bins provided;
- The use of drones or other motorised flying object, bicycles, and any motor vehicles is forbidden;
- Horse riding is forbidden;
- Camping, and fires are strictly forbidden;
- collecting plants or mineral samples is forbidden;
- Dogs must be held on a leash;
- Climbing is forbidden;
- Jumping and diving from the cliffs is forbidden (according to a municipal bylaw).

VOIES RÉFÉRENCÉES

Secteur	3c-4c	5a-5c	6a-6c+	7a-8a	8b-9a	Exposition
Aiguilles	-	1	2	-	-	SO-S1
Chenal	-	-	8	6	-	SO-S2
Arche	-	-	7	16	-	SO-S2

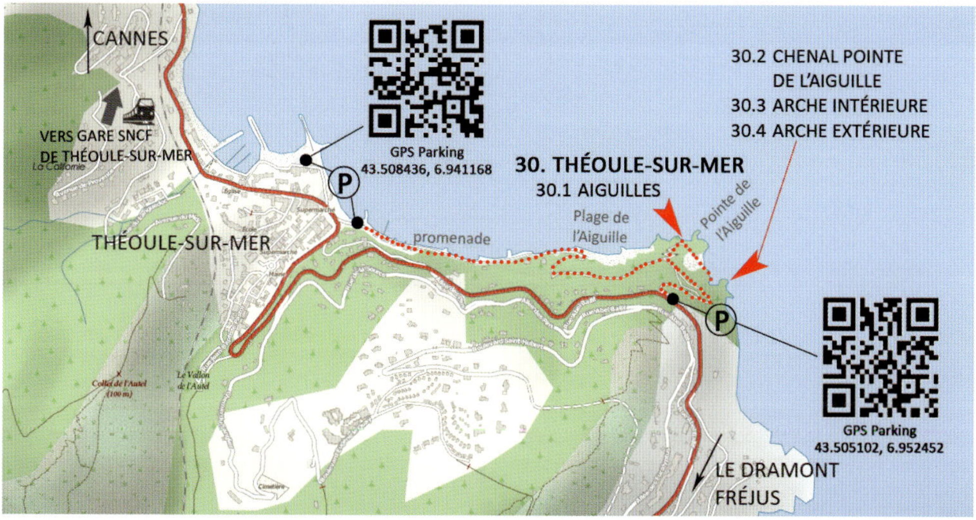

30.1 Aiguilles

GPS : 43.506261, 6.953071

Orientation : Nord-Est

Hauteur maximum : 5 m

Niveau de difficultés : 5c-6

Vent et houle : sensible

PRÉSENTATION

Ce premier secteur, d'orientation globalement Nord à Est, propose des traversées de niveaux accessibles autour des aiguilles rocheuses de la pointe côtière.

This first sector is oriented mostly North to East. It proposes some accessible traverses around the rocky needles of this peninsula.

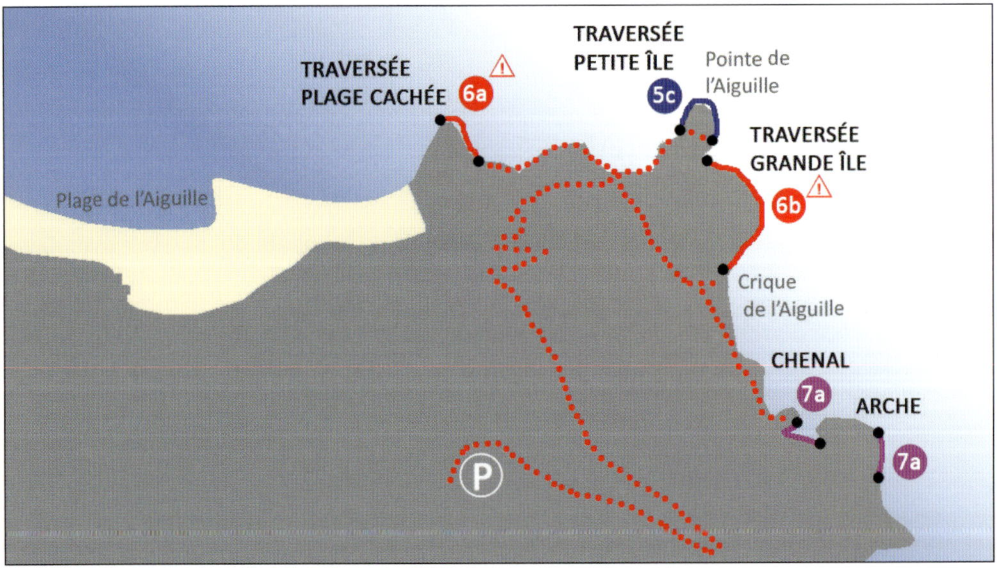

30.2 Chenal - Pointe de l'Aiguille

GPS : 43.505299, 6.953913

Orientation : Nord

Hauteur maximum : 14 m

Niveau de difficultés : 6a-7c

Vent et houle : partiellement protégé

PRÉSENTATION

Le chenal se situe au Sud de la plage de Gardanne et à l'Ouest de l'Arche (grotte de Gardanne). Ce secteur orienté Nord propose à la fois des traversées techniques et des lignes verticales, jusqu'à 14 m de hauteur. Le rocher est rarement sec de par l'orientation et il est préférable de ne pas y grimper par vent d'Est (Marin), un vent humide qui annonce la pluie. Ce secteur est donc destiné aux grimpeurs de bon niveau déjà aguerris à la pratique du psicobloc.

Attention à la faible profondeur d'eau au fond de ce chenal (2 mètres). Attention aussi aux lignes les plus faciles (6a-6a+) qui évoluent à des hauteurs élevées (cotations S1-2).

The channel is located to the South of the beach of Gardanne and to the West of the Arch (cave of Gardanne). This site is oriented northwards and offers some technical traverses and vertical lines, up to 14 meters high. The rock is rarely dry because of its orientation and it is better not to climb if there is an east wind blowing. This wind usually brings rain. This sector is for experienced climbers used to the practice of DWS climbing. **Beware of the shallow water in this channel (around 2 meters), and also the easier lines (6a - 6a+) that end high above the water (S1-2).**

PAROLE AU GRIMPEUR LOCAL

"At 14m it's high but not too high. You can get to the routes without swimming and you can top out. This combined with great viewing spots makes Theoule a special spot. For the best conditions come in the evening in May/June when the sun hits the arch and sea grease dries off."

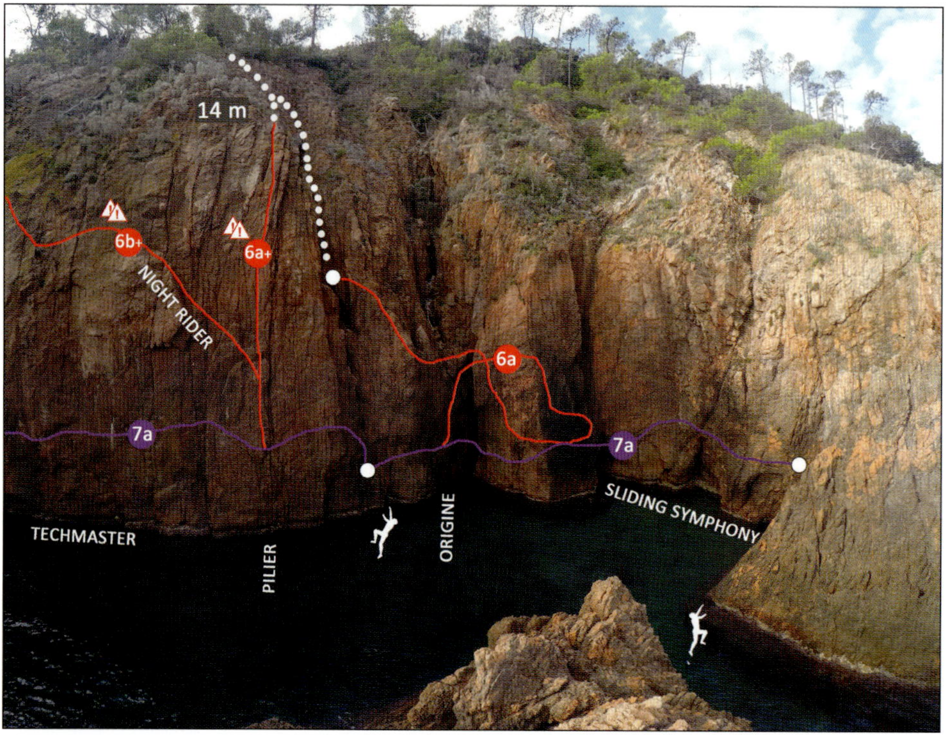
14 m
6b+
6a+
NIGHT RIDER
6a
7a
7a
TECHMASTER
PILIER
ORIGINE
SLIDING SYMPHONY

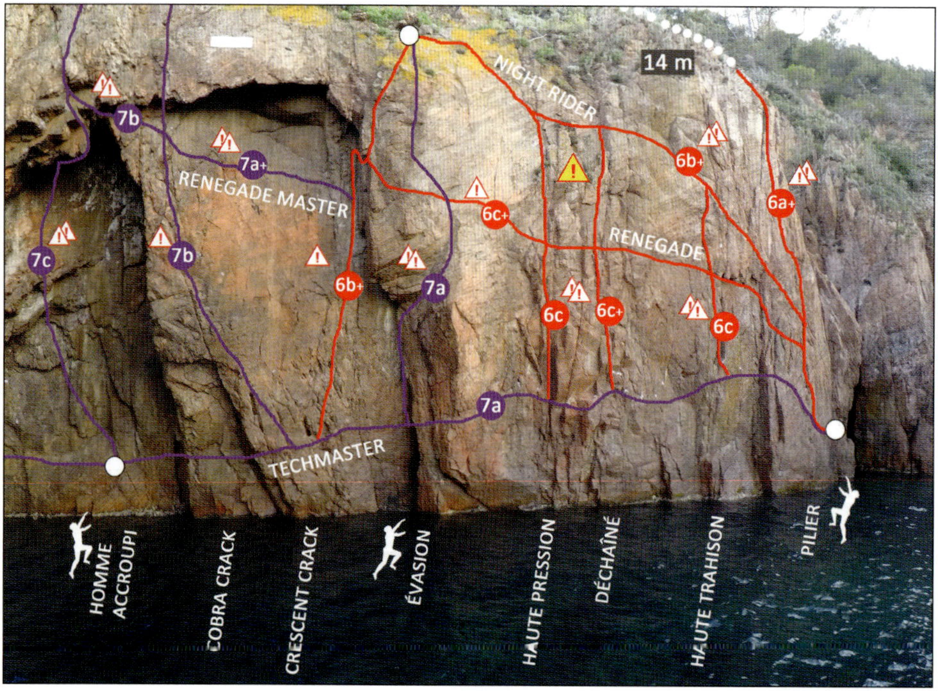
14 m
NIGHT RIDER
7b
7a+
RENEGADE MASTER
6c+
6b+
6a+
RENEGADE
7c
7b
6b+
7a
6c
6c+
6c
7a
TECHMASTER
HOMME ACCROUPI
COBRA CRACK
CRESCENT CRACK
ÉVASION
HAUTE PRESSION
DÉCHAÎNÉ
HAUTE TRAHISON
PILIER

30.3 Arche intérieure et extérieure

GPS : 43.505236, 6.954365

Orientation : Est et Ouest

Hauteur maximum : 14 m

Niveau de difficultés : 6c-8a

Vent et houle : sensible

PRÉSENTATION

L'Arche est en fait plus communément appelée Grotte de Gardanne. Elle propose deux orientations mais surtout un côté face au large et l'autre protégé par le chenal intérieur. La face intérieure est vraiment réservée aux meilleurs grimpeurs et propose seulement des lignes dans le niveau 7/7+ ! Cependant le rocher y est souvent humide et la face est à éviter par vent d'Est (Marin) qui apporte de l'humidité. La face extérieure n'est guère plus facile et propose quelques lignes de niveau 6+ ; le rocher y sera plus sec par temps ensoleillé. **Attention à la hauteur des voies qui entraîne des chutes dangereuses (cotations S1-S2).**

The Arch is usually called "Grotte de Gardanne". It offers two faces with one side facing the sea and the other facing the inner channel. The inner face is only for very experienced and strong climbers, with all lines above grade 7. Moreover, the rock is often wet and it is better to avoid this face when the East wind is blowing because it usually brings rain. The seaward face is not much easier but has a few lines beginning at grade 6+. The rock is dry on sunny days. **Beware of the height of the routes which may lead to dangerous falls (grade S1-2).**

Les Genoux, 7c © Félix Coxwell

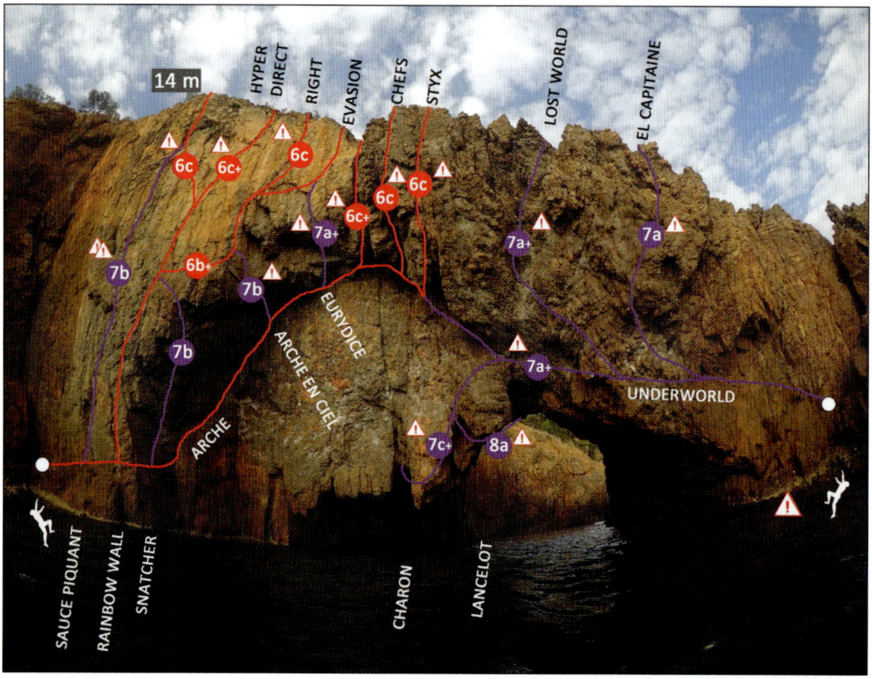
14 m
HYPER DIRECT
RIGHT
EVASION
CHEFS
STYX
LOST WORLD
EL CAPITAINE
6c
6c+
6c
6c
6c
6c+
6b+
7b
7b
7b
7a+
7a+
7a
7a+
7c+
8a
EURYDICE
ARCHE EN CIEL
ARCHE
UNDERWORLD
SAUCE PIQUANT
RAINBOW WALL
SNATCHER
CHARON
LANCELOT

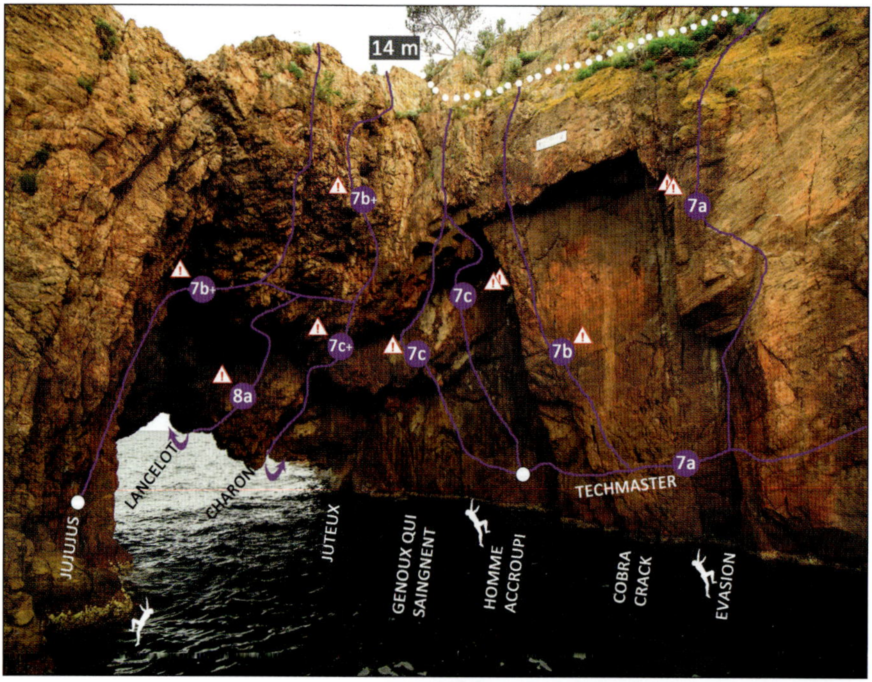
14 m
7b+
7b+
7c+
8a
7c
7c
7b
7a
7a
LANCELOT
CHARON
TECHMASTER
JUJUJUS
JUTEUX
GENOUX QUI SAIGNENT
HOMME ACCROUPI
COBRA CRACK
EVASION

Nutrition Sportive personnalisée

Nutrition et Deep-water

- L'hydratation : même si le milieu aquatique modifie la sensation de soif, l'hydratation est essentielle.
- L'alimentation : elle est importante au quotidien mais pour ce type de sortie, pensez aux collations sucrées et/ou salées, elles vous donneront l'énergie nécessaire pour grimper.
- Les emballages : n'oubliez pas de les ramener avec vous. Le maître-mot : ne rien laisser derrière nous !

A vos Miam, Prêt, Partez !

Suivez moi sur @MangeonsSport

QUALITÉ DES EAUX SUR LA CÔTE PROVENÇALE

Texte de M. Henry Augier, membre d'honneur de l'association Union Calanques Littoral

Pollution du littoral provençal et pratique du psicobloc. Y a-t-il un danger de contamination en tombant dans la mer ?

1. État de la pollution littorale entre la Côte Bleue et Toulon.

(EH = Équivalent habitants, unité de mesure de la capacité de traitement d'une station d'épuration sur la base de la pollution émise par personne et par jour, step = station d'épuration, J =Jour, TP = Traitement Primaire, TS = Traitement Secondaire, pm = pollution microbiologique)

Côte Bleue

Sur l'ensemble de la Côte Bleue, les eaux littorales sont de bonne qualité microbiologique, notamment au niveau successivement de Sausset-les-Pins, les Baumettes, la Tuilière, Carry-le-Rouet (zone protégée : Parc marin de la Côte Bleue), Calanque des Sources salées, Calanque de l'Escalayolle, Madrague de Gignac, la Redonne, les Figuières, Niolon et la Vesse. Signalons toutefois l'existence d'un émissaire en mer au large de la plage des Baumettes, de 500 m de longueur qui rejette, à 30 m de profondeur, les effluents insuffisamment traités de la step, commune aux deux petites villes de Sausset-les-Pins et Carry-le-Rouet (26.000 EH, 5 200 m 3 /J, TP physicochimique, TS biologique à boues activées). Les effluents rejetés dérivent très rarement au littoral, sauf en cas d'incident sur la canalisation ou au niveau de la step.

Marseille et les calanques

• Corniche, Prophète : pm périodique, dont une importante en juin 2019.

• Pointe Rouge : pm périodique, en juin 2019, la plage a été interdite pendant plusieurs jours.

• Zone des anciennes activités industrielles de Marseille Sud : toutes les eaux littorales sont polluées par les dépôts de résidus industriels et crassiers, particulièrement par le plomb et l'arsenic majoritairement, mais aussi par le zinc, le cadmium, le chrome, le nickel, le baryum, etc. Cette pollution s'étend aux calanques de Samena (interdite à la baignade et au ramassage des fruits de mer, enquête officielle sur la contamination des enfants par le plomb) et Maupas. La face nord du cap Croisette est relativement épargnée, tandis que la face sud se trouve sous l'influence périodique du rejet de Cortiou. Il en est de même de l'île Maïre.

• Du Cap Croisette au Bec de Sormiou : zone polluée par le rejet dans l'anse de Cortiou. Elle inclut : Baume Rousse, calanque de Callelongue, la Poulidette, le Capelan, calanque et îlot de la Mounine, le Théâtre, calanque de Marseilleveyre, calanque des Queyrons, calanque de Podestat, calanque de l'Escu, anse et îlot de la Mélette, anse de Cortiou, Pointe du Vaisseau.

• Rejet de Cortiou : pas d'émissaire, rejet direct, en surface, au niveau de la crique de Cortiou dans les eaux du Parc national des Calanques ! Step : 1.865.000 EH, 325,500 m 3 /j (quantités phénoménales), TP physicochimique à décantation lamellaire, TS biologique biofiltres (biostyr). La charge polluante résiduelle est importante : 16 hydrocarbures dont certains cancérigènes, plus d'une vingtaine de métaux lourds toxiques, 3 métalloïdes dont 2 l'arsenic, des résidus pharmaceutiques et de pilules contraceptives responsables de la féminisation des poissons. À cela s'ajoutent les eaux, non encore complètement dépolluées de l'Huveaune, détournées dans les calanques pour assainir les plages du Prado !

• Littoral de Sormiou à Port-Miou (Calanques de Sormiou, du Cancéou, Pointe du Figuier, calanques de la Triperie, Morgiou, Sugiton, Pierres tombées, Œil de Verre, anse des Enfers, Cap et calanque du Devenson, anse de Baume, aiguille et calanque de l'Eissadon, calanque de l'Oule, plateau de Castelvieil, calanques d'En Vau et de Port Pin, Pointe Cacau) : cette zone était relativement épargnée par la pollution, les rejets de Cortiou étant poussés majoritairement vers l'ouest par le courant ligure. Les boues rouges rejetées dans le canyon de Cassidaigne ne venaient pas jusque-là. À partir du 1er janvier 2015, cette situation a changé.

• Boues rouges. Les résidus de traitement de la bauxite de l'usine d'alumine de Gardanne (connus sous l'appellation de boues rouges) ont été déversés pendant plus de cinquante ans en baie de Cassis, par l'intermédiaire d'un émissaire en mer, long de 7 km et débouchant à 320 m de profondeur dans le canyon de Cassidaigne. Ce sont entre 20 à 30 millions de tonnes de matériaux gluants et toxiques qui recouvrent, à jamais, d'un mortel et gigantesque linceul la vie des fonds marins profonds entre Toulon et le golfe de Fos. Le 31 décembre 2021 le rejet des boues rouges a été arrêté et remplacé par celui des effluents débarrassés de leurs matières boueuses, mais ayant conservé leur charge polluante. Plus légers que les boues rouges, ces effluents ne descendent pas en profondeur mais, au contraire, remontent vers la surface. Les études manquent pour savoir s'ils sont ou non répandus sur l'ensemble du territoire du Parc national des Calanques par le jeu des vents et des courants. L'hypothèse est importante au point de vue toxicologique car ce rejet contient plus de 80 substances polluantes qui ne cessent de s'accumuler par arrivée en continu : une vingtaine de métaux lourds, 3 métalloïdes, 16 hydrocarbures aromatiques, 7 polychlorobiphényles, 7 dioxines, 10 furanes, 6 composés benzéniques, de la soude, des alkylphénols, etc.

Cassis et alentours

- La calanque de Port-Miou est ravagée par l'ancienne exploitation de la pierre de Cassis et polluée (huile, hydrocarbures, détergents, etc.) par les nombreux bateaux de plaisance qui y trouvent une sorte de port naturel.
- Du cap Câble jusqu'à l'entrée du port de Cassis, les eaux ne sont pas polluées.
- Le littoral Est de Cassis est périodiquement pollué par les effluents de la station d'épuration de Cassis (35.000 EH, 5 000 m 3 /J, TP physicochimique au chlorure ferrique, TS bio-filtres, nombreux dysfonctionnements). Emissaire : longueur 200 m, profondeur 7 m.

La Ciotat et alentours

- Tout le littoral de la commune de La Ciotat et alentours sont périodiquement pollués par le dysfonctionnement à répétition de la step de la ville. Step : 95.000 EH, 14,000 m3 /J, TP physicochimique au chlorure ferrique, TS biologique bio-filtre, filtration sur pouzzolane. Pas d'émissaire, rejet direct au littoral dans la calanque de l'Espinon, à côté de celle de Figuerolles. Rejet scandaleux dans la baie de La Ciotat, classée parmi les plus belles du monde et partie intégrante du Parc national des Calanques !

Des Lecques à Toulon

Les eaux littorales sont assez peu polluées, sauf si dysfonctionnement des step.

- Saint-Cyr-sur-Mer. Step : 35.000 EH, 5 250 m 3 /J, TP physicochimique avec décantation lamellaire, TS bio- filtres. Emissaire : part de la Pointe Grenier, longueur 1 200 m, profondeur 50 m, nombreuses fuites par cassure de la canalisation (bateaux responsables).
- Sanary-Bandol. Step : commune aux deux agglomérations, 68.000 EH, 11,710 m 3 /J, TP physico-chimique, TS bio-filtres (biostyr). Emissaire : Pointe de la Cride, 1 500 m, - 47 m.
- Cap Sicié. Step : Amphitrite, Cap Sicié, au pied d'une falaise, traite les eaux usées de 7 communes dont Toulon, 750.000 EH, 103,000 m 3 /J, TP physicochimique avec décanteurs lamellaires, TS bio-filtres.

Remarque : Comment résoudre le problème de la pollution littorale ?

Comme on l'a vu, les stations d'épuration de cette portion du littoral provençal comportent toutes TP et TS, il leur manque un traitement tertiaire dit de finition. Il permettrait d'arrêter tous les rejets polluants en mer. Cette zone le mérite amplement puisqu'elle comporte des sites protégés remarquables : Parc National des Calanques et réserve marine de Carry-le-Rouet. Autre avantage important : l'arrêt du gaspillage d'une quantité phénoménale d'eau douce qui serait recyclée avec profit dans le contexte de sa raréfaction en rapport avec le changement climatique.

2. Quels risques de tomber dans la mer en eau polluée ?

Bien sûr, savoir nager et bien nager est indispensable, notamment si on pratique par mer forte, avec le danger des clapotis et des ressacs. Il est aussi recommandé de s'assurer d'un retour sans difficulté sur terre ferme, surtout si la paroi est verticale. Vous pouvez aussi vous retrouver dans une eau polluée. S'il s'agit d'une pollution microbiologique, soyez rassuré, vous ne risquez rien, même si vous avez une plaie. L'évaluation de la pollution microbiologique est réalisée sur des germes tests dont le nombre élevé peut être indicateur de la présence de germes pathogènes. Cette probabilité est extrêmement faible, sinon nulle. En effet, la plupart des rejets sont effectués par l'intermédiaire d'un émissaire en mer, au large et en profondeur. Les conditions de survie en mer sont défavorables aux bactéries et aux virus, en sorte que si ces germes pathogènes existent et sont transportés par les vagues et les courants, ils seront morts à leur arrivée au littoral. De même, la pollution chimique ne peut pas vous affecter. Ce constat n'est pas une raison de perpétrer ces rejets en mer. En effet, tous ces rejets urbains et industriels sont toxiques pour la flore et la faune marines et sont donc intolérables. D'autant plus qu'ils ont tendance à s'additionner et à se concentrer le long des chaînes alimentaires, jusqu'aux prédateurs de haut niveau que sont les poissons carnivores et les dauphins. Ils peuvent même se retrouver dans votre assiette. Nous déconseillons de consommer les mollusques filtreurs (moules, huîtres, etc.) ramassés au littoral, dont les branchies concentrent les polluants. Pour les poissons on aura avantage d'enlever la tête (où se situent les branchies) et les viscères avant cuisson, réceptacles des principaux polluants.

Nous avons besoin de votre aide. De nombreux groupements de sportifs et autres amoureux de la nature, nous aident dans nos actions d'alertes et de propositions d'amélioration de la situation (randonneurs, excursionnistes, grimpeurs, planchistes, plongeurs, etc.). Nous lançons donc un appel de soutien aux pratiquants du psicobloc, aidez-nous, venez nous rejoindre en adhérant à UCL et en nous signalant les anomalies rencontrées sur « le terrain » (Union Calanques Littoral, www.ucl.asociation.free.fr, unioncalanqueslittoral@gmail.com www.facebook.com/UnionCalanquesLittoral/...)

Panache polluant émissaire de Cassis © Michel Nox

Rejet de Cortiou © Michel Nox

BIBLIOGRAPHIE

- *Gary Hemming, Le vagabond des cimes*, France Culture, émission série documentaire, février 2020 (https://www.franceculture.fr/emissions/series/garry-hemming-le-vagabond-des-cimes)
- *Escalade au-dessus de l'eau - Psicobloc et Deep water soloing en France*, Éditions du Chemin des Crêtes, 2019
- Check-list Escalade psicobloc ou psychobloc ou deep-water soloing, Experience Outdoor, 2018 (https://www.experience-outdoor.com/check-list-escalade-psicobloc)
- *Plonger de hauteurs vertigineuses : tout un sport !*, Marion Cossin, Revue DIRE, 2018 (https://www.ficsum.com/dire-archives/ete-2018/sante-plonger-de-hauteurs-vertigineuses-sport/)
- *Un monde d'escalade - Les plus beaux sites de la planète*, James Pearson, Caroline Ciavaldini, Glénat, 2017
- *Spain : Mallorca - Sport Climbing and Deep Water Soloing*, Alan James, Mark Glaister, Daimon Beail, Rockfax, 2016
- Dispositions issues de la loi « littoral » applicables aux communes riveraines des plans d'eau intérieurs de plus de mille hectares - Rapport n° 009364-01, Fabienne Allag-Dhuisme, Philippe Iselin, Ministère de l'Écologie, du Développement Durable et de l'Énergie, 2014
- *Des égouts sous la mer - Le Scandale des déjections urbaines*, Henry Augier, Libre & Solidaire, 2014
- *A History of Mallorca Deep Water Soloing*, UK Climbing, 2011 (https://www.ukclimbing.com/articles/features/a_history_of_mallorca_deep_water_soloing-3539)
- *Deep Water*, Mike Robertson, Rockfax, 2007
- *Into the Blue : A Guide to, and the Spirit of, Deep Water Soloing in Dorset*, Jonathan Cook, Mike Robertson and Steve Taylor, Climber's Club, 1996
- *Menlove - The life of John Menlove Edwards*, Jim Perrin, Ernest Press, 1993
- *Recherches sur les bioconstructions à Lithophyllum lichenoïdes en Méditerranée occidentale*, Morhange Christophe, Laborel-Deguen Françoise, Sartoretto Stéphane, Laborel Jacques, Méditerranée, tome 76, 3-4 1992, pp. 67-71
- *Le Parler Marseillais*, Robert Bouvier, Éditions Jeanne Laffitte, 1986
- *Welsh Rock - 100 Years of Climbing in North Wales*, Trevor Jones, Geoff Milburn, Pic Publications, 1986
- *Lou Tresor dòu Felibrige*, Frédéric Mistral, 1878

- Camp to Camp (https://www.camptocamp.org)
- Eau-Cyclisme (https://www.eau-cyclisme.com)
- France Topo (https://www.francetopo.fr)
- Géoportail (https://www.geoportail.gouv.fr)
- Google Earth (https://earth.google.com/web)
- Google Maps (https://www.google.fr)
- Karsteau - portail de connaissance du milieu souterrain (http://karsteau.org)
- Observatoire Photographique du Paysage Littoral (http://www.opplittoral-paca.fr)

CALANQUES - LA CIOTAT

- *Escalade Les Calanques*, G. Bernard, G. Drouot, H. Guigliarelli, Les Grimpeurs, 2020
- *Escalade dans les Calanques*, Jacky Plauchud, L'Écho des Calanques, n°68, 2019
- *Le livre noir des boues rouges*, Henry Augier, Libre & Solidaire, 2019
- *Calanques en traversées*, Philippe Poulet, Magazine Vertical, 67, 2018
- *Escalade les Calanques*, Jean-Louis Fenouil, Vtopo, 2016
- *Débarquement - Guide d'interprétation*, Parc National des Calanques, 2015
- *Deep Water Solo dans la Calanque du Mauvais Pas*, Thomas Madjer, Fichier PDF, 2015

- *Topo Psycobloc calanque de Port Miou*, Nicholas Armstrong, Fichier PDF, 2012
- *Calanques - Un siècle d'amour et de vigilance*, Jacky Plauchud Vaucher, Barney Vaucher, Éditions Parole, 2012
- *Les grottes du massif des Calanques (Marseilleveyre - Puget - Riou, France) : géologie, géomorphologie, sédimentologie*, Jean Joseph Blanc, Physio-Géo, 2012
- *Escalade La Ciotat*, G. Bernard, G. Drouot, H. Guigliarelli, Les Grimpeurs, 2012
- *Calanques Escalade*, Jean-Louis Fenouil, Cédric Tassan, Vtopo, 2011
- *Calanques si proches, si lointaines*, Juliette Lambot, Éditions Crès, 2010
- *Cascades et Canyons Littoraux à la Ciotat*, Catherine et Jean-Carlo Fait, Éditions des Falaises, 2009
- *Les Calanques de Marseille à Cassis (carte)*, Institut National Géographique, 2008
- *Topo d'escalade - Calanque du Mauvais Pas*, Nicholas Armstrong, Fichier PDF, 2004 (maj 2016)
- *Des rochers et des Hommes - 120 ans d'escalade dans les Calanques*, Bernard Vaucher, Éditions de l'Envol, 2001
- *La Ciotat - Grimpe et Rando Verticale*, C. Gaillard, P. Coquillon, D. Gorgeon, Neulet, CD13 FFME, 2001
- *La première traversée des Calanques en Escalade*, Henri Vincens, La Montagne et Alpinisme, numéro 200, 2/2000, pp 32-37 (https://gallica.bnf.fr)
- *Escalades Calanques - Sormiou*, Loïc Denante, Alexis Lucchesi, Edisud, 1988
- *Escalades dans la Massif des Calanques - Les Goudes Saint-Michel*, Alexis Lucchesi, Edisud, 1986
- *Escalades dans le Massif des Calanques - En Vau*, Alexis Lucchesi, Edisud, 1986
- *Massif de Marseilleveyre (carte)*, Imoucha, Librairie Tacussel, 1943
- *Massif du Puget (carte)*, Imoucha, Librairie Tacussel, 1943
- *Le massif de Puget-Devenson (carte)*, Jean Galibouze, Société des Excursionnistes Marseillais, 1938

- *Cavités des Bouches du Rhône*, CDSC Bouches du Rhône (https://www.cdsc13.fr/sites-de-pratique/cavites)
- *Carrière de la Cacau, postes de chargement* (https://dossiersinventaire.maregionsud.fr/gertrude-diffusion/)
- *Gabian Psychobloc* (http://gabian.fr/psychobloc)
- *Pointe de la Cacau ; Calanque de la Triperie* (http://www.naturamarseille.com/)

CÔTE VAROISE - ESTÉREL

- *Théoule-sur-Mer Pointe de l'Aiguille - Deep Water Soloing*, Félix Coxwell, Fichier PDF v2.2, 2020
- *Les Ardoises - Topo du site d'escalade*, Alexis Bottemer, Fichier PDF, 2020
- *Topo de la Piade*, 2009-2017 (http://lapiade.canalblog.com)
- *Fichiers des cavités du Var*, CDS 83 (https://www.fichiertopo.fr)

REMERCIEMENTS

Nos remerciements vont à toutes les personnes qui nous ont aidés, sans quoi ce projet n'aurait pas vu le jour.

À nos amis grimpeurs qui nous ont accompagnés entre autres pour confirmer les cotations des lignes ou avec qui nous avons partagé de très bons moments sur les falaises : Guillaume Aillaud, Olivier Bastard, Gregory Berlioz, Louis Demange, Paul de Pins, Martin Gascuel, Marion Ghazarian, Simon Goutner, Thomas Gurviez, Wietze Herrman, Gaspard Hirschi, Eric Jeuffrain, Olivier Leroy, Stéphane Mazieres, Patrice Meunier, Guillaume Miraillet, Guillain Potron, Laurène Yard.

Merci aux grimpeurs marseillais passionnés par les superbes massifs des Calanques et de la Ciotat : Norbert Apicella, Gilles Bernard, Pierre Chauvin, Jean-Louis Fenouil, Hervé Guigliarelli, Jacques Kelle, Barney Vaucher, Henri Michel Vincens pour leurs nombreuses informations précises et leur grande connaissance du terrain. Merci également à Joël Coqueugniot, François Guillot, Lothar Mauch et Jacques Ratti pour les détails historiques concernant les années 65-70 à En Vau. Et sans oublier Gaspard Hirschi, Olivier Leroy, Thomas Majgier, Cyril « Moko » Mokobodzki, Guillain Potron, Benoît Vion-Dury, pour la plus jeune génération de grimpeurs actifs et découvreurs de lignes DWS.

Merci à Pierre Coquillon pour son partage de connaissances au sujet des falaises de la Ciotat et de Port d'Alon. N'oublions pas Nicolas De Barbarin et Martine Broche pour leurs informations concernant l'exploration des Calanques, de la Ciotat et des falaises toulonnaises.

Merci aux grimpeurs toulonnais eux aussi passionnés d'escalade plaisir au bord de l'eau : Jean-Louis Bonnin, Pierre « petit » Louis, Jean-Marc de Robert, Christian « kiki » Crespo, Robert Nicod qui ont été les premiers grimpeurs à San Peyre et qui nous ont donné de nombreux et précieux détails historiques. Bruno Pancrazi, Guillaume Ladislas, Étienne Seppecher et Robin Revest pour leurs ouvertures et la médiatisation du site de la Piade à travers leur blog. Grand merci à Olivier Letourneux et Niko Lantier, les acteurs locaux de la dernière génération, pour leurs informations quant aux réalisations récentes à San Peyre et à Phillippe Guinet pour ses anecdotes passées sur ce même lieu. Nous remercions aussi Alexis Bottemer pour l'exploration du site de Port d'Alon. Nous tenons à remercier chaleureusement Félix Coxwell pour sa collaboration active et enthousiaste concernant le site de Théoule-sur-Mer.

Merci aux photographes professionnels ou amateurs pour le partage de leurs superbes images : Audrey Cohu (Carnet Vertical), Robert Exertier pour les photos historiques du blond et de Patrick Berhault, Daniel Gorgeon pour la traversée intégrale des Calanques, Jan Novak pour ses photos de Svana Bjarnason, Foto Vertical : Sandra Ducasse et Fransisco Taranto Jr, Sam Bié, Jacques Ratti pour les années 65-70 à En Vau, Marion Saby, et Pascal Tournaire pour sa mythique photo de la team Béal au Torpilleur (merci à Catherine Destivelle et Nanette Raybaud pour leur précieux aiguillage).

Merci également aux grimpeurs qui publient des vidéos sur le web, qui nous ont indiqué de belles lignes ! Damien Masson, Ermacora Nathan, Wulhubb, Joseph Bobin, Jean Alinat, Olivier Letourneux. Merci aux défenseurs actifs des massifs provençaux, notamment Henry Augier et Jacky Plauchud Vaucher autour de Marseille, pour leurs explications enthousiastes.

Nous remercions également nos interlocuteurs au Parc national des Calanques, à Marseille Provence Métropole et au Département 06 pour nous avoir fourni toutes les informations demandées. Nous sommes tout particulièrement reconnaissants envers le Parc national des Calanques qui a accepté de travailler avec nous sur le terrain, afin d'aménager au mieux notre pratique vis-à-vis du milieu fragile et sensible dans lequel nous évoluons.

Sans oublier nos conjoints ou parents pour les relectures, traductions, et leur patience d'accepter de nous avoir vus si souvent consacrer du temps à ce projet.

Et bien sûr, l'équipe du Chemin des Crêtes Tristan Duchet et les très compétentes Juliette Kermarrec et Agathe Chabaud pour leur dynamisme et la promotion de cette belle activité à travers ces topoguides.

DANS LA MÊME COLLECTION

OBJECTIF SEPTIÈME DEGRÉ

Entraînement, progression et performance en escalade

Nul besoin d'être grimpeur professionnel et d'y consacrer tout son temps pour progresser jusqu'au mythique septième degré de l'échelle de cotation de la difficulté en escalade. *Objectif septième degré* s'adresse à l'immense majorité des grimpeurs, à toutes celles et à tous ceux qui ne parviennent pas à s'élever au-delà du sixième degré – et ce en dépit de leur motivation et parfois d'années de pratique. Son message est des plus encourageants : les portes du septième degré sont ouvertes à tous les grimpeurs ou presque, quels que soient leur âge et leur disponibilité.

ESCALADE EN FRANCE

Les plus beaux sites – 2e édition

Nouvelle édition du guide de référence des falaises françaises. Mis à jour et complété, cet ouvrage vous invite à partir à la découverte des grands et petits sites d'escalade qui valent le détour en France : depuis la presqu'île de Crozon en Bretagne jusqu'aux blocs de Palombaggia en Corse. Type de roche, style d'escalade, niveau moyen, accès, précautions à prendre et plus encore : vous trouverez dans ces pages toutes les infos pratiques sur une centaine de sites à travers la France.

PLANÈTE VERTICALE

Les plus beaux sites d'escalade du monde

Partez à la découverte des plus beaux sites d'escalade du monde ! Depuis les plages de rêve bordées de falaises de Tonsaï et Railey en Thaïlande, jusqu'aux profondes gorges de l'atlas marocain, en passant par les belles concrétions de l'île grecque de Kalymnos ou le magnifique grès rouge de Red River Gorge aux États-Unis, ce guide vous permettra de choisir votre destination en fonction de votre niveau, de la saison, de vos envies… ou même de la photo qui vous inspire le plus ! Que vous soyez à la recherche de gros devers physiques, de dalles techniques ou tout simplement d'un petit spot aussi tranquille que facile et au bord de l'eau, il n'y a plus qu'à faire son sac !

COMMENT RÉSOUDRE UN PROBLÈME

L'ascension d'une championne du monde d'escalade

En escalade, un « problème » est une succession de mouvements difficiles qu'il faut enchaîner pour arriver au sommet du bloc. Il y a des rebondissements, des chutes, des éraflures et des obstacles qui semblent insurmontables au début. Puis vient le moment de joie, quand il n'y a plus rien au-dessus de vous que le ciel et l'objectif atteint. Ashima retrace dans cette histoire son cheminement depuis l'enfance pour parvenir à résoudre un bloc d'une difficulté majeure. Elle raconte comment elle doit tirer les leçons de chacune de ses chutes pour en ressortir plus forte et déterminée.

LES 100 PLUS BELLES GRANDES VOIES DE PROVENCE

Topo Escalade

Partez grimper à la découverte des plus belles grandes voies de Provence ! Écrit en collaboration avec les acteurs locaux, ce livre vous invite à parcourir 100 itinéraires d'escalade qui se distinguent par leur homogénéité, leur beauté, leur cadre ou encore leur côté légendaire et historique. Un topo pratique, comprenant tous les détails indispensables : accès, temps, cheminement de la voie, équipement en place, orientations, cotations des différentes longueurs et surtout cotation obligatoire. Le livre contient également des rappels historiques sur l'évolution de l'escalade dans les différents massifs. Quel que soit votre niveau, la saison ou votre style de prédilection, ce topo vous permettra de choisir une voie d'exception.

DANS LA MÊME COLLECTION

OBJECTIF MARATHON
SE FIXER UN CHRONO, S'ENTRAÎNER, GÉRER SA COURSE
Jean-Claude VOLLMER
Préface de Hassan CHAHDI
INCLUS 2 posters détachables détaillant 12 plans d'entraînement en fonction de votre objectif
Éditions du Chemin des Crêtes

RUNNING, TRAIL
Objectif zéro blessure
Prévenir, repérer et prendre en charge les différentes pathologies du coureur
Coordonné par
Dr Jacques Pruvost
Éditions du Chemin des Crêtes

Trail
en France
Topo-guide des plus belles boucles
Éditions du Chemin des Crêtes

EN VOL VERS LES 8000
D'une première expédition dans les Alpes néo-zélandaises au survol en parapente de sommets himalayens parmi les plus hauts du monde : récit d'une aventure hors-norme
Antoine Girard
Éditions du Chemin des Crêtes

GÉRER LES RISQUES
EN PARAPENTE
UNE MÉTHODE ET QUARANTE COMPÉTENCES
Jean-Marc Galan
Préface Pierre-Paul Menegoz
Éditions du Chemin des Crêtes

PARAPENTE
EN FRANCE
Les plus beaux sites
2e édition
Roland Wacogne
Éditions du Chemin des Crêtes

GUIDE DE NUTRITION
DU TRAILEUR
Conseils et recettes pour une alimentation adaptée à l'endurance
94
Éditions du Chemin des Crêtes

Rêve d'Icare
L'essentiel sur tout ce qui vole
Matthieu Ozanne
Éditions du Chemin des Crêtes

Petite Reine
& Grands Romans
25 circuits vélo sur les traces de grands romans français
Le Médecin de campagne
Gaspard des montagnes
Le Hussard sur le toit
Jacquou le Croquant
Le Rouge et le Noir
Le Grand Meaulnes
Quatrevingt-Treize
Madame Bovary
Germinal
Le Bossu
Éditions du Chemin des Crêtes

Pour en savoir plus sur les Éditions du Chemin des Crêtes, vous pouvez consulter notre site Internet et retrouver notre boutique en ligne :

www.chemindescretes.fr

Vous pouvez également suivre notre actualité sur les réseaux sociaux :

Éditions du Chemin des Crêtes

chemin_des_cretes_editions

IMPRIMÉ & RELIÉ en FRANCE par sepec

IMPRIM'VERT®

PEFC 10-31-1470 / Certifié PEFC / Ce produit est issu de forêts gérées durablement et de sources contrôlées. / pefc-france.org